역사가
기억하는
새로운 패러다임

궈팡 편저   이정은 옮김

역사가
기억하는
새로운 패러다임

1945년부터 현재까지

궈팡 편저   이정은 옮김

꾸벅

머리말

　근대사의 가장 큰 특징은 유럽 강대국들의 세력 균형이 국제 관계를 좌우했다는 것이다. 각국의 세력이 균형을 이루면 평화가 유지되었고, 어느 한 쪽의 힘이 갑자기 커지면 반드시 전쟁으로 이어졌다. 제1차 세계대전과 제2차 세계대전도 그렇게 시작되었다. 그런데 제2차 세계대전이 끝난 후 상황이 바뀌었다. 영국, 프랑스, 독일 등 전통적인 강국들이 뒤로 밀려나고 새로운 초강대국인 미국과 소련이 세계무대의 중심에 떠올랐다. 제2차 세계대전이 끝난 1945년부터 소련이 해체되는 1991년까지 세계는 소련과 미국을 중심으로 나뉘어 서로 경계하며 냉전 시대를 보냈다. 이 시기 미국과 소련은 유럽에서 맞부딪혔고 이로 말미암아 유럽 각국은 물론 전 세계가 미국과 소련의 싸움에 휘말려 들었다.

　이렇듯 냉전이 한창 벌어지던 와중에도 세계는 앞을 향해 한 발 한 발 나아갔다. 우선 오랫동안 국제무대에서 밀려났던 아시아와 아프리카, 남아메리카 국가들이 깨어나면서 제3세계가 일어서기 시작했다. 미국과 소련, 그리고 여러 서방 국가의 주도로 세계 경제 통합과 국제 무역이 빠르게 발전했고, 특히 통신 기술과 교통 산업이 발전하면서 더욱 다양한 방식으로 교류하며 밀접한 관계를 맺을 수 있게 되어 세계는 '지구촌'이라는 이름 아래 더욱 가까워졌다. 정치적으로는 유럽이 세력을 회복하고 중화인민공화국이 등장함에 따라 미국과 소련이 예전처럼 절대적인 영향력을 발휘할 수 없게 되었다.

특정 국가에 집중되었던 세계 권력이 여러 국가로 분산되는 세계 다극화가 시작된 것이다.

1991년 동유럽에서 일어난 변화로 소련이 해체되면서 냉전은 종식되었고 미국이 세계 유일의 초강대국이 되었다. 하지만 세계 각국이 저마다 빠르게 세력을 확대해가는 상황에서 절대강국의 막강한 힘이 더는 통하지 않았다. 오늘날 미국은 하나로 통합된 유럽과 순조롭게 발전하는 중국, 긴 겨울잠에서 서서히 깨어나는 러시아, 경제 대국 일본, 그 밖에도 브라질과 인도 등 여러 후발 주자에게 도전을 받고 있다. 게다가 이스라엘, 이란, 북한 등 작은 나라들까지 강대국들의 틈바구니에서 제 몫을 차지하려고 애쓰고 있다. 세계가 미국의 일방적인 패권주의에서 다극화 사회로 전환되고 있는 것이다. 이러한 변화에 발맞춰 세계 경제 구조도 다양해지고 있다. 비록 아직은 서방 선진국들의 경제력이 눈에 띄게 앞서지만, 다른 나라들의 역할도 크게 확대되어 이미 국제 사회에 적지 않은 영향력을 발휘하고 있다. '세계의 공장'으로 떠오른 중국이 국제 경제에서 중요한 위치를 차지한 것이 좋은 예이다.

제2차 세계대전 이후 국제 사회에서 볼 수 있는 가장 큰 특징은 '변화'이다. 국제 사회는 정치 중심에서 경제 중심으로, 대립과 다툼에서 평화와 교류로 변화하고 있으며, 국제기구나 민간단체 등 비정부세력의 영향이 점차 확대되고 있다.

차례

제1장
미국과 소련, 양대 세력의 대립

제 **2** 장
다원화되는 세계

제3장
과학 기술의 눈부신 발전

History of the World

The New World Pattern

제1장

미국과 소련,
양대 세력의 대립

두 세계의 충돌 한국 전쟁

반세기 전, 한반도에서 자본주의 진영과 사회주의 진영이 크게 부딪혔다. 10여 개 국가가 참여했고 수백만 명이 희생된 이 전쟁은 이제 거의 잊혔지만, 국제 사회는 여전히 둘로 나뉜 채 긴장을 늦출 수 없는 한반도에 이목을 집중하고 있다. 세계사에 깊은 영향을 미친 한국 전쟁. 그 포화 속으로 함께 들어가 보자.

한반도에 세워진 두 개의 정권

제2차 세계대전 말, 연합국 측은 새로운 세계를 건설하기 위해 식민지 문제를 논의하기 시작했다. 그 결과 1945년 8월 미국은 북위 38도 선(38선)을 기준으로 미국과 소련이 각각 한반도의 남쪽과 북쪽을 점령하는 방안을 제시해 소련의 동의를 얻었다. 당사자들의 의사는 전혀 고려하지 않은 이 결정은 나중에 한반도 남북 분단의 비극을 낳았다.

1945년 12월 29일, 미국이 모스크바 협정을 발표했다. 미국, 영국, 소련의 외무장관이 서명한 이 협정은 연합국 측이 한반도에 임시 민주 정부를 세우고 일정 기간 신탁 통치한다는 내용이었다. 협정에 따라 미국, 소련, 영국으로 이루어진 신탁통치위원회가 구성되었다. 사실 이 위원회의 목적은 조선이 가능한 한 빨리 스스로 합법적인 민주 정부를 세울 수 있게 돕는 것이었으나 미국과 소련은 각자가 점령한 지역에서 세력을 키워 자국에 호의적인 정권이 들어서도록 부추겼다.

한편, 강대국들의 간섭을 원하지 않았던 조선 사람들이 민족주의 운동을 펼치기도 했지만 미국과 소련 두 나라에 가차없이 진압되었다. 미국과 소련은 각자의 세력권에서 반대 세력을 처단해 나갔다. 북쪽에서는 민족주의자들과 민주주의를 원하는 우익 세력이 숙청되어 공산당 조직과 좌익 단체만 남았고, 반대로 남쪽에서는 우익 세력이 공산당을 몰아냈다.

이렇게 마음대로 행동하는 미국과 소련 때문에 신탁통치위원회는 제 역할을 하지 못했다. 이와 함께 통일정부 수립을 위한 남북한 총선거의 바람도 점점 멀어져 갔다. 1948년 5월 10일, 남쪽이 먼저 단

◀ 미국으로 돌아온 맥아더는 국회 연설에서 한국 전쟁을 확대하고 중국에 경제 봉쇄를 가해야 한다고 주장했다.

독 선거를 치러 이승만을 초대 대통령으로 선출했고 8월 15일 대한민국 정부가 정식으로 출범했다. 한편, 북쪽에서 치러진 선거에서 북조선최고위원장에 당선된 김일성은 1948년 9월 9일 조선민주주의인민공화국의 수립을 공식 선언했다.

이렇게 해서 한반도에는 이데올로기가 정반대인 정권이 동시에 들어섰고 한민족은 둘로 나뉘어 대립과 다툼의 길로 접어들었다. 남과 북은 서로 자기 정부의 합법성을 주장하며 끝까지 물러서지 않았고 결국 더 이상 대화로 문제를 풀어나갈 수 없는 지경에 이르렀다. 전쟁의 그림자가 한반도에 짙게 드리우고 있었다.

전쟁의 시작

북한은 치밀하게 전쟁을 준비한 끝에 대규모 군대를 확보하고 소련에서 제공받은 T-34 탱크 등 현대화 무기 설비까지 고루 갖추었다. 그뿐만 아니라 중국 공산당 주석 마오쩌둥의 지시로 중국인민해

▲ 맥아더가 38선 근처에서 북한군
의 움직임을 살피고 있다.

방군 조선족 사단 두 개도 북한군과 합류했다. 이에 비해 남한군은
총기류와 대포, 공군 무기 모두 하나같이 빈약했다. 도저히 북한군
의 상대가 될 수 없는 수준이었다.

　1950년 1월 이후 소련과 미국이 잇따라 한반도에서 철수했다. 그
러던 1950년 6월 25일, 북한 측은 이승만이 미국의 지시를 받아 38선
북쪽을 공격했다고 주장하며 아무런 예고 없이 전쟁을 일으켰다. 남
한은 속수무책으로 당하며 불과 사흘 만에 서울을 빼앗기고 말았다.

　6월 26일, 이 소식을 들은 미국의 트루먼 대통령은 당시 일본에 주
둔하고 있던 미국 극동 공군에게 남한군을 지원하라는 지시를 내렸
다. 다음 날인 27일에는 미국 제7항공모함대가 타이완 해협을 '순찰'
하기 시작했다. 중국인민해방군이 해협을 넘어 타이완을 공격하지
못하게 하려는 것이었다. 7월 7일에는 미국의 강력한 주장으로 남한

을 돕기 위한 유엔군 조직 결의안이 유엔 안전보장이사회(이하 안보리)를 통과했다. 유엔군은 대부분 미군으로 구성되었으며, 그 밖에 15개국에서도 군대를 파견했다. 미국 극동군 사령관 더글러스 맥아더가 유엔군 총사령관에 임명되었다. 한편, 이때 중국군 상당수가 한반도 근처인 동북 지역으로 모이고 있었다. 중국 공산당 중앙위원회 서기처 회의는 이 군대에 '지원군'이라는 이름을 붙여주었다.

전쟁 초반에는 북한군이 전투마다 승리를 거듭했다. 8월 초가 되자 한반도 남부 지역의 약 90퍼센트가 폐허로 변했고, 남한군과 미군은 부산까지 후퇴했다. 그러나 9월에 맥아더가 직접 유엔군을 이끌고 인천에 상륙하면서 전세가 역전되었다. 중국은 미군이 38선을 넘어오면 즉각 군대를 파견하겠다고 경고했다. 하지만 트루먼 대통령은 이 같은 중국의 경고가 유엔을 겁주려는 '외교 작전'에 불과하다며 귀담아듣지 않았다.

한편, 일단 큰소리부터 쳐놓은 중국 정부도 내부에서 의견이 둘로 갈라졌다. 미군이 앞서 중국 단둥을 폭격하면서 자국의 안보가 큰 타격을 받은 데다가 미군이 타이완 해협에 들어와서 타이완을 되찾으려는 중국의 시도를 막았기 때문이었다. 모든 상황이 중국을 불안하게 만들고 있었다. 갖은 생각 끝에 중국 정부는 한반도에 군대를 파견하기로 결정을 내리고 1950년 10월 19일 펑더화이 사령관이 중국인민지원군을 이끌고 압록강을 넘기 시작했다.

중국군은 투입되자마자 전투에서 승리를 거두며 전세를 다시 뒤집었다. 중국이 정말로 군대를 파견하리라고 생각하지 않았던 유엔군은 금세 기선을 제압당해 순식간에 청천강 남쪽까지 밀려났다. 그러나 맥아더는 끝까지 중국이 군대를 파견한 것은 상징적인 행동에 지나지 않는다고 생각했다. 그는 11월 24일에 청천강 북쪽의 중국군과 북한군을 공격하도록 명령하면서 '크리스마스는 집에서 보낼 수 있을 것'이라고 유엔군 병사들을 격려했다. 그러나 중국군은 유엔군을 전멸시킬 생각으로 유인 작전을 펼치며 11월 25일에 두 번째 전투를 시작했다. 유엔군과 남한군은 간신히 중국군의 포위망을 뚫고 38선 남쪽으로 후퇴했고 12월 5일 북한이 평양을 되찾았다. 그리고 12월 31일, 중국군은 38선에서 남쪽으로 약 80킬로미터 떨어진 지점에서 세 번째 전투를 치러 승리했다. 이로써 중국인민지원군 제50군과 북한인민군 제1군단은 서울을 손에 넣었다.

한편 트루먼 정부와 맥아더 유엔군 총사령관 사이에는 마찰이 끊이지 않았다. 제3차 세계대전 발발을 우려한 트루먼은 중국이나 소련과 직접적으로 부딪히지 않기를 바랐지만 맥아더의 생각은 달랐다. 군인답게 군사적인 이익을 우선으로 생각한 그는 중국 동북 지역을 공습한다거나 남동쪽 연안의 대도시들에 원자폭탄을 투하하는 등 중국을 공격할 계획을 미국 정부에 여러 차례 제시했다. 맥아더가 미국 정부의 외교 정책에 완전히 위배되는 계획을 자꾸 주장하자, 급기야는 트루먼 대통령의 화가 폭발했다. 결국 맥아더는 면직되었고 매슈 리지웨이가 새로운 총사령관에 임명되었다.

휴전

1951년 1월 13일, 미국이 먼저 휴전을 제안했다. 하지만 뜻대로 전쟁을 풀어가고 있던 마오쩌둥은 곧 한반도에서 미군을 완전히 몰아낼 수 있다고 생각했다. 그러나 사실 중국군도 세 번째 전투 이후로 보급 물자가 부족해서 큰 어려움을 겪고 있었다.

유엔군은 중국군과 북한군보다 훨씬 우수한 무기를 보유하고 있었다. 미 공군은 이 무기들로 적군의 후방 보급을 계속해서 끊어놓았고, 결국 중국군의 손에는 닷새치 식량밖에 남지 않게 되었다. 그렇게 일주일이 지나자 탄약도 식량도 모두 떨어져 진격을 중지할 수밖에 없었고, 이때를 노린 유엔군이 대대적인 공격을 퍼부으면서 중국군은 엄청난 타격을 입었다. 1월 25일 치러진 네 번째 전투에서부터 후퇴하기 시작한 중국군은 인천과 서울을 포기하고 한 번에 100킬로미터 이상 후퇴해 다시 38선 북쪽으로 밀려났다.

그렇게 4월이 되어 다시 기선을 잡은 유엔군은 4월 22일부터 일주일 동안 중국군과 다섯 번째 전투를 치렀다. 그 후 유엔군이 '제2차 봄 공습'을 퍼부으며 다시 38선을 넘자, 중국군은 40킬로미터가량 후퇴해서 간신히 적군을 막아냈다. 한국 전쟁에 투입된 이래 중국이 입은 가장 큰 손실이었다.

▼ 판문점에서 휴전 협정에 서명하는 유엔군 대표

이때부터 양측은 공격을 멈추고 대치 상태에 들어갔다.

7월 10일, 너나 할 것 없이 지친 양측은 결국 휴전 협상을 시작했다. 미국은 협상을 진행하는 중에도 군사적 압력을 멈추지 않았다. 협상에서 좀 더 유리한 위치에 서기 위해서였다. 하지만 미군은 '여름 공습'과 '가을 공습'을 잇따라 퍼부어도 목적을 달성하지 못하자 다시 대규모 공습을 감행했다. 그렇게 상감령 전투[1]까지 치르고 나자 미군도 힘이 완전히 떨어져서 더는 대대 병력을 동원할 여력이 없었다. 더 이상 군사를 움직이는 것은 어려웠고, 전쟁을 마무리 지을 방법은 협상뿐이라는 사실이 분명해졌다. 그러나 양측이 제시한 조건은 서로 거리가 너무 멀어 타협이 이루어지지 않았고 협상은 꼬박 2년 동안 진행되었다.

1952년 11월, 한국 전쟁을 마무리 짓겠다는 공약을 내건 아이젠하워가 미국 대통령에 당선되었다. 그리고 1953년 3월 5일 소련의 지도자 스탈린이 사망한 후 소련에서도 처음으로 전쟁을 평화롭게 마무리 짓자는 목소리가 나오기 시작했다. 중국과 북한도 전에 없이 협상을 재개하자고 나섰다. 그렇게 4월 26일부터 다시 시작된 협상은 빠르게 진행되었고, 불과 3개월 후인 7월 27일 드디어 한국 전쟁 휴전 협정이 정식으로 체결되었다.

---

1) 강원도 철원에서 치러진 전투

극단적인 반공 운동 매카시즘

미국에서는 1940년대부터 1950년대까지 극단적인 반공주의가 전국을 휩쓸었다. 중국과 소련이 공산주의 국가가 되고 이어서 한국 전쟁까지 발발하자 공산주의를 제대로 이해하지 못하는 미국인들이 맹목적으로 공산당을 비난하고 배척하기 시작했다. 당시 미국 공화당 상원의원이었던 조지프 매카시는 이러한 여론과 국민감정을 이용하여 반공 운동을 부추겼는데, 이 과정에서 진보적인 수많은 무고한 미국인이 희생되었다. 매카시즘이라고 불리는 이 운동은 미국의 정치, 교육, 문화 등 여러 분야에 큰 영향을 미치며 반공과 정치적 탄압의 대명사가 되었다.

공포 속에서 자라난 매카시즘

연합국은 서로 힘을 모아 제2차 세계대전에서 파시즘 세력을 물리쳤다. 전쟁이 끝나자 이번에는 이데올로기의 차이로 서로 믿지 못한 채 경계를 늦추지 않았다. 특히 미국과 소련 사이의 냉전은 전 세계를 공포 속으로 몰아넣었다.

1940년 말부터 1950년대까지 중국에 공산주의 정권이 들어서고 소련이 처음으로 원자폭탄 실험을 하는 등 미국인들을 두려움에 떨게 한 사건이 잇따랐다. 특히 한국 전쟁은 전쟁에 대한 공포와 미국 내 공산주의 운동에 대한 우려를 한층 가중시켰다. 당시 트루먼 정부가 이른바 공산당 스파이에 굉장히 민감해진 것은 이러한 사회적 분위기 때문이었다. 당시 소련의 스파이로 지목된 미국인 몇 명이 세간의 주목을 받았는데, 그중 미국 전 국무원 관리였던 앨저 히스는 1930년대에 소련 정부에 기밀을 넘긴 혐의를 받았다. 그리고 줄리어스 로젠버그와 에셀 로젠버그라는 미국인 부부가 소련 정보기관에 미국의 군사 정보를 넘겼다고 의심받아 사형당하는 일도 벌어졌다.

제2차 세계대전이 끝나고 얼마 지나지 않아 미국 내에 물가가 가파르게 오르는 인플레이션 현상이 나타나면서 노동자들의 파업이 잇따랐다.

▼ 줄리어스 로젠버그
냉전 시기에 미국의 공산주의자였던 줄리어스 로젠버그는 소련에 기밀을 넘겼다는 혐의로 1953년 6월 19일 아내 에셀 로젠버그와 함께 사형당했다.

이렇듯 자본주의 시스템이 많은 문제를 드러내는 가운데 공산주의의 위협이 갈수록 커지자, 미 연방 정부는 정부 소속 공무원들 가운데 비밀 공산당원이 있는지 조사하기 시작했다. 트루먼 대통령은 일명 '충성심사 위원회(Loyalty Review Board)'라는 조직을 만들었다. 그리고 1947년 12월 17일부터 연방 정부, 군대, 군수물자 제조업체 등에 대해 이른바 '충성 안보 조사'를 펼쳐 국가에 충성하지 않을 가능성이 있는 공무원은 모두 해고했다. 시간이 흐를수록 조사 대상의 범위는 비상식적으로 확대되었다.

수석 검사들은 사법부가 작성한 '충성하지 않는 공무원' 명단을 넘겨받아 조사에 나섰다. 당시 미국의 사회 과목 교사들은 학생들 앞에서 반드시 소련과 공산주의를 비난해야 했고 그렇지 않을 경우 해고당했다. 신시내티 주 야구단 신시내티 레즈(Cincinnati Reds)는 당시 공산주의 상징인 '붉은색

▲ 조지프 매카시
1953년, 미국 공화당 상원의원 조지프 매카시는 극단적인 반공주의자이자 매카시즘의 '창시자'로, 공산당원으로 의심되는 사람들을 정치적으로 탄압했다.

(Red)'을 사용했다는 이유로 구단 이름을 바꿔야 했으며, 심지어 미스아메리카 선발 대회에 참여한 후보들까지 마르크스를 어떻게 생각하느냐는 질문에 올바로 대답해야 했다.

이러한 사회적 분위기 속에서 위스콘신 주 공화당 의원이었던 조지프 매카시가 등장했다. 혜성처럼 나타난 이 극단적인 반공주의자는 미국 정계에 엄청난 공산주의자 탄압 붐을 일으켰고, 이후 십여 년 동안 미국은 극도의 공포에 휩싸여 대통령부터 말단 공무원까지 전 국민이 벌벌 떨어야 했다. 어느 날 갑자기 끌려가 공산당과 관련이 있다고 몰리면 꼼짝없이 철창신세를 져야 했기 때문이다. 이 모든 것이 '매카시즘'이 불러온 백색 공포였다.

매카시즘의 시작, 그리고 침묵

아일랜드계 미국인인 매카시는 위스콘신 주 북부의 작은 농가에서 태어났다. 1939년 위스콘신 주 지방 판사가 되어 지역 역사상

'최연소 판사'가 되었으나, 나중에 선거에서 나이를 속인 것이 드러나기도 했다. 매카시의 정치 인생은 거짓말과 속임수로 가득했다. 1946년 11월, 그는 현란한 말솜씨를 앞세워 위스콘신 주 상원의원에 당선되었다. 하지만 임기 내내 사치와 도박, 음주를 일삼고 농산물 투기에 몰두하면서 명성이 크게 추락해 1949년에는 당대 '최악의 상원의원'으로 평가받기도 했다.

미국 16대 대통령 링컨의 탄생일인 1950년 2월 9일, 매카시는 공화당 전국위원회의 지시에 따라 웨스트버지니아 주의 도시 휠링에서 열린 오하이오 공화당 부녀자 당원 집회에서 '국무원에 있는 공산당원들'이라는 제목으로 연설했다. 이때 그는 '공산당과 스파이 조직 205명의 명단'을 확보했다고 주장했다. 이 연설은 미국 전체를 경악하게 했고, 매카시는 하루아침에 정치계 스타로 떠올랐다. 훗날 또 다른 연설에서 그는 '스파이 명단'이라는 문서를 공개했는데, 205명이라던 명단은 57명으로 줄어 있었다. 인기가 높아지자 의기양양해진 매카시는 트루먼 대통령과 딘 애치슨 국무장관에게 전화를 걸어 자신의 연설에 대한 의견을 공개적으로 밝혀줄 것을 요구하기도 했다.

한국 전쟁이 발발한 후, 미국 언론의 반공 분위기가 한층 고조되면서 전국이 '붉은색 공포'에 휩싸였다. 매카시는 공산주의가 이미 미국 정부 내부에 스며들었다며 수시로 경고했다. 또한 트루먼 정부의 일부 인사가 몰래 '소련과 연락을 취하고 있다'는 것을 근거로 민주당이 집권한 20년은 '반역의 20년'이라며 공개적으로 트루먼 정부를 비난하고 나섰다. 국무장관이었던 애치슨은 '국무원의 붉은색 주교'라고 비난받았고, 조지 마셜 장군은 유럽 부흥 계획인 '마셜 플랜'을 마련했다는 이유로 사기꾼으로 매도당했다.

1951년이 되자 매카시즘은 최고조에 달했다. 미국의 합법적 정당이었던 공산당의 서부 12개 주 당원들은 불과 5개월 만에 지명 수배되거나 체포되었다. 그중 사형 제도가 있던 3개 주에서는 5,236명이 '반역죄'로 사형 판결을 받았으며, 나머지 9개 주에서도 96명이 사형 판결을 받았다. 그 밖에 6만 2,351명이 20년 이상 징역형을 선고받는 등 미국 내 좌익 세력은 전에 없이 큰 피해를 입었다. 또한 매카시는 문화예술계와 정부의 인사들이 서로 고발하게 유도하기도 했다. 배우 찰리 채플린이나 원자폭탄의 아버지로 불리는 물리학자

로버트 오펜하이머 등 유명 인사들도 소련에 기밀을 넘긴 스파이로 지목되어 탄압받았다.

1953년, 매카시는 외국 주재 미국 대사관의 소장 도서 목록을 조사하기 시작했다. 그 결과 미국 공산당 대표 윌리엄 포스터, 좌익 작가 얼 브라우더, 공산당 혁명을 취재한 기자 아그네스 스메들리 등 75명의 저서가 모두 금서로 지정되어 200만 권에 달하는 책들이 서가에서 내려졌다. 미국 내의 일부 도시와 학교 도서관도 예외는 아니어서, '공산주의 성향을 띤 것으로 의심되는' 서적과 잡지들까지 모두 폐기 처분되었다. 국무원, 국제방송국 미국의 소리(Voice of America), 미국 정부인쇄국 등도 모두 매카시의 조사를 받았다. 이로 말미암아 미국 각지에 비이성적인 반공 열풍이 불면서 수많은 사람이 반공 대열에 참여했고, 역시 수많은 사람이 고발당했다. 미국에 살고 있던 화교들과 중국계 소수민족 출신은 특히 심한 탄압을 받았다. 미국 사회는 순식간에 긴장과 공포로 가득 찼다.

1953년 6월 19일, 과학자였던 줄리어스 로젠버그와 그의 아내 에셀 로젠버그가 사형당하면서 미국의 백색 공포는 본격적으로 시작되었다. 일반 가정도 수색 대상이 되었는데, 집에서 《공산당선언》 같은 책만 발견되어도 곧바로 '외국을 도와 미국을 망치려 한다'며 고발당했다. 불과 1년 사이에 푸에르토리코 지역을 제외한 미국 전역에서 총 6,231명이 기소당했다.

매카시는 당시 미국 사회에 널리 보급된 신문과 텔레비전을 통해 지명도를 높였고, 정적들을 공격하기 위해서라면 거칠고 수준 낮은 언행도 마다하지 않았다. 그는 자신에게 반대하는 사람은 모두 미국의 민주 정치를 무너뜨리려는 공산당이라는 황당한 논리까지 펼쳤다. 제2차 세계대전에서 큰 공을 세웠던 아이젠하워 대통령까지도 공개적으로 그에게 반박하지 못한 채 울분을 삼켜야 할 지경이었다. 어떤 이는 '매카시가 공화당의 절반을 차지했다'며 고개를 내젓기도 했다. 그러나 시간이 흐르면서 매카시의 반공 활동은 차츰 대중의 반감을 샀다. 미국 국내외의 여론이 모두 '국민을 현혹하는 선동꾼'이라고 그를 비난하기 시작했고, 유럽에서는 아예 매카시를 히틀러에 비유하기도 했다.

매카시는 행정, 외교, 군사에 이르기까지 정부 활동에 폭넓게 간섭하며 정부와 군부의 갈등을 부추겼다. 그는 1953년 11월부터 아이

▶ 정치적, 사회적 탄압으로 유명해진 매카시는 공산당으로 의심되는 사람들을 잡아낸다는 이유로 미국 전역을 헤집으며 국민의 인권을 유린했다.

젠하워 정부에 화살을 돌려 대통령이 나라를 배반했다고 주장했다. 그리고 1954년 초에는 육군에 대한 조사를 확대해 육군 준장을 위협하면서 미 육군이 공산당원을 보호한다고 비난했다. 육군의 분노를 불러일으킨 이 일은 그가 화를 자초한 셈이 되어버렸다. 군에 돌린 화살이 매카시 자신에게 되돌아온 것이다.

1954년 4월 22일부터 6월 17일까지 매카시-육군 청문회가 열렸다. 매카시는 이 자리에서도 변함없이 터무니없는 주장을 펼치며 허풍을 떨었지만, 육군 특별 고문이었던 조지프 웰치의 날카로운 추궁을 피해갈 수는 없었다. 육군 측은 그동안 매카시가 저지른 월권 행위와 위법 행위를 조목조목 따지며 이른바 '매카시 조사 활동'의 폐단을 공개했다. 더 이상 빠져나갈 구멍이 없게 된 매카시는 온 국민이 지켜보는 가운데 큰 망신을 당하고 다시는 정치 활동을 할 수 없는 지경에 몰렸다. 같은 해 12월 1일, 매카시를 비판하는 결의안이 미국 국회 상원을 통과하면서 마침내 매카시즘도 막을 내렸다.

그로부터 3년 후, 국민을 조롱한 사기꾼으로 낙인찍힌 상원의원 매카시는 술에 의지해 하루하루를 보내게 되었고, 결국 과도한 음주로 간염과 신경계통 질환 등에 시달리다가 1957년 5월 2일 워싱턴 해군 병원에서 사망했다.

냉전 시대의 시작 트루먼주의

트루먼주의는 미국 트루먼 대통령의 임기 동안 형성된 미국의 대외 정책이다. 미국은 세계적인 공산주의 움직임을 막을 책임이 있으며 미국의 안보를 위협할 수 있는 모든 위험 요소를 제거해야 한다는 것이 트루먼주의의 핵심이었다. 이를 위해 미국은 다른 나라의 내정에 간섭하는 행위도 서슴지 않았다.

트루먼주의의 형성 배경

1945년 4월 12일, 루스벨트 대통령이 재임 중에 세상을 떠나면서 부통령이었던 트루먼이 대통령에 취임했다. 그리고 얼마 지나지 않아 기나긴 제2차 세계대전이 끝났다. 루스벨트 대통령이 소련과의 협력에 적극적으로 나섰던 것과 달리 트루먼은 소련과 거리를 두며 점차 양자 간 대결 구도로 들어섰다. 물론 이는 제2차 세계대전 종전 후의 세계 상황과도 밀접한 관련이 있었다. 첫째, 그동안 두 나라를 하나로 묶어준 독일, 일본, 이탈리아 파시즘 세력이 무너졌기 때문이다. 공동의 적이 사라지자 서방 세계와 소련은 더 이상 힘을 합칠 이유가 없었다. 둘째, 미국과 소련 양국의 갈등과 충돌이 갈수록 심해지고 있었다. 트루먼이 취임한 이후 미국은 전후 독일의 처리 문제, 폴란드 문제 등을 해결하는 과정에서 소련과 대립하기 시작했는데, 당시 미국 내에서는 소련에 강경하게 대응해야 한다는 목소리가 점점 커지고 있었다. 그런데 이때 소련의 지도자 스탈린이 '제2차 세계대전은 끝났지만 자본주의가 세계 시장을 놓고 새로운 전쟁을 일으키려 하고 있다'는 연설을 발표했다. 소련도 이제 중공업 발전을 우선순위에 놓고 전쟁에 뛰어들 준비를 해야 한다는 스탈린의 발언은 미국에 적지 않은 파문을 일으켰다. 당시 애치슨 국무장관은 스탈린이 미국과 소련 양국의 평화 공존 가능성을 부정했다고 말하기도 했다.

1946년 2월 22일, 주 소련 미국 대사였던 조지 케넌은 '8만 자 전보(The long telegram)'를 통해 소련 억제 정책을 제시했다. 트루먼과 미 국회는 소련의 상황을 분석한 이 보고서를 매우 진지하게 검토했다. 이후 케넌은 'X'라는 필명으로 〈소련 행동의 원천(The

Sources of Soviet Conduct)〉이라는 논문을 발표해 소련 억제 정책을 더욱 자세히 설명했다. 이미 소련과의 협력을 포기하고 있던 미국 정부는 케넌의 이론이 대 소련 정책에 효과적이라 판단하고 이 이론을 전후 미국 외교 정책의 사상적 바탕으로 삼았다.

1946년 3월 5일, 미국을 방문한 전 영국 총리 윈스턴 처칠은 트루먼과 함께 미주리 주 풀턴의 웨스트민스터 대학에서 '평화의 원동력(Sinews of Peace)'이라는 제목의 연설을 발표했다. 처칠은 이 연설에서 '발트 해의 슈체친에서 아드리아 해변의 트리에스테까지 유럽 대륙을 가로지르는 철의 장막이 세워졌다'고 말했다. 이 철의 장막 뒤쪽의 동유럽과 중유럽 국가는 소련의 세력권이며, 세계 각국에 퍼진 공산당 세력이 '기독교 문화에 심각한 노선과 위협이 되고 있다'고도 했다. 또한 그는 점점 세력을 넓혀가는 소련에 유화 정책은 더 이상 통하지 않는다며 서방 국가, 특히 영국과 미국이 힘을 합쳐 함께 소련의 침략을 막아내야 한다고 주장했다. 처칠의 '철의 장막 연설'은 전 세계에 큰 반향을 불러일으켰고 소련의 지도자 스탈린은 처칠의 그 같은 연설이 '소련에 전쟁을 선포하는' 위험한 행동이라며 즉각 비난하고 나섰다. 이후 '철의 장막 연설'은 트루먼이 처칠의 연설을 통해 정식으로 소련에 냉전 선포를 한 것으로 풀이되었다. 미국 정부가 직접 하기에는 껄끄러운 말을 '반 볼셰비키주의자'인 처칠의 입을 빌려 한 셈이기 때문이었다.

트루먼주의의 등장

처칠의 '철의 장막 연설'과 함께 트루먼주의의 서막이 올랐다. 트루먼은 먼저 소련에 관한 미국 정부의 입장을 하나로 통일하기 위해 헨리 월리스 상무장관을 면직시켰다. 그는 루스벨트 전 대통령의 평화정책을 지지하던 자유주의자들의 대표이기 때문이었다. 그 후 트루먼주의는 공화당의 로버트 태프트 상원의원을 중심으로 하는 보수주의자들의 지지를 얻었고, 소련과의 냉전은 미국 정부의 공식 정책이 되었다.

1946년 9월 24일, 트루먼의 특별고문 클라크 클리포드는 미국과 소련의 관계에 대한 최고급 기밀 보고서를 작성해 미국 정부에 전달했다. 보고서는 미국이 소련을 제압할 강력한 군사력을 보유하고 있으므로 소련이 더는 세력을 확장하지 못하도록 막아야 한다고 했다.

즉 '아직 소련의 영향권에 속하지 않은 국가들이 소련에 맞서 싸운다면 미국은 기꺼이 정치적, 경제적인 도움을 주어야 한다'는 것이었다. 이 보고서는 케넌이 제시한 냉전 정책의 틀을 그대로 따르며 전 세계를 대상으로 한 소련의 전쟁 구상을 체계적으로 막아야 한다고 주장했다. 모든 상황이 척척 맞아떨어졌다. 트루먼주의가 본격적으로 실행되는 것은 이제 시간문제였다.

그리고 이 즈음에 그리스와 터키에서 위기 상황이 발생하면서 미국은 트루먼주의를 실천할 좋은 기회를 잡을 수 있었다. 당시 그리스와 터키에서는 공산주의를 기치로 내세운 혁명세력이 계속된 진압에도 오히려 나날이 확산되고 있었다. 이 두 나라 정부를 돕던 영국은 끝나지 않는 싸움에 점점 더 지쳐만 갔다. 그러다가 1947년 초 영국에 심각한 경제

▲ 1945년 9월 1일, 미국의 트루먼 대통령이 일본의 항복 문서를 손에 든 채 미소 짓고 있다.

위기가 닥치면서 영국 정부는 혁명 세력을 진압하는 데 들어가는 각종 비용을 감당할 수 없게 되었다. 반면에 그리스와 터키의 혁명 세력은 유고슬라비아와 소련으로부터 계속 지원을 받고 있었다. 영국은 전략적으로 매우 중요한 위치에 있는 이 두 나라가 소련의 손에 들어가게 내버려둘 수 없었다. 결국 1947년 2월 21일, 영국은 미국 국무원에서 열린 긴급회의에서 자국이 처한 곤란한 상황을 털어놓으며 미국에 도움을 요청했다. 이 소식을 들은 트루먼은 '역사는 이미 전환기를 맞았고 미국은 몰락해가는 영국을 대신해 자유세계의 리더가 되어야 한다'고 말하며 그리스와 터키 정부를 적극적으로 도울 것을 주장했다. 이는 미국이 자유세계의 리더가 될 수 있는 기회인 동시에 냉전 정책을 공개적으로 펼칠 좋은 기회이기도 했다.

1947년 3월 12일, 트루먼은 국회 상하원 합동 회의에 참석해 그리스와 터키 지원 방안의 통과를 촉구했다. 그는 그리스와 터키가 '공산주의로부터 심각한 위협'을 받고 있다며, 만약 그리스가 소련의

▲ 1951년 1월 8일, 트루먼 대통령이 국회에서 국정 보고서를 발표하며 전쟁에 대비해 군대를 늘리겠다고 선언했다. 트루먼은 국회가 '병역법을 연장하고 수정' 해 현역 군인을 350만 명으로 늘리고 전투기, 탱크 등의 무기 생산도 서둘러 진행해야 한다고 주장했다.

손에 넘어간다면 터키는 공산주의 진영의 최전방 국가가 될 것이라고 단언했다. 마찬가지로 터키가 소련에 굴복하면 그리스도 매우 위태로워져 결국 유럽 전체, 나아가서는 전 세계에 무서운 재난을 초래할 수도 있다고 했다. 트루먼은 이를 근거로 미국 국회가 1948년 6월 30일까지 그리스와 터키 정부에 4억 달러를 전달해야 한다고 주장했다. 이 두 나라를 '소련의 침략에 대항할 미국의 방어막'으로 이용해야 한다는 것이었다. 트루먼은 미국 전체가 사태의 심각성을 느끼게 해야 한다는 호이트 반덴버그의 건의를 받아들여 직접 국회에 출현해 '트루먼주의'를 주장했다. 그는 국회가 자신의 요구를 받아들이게 하려고 다음과 같이 말했다. "미국의 정책이 자유주의 국가의 국민을 도와야 한다고 생각한다. 그들은 지금 그들을 정복하려는 소수의 무장 세력과 외부의 압력에 맞서 싸우고 있다." 상하원의원은 이를 즉시 받아들였고 1947년 5월 15일에 그리스와 터키의 반공산주의를 지원하는 방안을 통과시켰다.

트루먼주의를 선언한 미국은 곧장 그리스 내전에 뛰어들었다. 1949년 한 해 동안 그리스 정부는 국내 공산주의 운동을 진압하기 위해 미국으로부터 6억 4,800만 달러의 자금지원과 5억 2,900만 달러의 군사지원을 받았다. 그뿐만 아니라 미국은 그리스 육군의 66퍼센트를 다시 훈련시켰고 군사 20만 명과 헌병 5만 명, 해군 1만 1,000명, 공군 전투기 조종사 8,000명을 새로 무장시켰다. 1947년 11월에는 미국-그리스 합동참모본부가 세워졌고 미군 사령관 제임스 밴 플리트가 그리스군을 실질적으로 지휘했다. 그리고 1949년 말, 그리스 혁명군은 수적으로 절대적인 우위를 확보한 미국-그리스 연합군 앞에 무기를 버릴 수밖에 없었다. 그리스 공산주의 혁명은 이렇게 막을 내렸다.

그리스에서 한창 혁명 세력을 진압하고 있을 무렵, 미국은 터키에도 손을 뻗었다. 1947년 7월 12일, 미국과 터키는 미국이 1억 달러를 지원한다는 내용의 협정을 맺었다. 터키의 수도 이스탄불에 도착한 미국 군사 대표단은 터키 군대를 재정비한 후 미 해군과 공군이 사용할 기지를 얻어냈다. 미국과 터키는 1948년에 경제협력협정을 맺은 데 이어 1949년에는 문화협력협정까지 맺었다. 수많은 미군이 터키에 와 혁명 세력 진압에 힘을 쏟으면서 터키의 국내 상황은 빠르게 안정되었고 터키 정부도 위기를 모면했다.

그리스와 터키에 대한 미국의 행동으로 미루어봤을 때, 트루먼주의의 목적은 공산주의를 막아내는 데 있었다고 할 수 있다. 이것으로 미국과 소련은 제2차 세계대전에서 맺었던 동맹을 깨고 기나긴 냉전 시대로 들어섰다. 트루먼주의는 이러한 시대의 변화를 상징한다. 세계대전이 끝난 직후, 총성 없는 또 다른 전쟁이 펼쳐지기 시작한 것이다.

▼ 1947년 3월에 열린 국회에서 트루먼 대통령이 대외정책을 발표하고 있다.

유럽의 부활 마셜 플랜

미국의 조지 마셜 국무장관이 제창한 마셜 플랜(Marshall Plan)은 트루먼주의를 바탕으로 탄생했다. 트루먼 대통령이 지구 상 모든 공산주의를 막아내는 것이 미국의 사명이라고 선언한 가운데 공산주의 진영과 가장 가까운 곳에 있는 유럽, 그중에서도 특히 서유럽의 중요성은 점점 커지고 있었다. 그래서 세계대전 이후 피폐해진 서유럽을 재건하고자 마셜 플랜이 세워졌다.

전후의 유럽

제2차 세계대전 이후, 서유럽 국가의 눈앞에 놓인 가장 큰 문제는 소련의 침략이 아니라 최악의 상황으로 치닫는 국내 경제였다. 세계대전의 주 무대가 되었던 서유럽 지역은 그 피해가 이루 말할 수 없을 정도로 심각했다. 전쟁 전까지만 해도 바쁘게 돌아가던 공장들은 폭탄에 맞아 폐허로 변해버렸거나 자금과 원료, 노동력이 부족해서 도무지 공장을 가동할 수 없는 상황이었다. 경제 활동의 동맥과도 같은 철도는 파괴되었고 농지는 황폐해졌다. 1946년, 서유럽의 산업생산량은 전쟁 전 수준의 70퍼센트에도 미치지 못했고 농업생산량도 예전의 약 60퍼센트에 그쳤다. 에게 해에서 북해 연안에 이르기까지 유럽 사람들은 굶주림과 혼란에 시달리며 비참한 생활을 하고 있었다. 엎친 데 덮친 격으로 1946년 말, 전에 없던 극심한 추위가 몰아닥쳤고 이듬해에는 홍수로 아수라장이 되었다. 이처럼 천재지변까지 겹치자 영국에서는 광공업이 절반 이상 마비되었고 농업생산량은 19세기 수준 이하로 떨어졌다. 1947년 1월 20일, 영국 정부는 '총체적으로 심각한 위기 상황에 빠져 있다'는 사실을 인정할 수밖에 없었다. 한때 세계를 호령하던 대영제국이 이 지경에 이르렀으니 다른 서유럽 국가의 상황은 두말할 것도 없었다.

경기 침체 이외에도 전후 서

▼ 미국 국무장관 마셜과 새로운
내각 구성원들

유럽 각국의 정치 상황도 상당한 혼란에 빠져 있었다. 먼저 정부에 대한 국민의 불만이 갈수록 커지고 있었다. 프랑스, 영국, 이탈리아 등에서는 노동자 시위가 빠르게 확산하고 있었고 각국 공산당도 하나같이 세력을 키우고 있었다.

1947년 4월에는 프랑스의 르노 자동차 공장 노동자들이 시작한 파업이 프랑스 전역에 일파만파로 퍼져 순식간에 산업생산과 철도가 마비될 정도였다. 같은 시기 영국, 이탈리아, 벨기에 등의 노동자들도 벌떼처럼 들고일어나기 시작했다. 반파시즘 투쟁을 겪으며 프랑스 정당 가운데 가장 큰 영향력을 발휘하게 된 공산당은 500만 조합원을 가진 노동조합을 움직였고 당원 250만 명을 보유한 이탈리아 공산당도 날이 갈수록 점점 더 많은 지지를 얻었다. 한편 서유럽 각국 정부는 좌익 세력이 힘을 얻는 것에 크게 당황하여 잇따라 바다 건너에 있는 미국에 도움을 요청했다. 전 세계 반공지도자를 자청한 미국도 이러한 유럽의 상황이 불편하기는 마찬가지였다. 소식을 접한 미국 국무장관 마셜은 '미국이 유럽에 자금 지원을 하지 않는다면 유혈 사태를 피할 수 없을 것'이라고 경고했다.

마셜 플랜의 등장

미국이 서유럽을 돕기로 한 데에는 물론 전략적인 계산이 깔려 있었다. 소련이 이끄는 공산주의 세력을 막아내려면 지리적으로 최전방 지대에 있는 유럽이 필요했기 때문이었다. 게다가 제2차 세계대전 후 미국 경제에 나타난 시장 부족 문제를 해결하는 데도 유럽은 좋은 대안이었다. 사실 미국은 세계에서 유일하게 직접적인 전쟁 피해를 입지 않았다. 그래서 미국 산업계는 전쟁을 기회로 전에 없던 호황을 누리고 있었다. 물론 종전 이후 군수 산업은 상당 부분이 민간 부문으로 전환되었지만 왕성한 생산 능력은 여전해서, 매일같이 쏟아져 나오는 제품을 국내 시장이 모두 소화할 수 없을 정도였다. 따라서 미국으로서는 장기적인 경제 발전을 위해서라도 반드시 해외 시장을 확보해야만 했고, 특히 서유럽 시장은 다른 어느 지역보다도 중요했다. 또한 해외 원조를 통해 미국의 자본과 상품이 자연스럽게 서유럽으로 들어가면 현지 시장을 선점할 수도 있었다. 미국으로서는 좋은 기회였다.

1947년 4월 26일, 모스크바 외무장관 회의에 참여했던 미국의 마

▲ 1949년 2월, 마셜 플랜에 따라 영국 런던의 로열 빅토리아 부두에 설탕이 도착했다.

셜 국무장관은 미국 정부에 서유럽 국가들을 지원할 방안을 마련해야 한다고 건의했다. 6월 5일, 마셜은 하버드 대학 졸업식 연설에서 서유럽 국가들이 경기를 회복할 수 있도록 도움으로써 전략적으로 매우 중요한 유럽 지역을 차지할 수 있다고 말했다. 그는 그러기 위해서는 먼저 서유럽 국가가 자발적으로 부흥 계획을 세워야 한다며 이렇게 말했다. "이것은 유럽인의 문제이다. … 미국의 역할은 유럽의 계획에 협력하고 도움을 주는 것이다. … 이 계획에는 상당수의 유럽 국가가 참여할 것이다." 또한 마셜은 이렇게도 말했다. "우리의 정책은 특정 국가나 특정 사상이 아닌 굶주림, 가난, 절망 그리고 혼란을 없애기 위한 것이다." 이 연설 이후 마셜 플랜은 미국을 비롯하여 세계 각국의 신문과 텔레비전에 언급되며 뜨거운 이슈로 떠올랐고 일주일 후, 마셜은 소련과 동유럽도 마셜 플랜의 대상에 포함된다고 발표했다.

마셜의 연설은 유럽에 큰 반향을 불러일으켰고 소련도 적지 않은 관심을 표현했다. 1947년 6월 말, 영국, 프랑스, 소련의 외무장관은 파리에서 열린 회의에 참석해 마셜 플랜에 관해 의논했다. 그러나 당시 소련의 외무장관이었던 몰로토프는 영국과 프랑스가 제시한 마셜 플랜이 각 나라의 내정에 간섭할 위험이 있다는 이유로 반대하며 회의장을 떠나버렸다. 결국 협상은 결렬되었고 소련과 동유럽 각국은 마셜 플랜에서 제외되었다. 7월 12일, 영국, 프랑스, 오스트리아, 이탈리아, 벨기에, 덴마크, 그리스, 아이슬란드, 아일랜드, 룩셈부르크, 네덜란드, 노르웨이, 포르투갈, 스웨덴, 스위스, 터키의 16개 국가가 파리에 모여 회담을 갖고 유럽경제협력위원회를 구성했다. 9월 22일 유럽경제협력위원회는 만장일치로 미국이 4년 동안 224억 달러의 원조와 차관을 제공해줄 것을 요청했고 트루먼 대통령은 12월 9일 '미국이 마셜 플랜을 지원할 것'을 국회에 요구했다. 1948년 4월 3일, 트루먼 대통령이 국회에서 통과된 '1948년 대외원조법'에 서명하면서 마셜 플랜을 뒷받침할 법적 근거가 마련되자 미국은 마셜 플랜 실행을 담당할 대외원조기구인 경제협력국(Economic Cooperation Administration, ECA)을 세우고 폴 호프만을 국장에 임명했다.

▲ 1940년대 후반의 마셜 플랜 홍보포스터

마셜 플랜은 1948년 4월 3일부터 1952년 6월 말까지 5년간의 계획이었다. 미국은 서유럽에 131억 5천만 달러의 원조를 제공했는데 그중 식량과 소비재가 대부분이었고 무상으로 제공한 것이 90퍼센트였으며 차관은 10퍼센트에 불과했다. 서유럽 국가 중 영국이 가장 많은 32억 달러를 지원받았고 프랑스가 27억 달러, 이탈리아가 15억 달러, 나중에 계획에 포함된 서독이 13억 9천만 달러를 각각 지원받았다. 아이슬란드는 가장 적은 2천9백만 달러를 제공받는 데 그쳤다. 그러던 1951년 말 미국은 한국전쟁에 참여하게 되면서 군사 비용 지출이 크게 늘어난데다가 마셜 플랜을 줄곧 반대해온 공화당이 1950년도 총선에서 승리하면서 마셜 플랜에 대한 미국 내 관심이 급격히 시들해졌다. 결국 마셜 플랜은 1951년 말에 종료되었고 이후 유럽은 상호안전보장법(Mutual Security Act)에 따라 지원을 받았다.

마셜 플랜의 영향

마셜 플랜은 서유럽 국가의 경제가 빠르게 회복될 수 있도록 도왔다. 경제 통계를 보면 마셜 플랜이 진행되는 동안 서유럽 지역의 경제가 역사상 가장 빠른 속도로 발전했다는 사실을 알 수 있다. 마셜 플랜이 종료된 후 1952년 서유럽의 산업생산량은 전쟁 전보다 35퍼센트나 늘었고 농업생산량은 10퍼센트나 증가했다. 전쟁 직후 나타

몰로토프 플랜(Molotov Plan)

1947년 6월 말 영국, 프랑스, 소련의 외무장관 회담이 결렬되자 소련과 동유럽 각국이 마셜 플랜에 참여할 수 있는 길도 막혀버렸다. 그러나 소련과 동유럽 국가 역시 전쟁으로 말미암은 심각한 경제적 문제를 안고 있었다. 위기에 몰린 소련은 동유럽과의 경제 협력을 강화하기 위해 불가리아, 체코슬로바키아, 헝가리, 폴란드, 루마니아와 차례로 무역 협정을 맺었다. 이렇게 마셜 플랜에 맞서기 위해 탄생한 이 계획을 몰로토프 플랜이라고 부른다.

낳던 경기 침체는 더 이상 찾아볼 수 없었으며 이후 20년 동안 서유럽 경제는 황금기를 누렸다.

또한 마셜 플랜은 서유럽 국가 간의 단결을 이끌어내며 유럽공동체의 형성을 촉진했다. 소련과 대립하던 미국은 유럽이 하나로 통합되어 미국의 영향력하에 경제를 발전시키고 군사력을 키우며 정치적으로 안정되기를 바랐다. 마셜 플랜을 추진하는 동안 유럽공동체 형성을 부추긴 이유도 여기에 있었다. 1948년, 마셜 플랜을 받아들인 16개국이 유럽경제협력위원회를 세웠는데 이 조직은 나중에 유럽경제협력조직으로 이름을 바꾸었다. 그리고 회원국 간 무역 자유화를 촉진하기 위해 1950년 탄생한 '유럽지급동맹'은 서유럽 전체의 경제적 유대를 강화시켜 1955년에 설립된 '서유럽연합'을 위한 기반을 마련했다.

마셜 플랜을 기획한 장본인인 미국 역시 많은 이익을 얻었다. 그중 가장 중요한 것은 단연 정치적인 수확이었다. 소련을 중심으로 한 공산주의 진영과 미국 사이에 있는 서유럽이 힘을 회복하면서 미국도 자연스럽게 소련에 대한 부담을 덜게 되었기 때문이다. 특히 미국이 한국전쟁에서 곤란한 상황에 빠져 있을 무렵 서유럽은 더할 나위 없이 큰 힘이 되어주었다. 또한 미국은 경제적으로도 커다란 시장을 얻었다. 미국 자본과 상품이 대량으로 서유럽에 유입되면서 미국 내 과잉 생산 문제가 해결되었기 때문이다. 그러나 나중에 유럽 경제가 미국과 어깨를 나란히 할 정도로 회복된 후 유럽은 미국의 뜻과 상관없이 독자적인 길을 걷기 시작했다. 그래서 마셜 플랜을 주장한 세력은 미처 예상치 못한 이 결과 때문에 마셜 플랜을 반대한 세력에게 많은 공격을 받기도 했다.

양대 국제기구의 대결 나토와 바르샤바조약기구

북대서양조약기구(North Atlantic Treaty Organization, NATO 이하 나토)와 바르샤바조약기구는 미국과 소련이 냉전 기간에 동맹국을 하나로 모으려고 설립한 정치, 군사 연맹이다. 이는 당시 양대 초강대국이던 미국과 소련이 냉전정책을 펴는 무대가 되었다.

나토의 성립

미국은 제2차 세계대전 이후 유럽을 굉장히 중요하게 생각했다. 자본주의의 요람인 유럽이 한때 세계 경제의 중심이었기 때문이기도 했지만 더 큰 이유는 따로 있었다. 바로 제2차 세계대전 이후 시작된 냉전이 유럽을 주 무대로 했기 때문이다. 서방 세계 전체의 안전이 유럽의 안보에 달려 있다고 판단한 미국은 마셜 플랜을 세워 서유럽을 경제적으로 지원하기 시작했다. 또한 유럽이 보유한 풍부한 정치적, 군사적 자원 역시 미국에 매우 중요했다. 이러한 이유로 미국은 서유럽의 합동 안보 문제에 눈을 돌려 그들이 자체적으로 연합하도록 적극적으로 유도했다. 동시에 자국을 중심으로 한 군사정치공동체를 만들어 서유럽을 미국의 영향권 아래에 포함시키고 소련을 견제하려 했다. 나토 결성은 이 같은 목적을 이루는 데 매우 중요한 단계였다.

서유럽 공동 안보 방어 체계를 구축하기 위해 미국은 먼저 반공과 유럽 부흥을 외치며 서유럽 국가 간의 단결을 이끌었다. 1948년 1월 미국의 지원을 받은 영국이 다른 서유럽 국가에 서유럽연맹 설립을 건의하여 긍정적인 반응을 이끌어냈다. 3월 5일 영국, 프랑스, 네덜란드, 벨기에, 룩셈부르크의 5개국이 벨기에의 수도 브뤼셀에 모여 군사 동맹을 핵심으로 하는 집단 방위 조약, 이른바 '브뤼셀 조약'을 맺었다. 그리고 이 조약에 합의한 외무장관 다섯 명은 3월 17일 조약에 정식으로 서명했다. 조약의 유효 기간은 50년으로, 회원국이 침략 당할 위협에 놓였을 때 다른 회원국은 필요한 모든 지원을 제공할 의무가 있다고 규정했다. 브뤼셀 조약이 8월 25일부터 발효하면서 이 조약에 의한 브뤼셀조약기구가 공식적으로 성립했다. 브뤼셀조약기구는 외무장관협상위원회, 서방연맹방어위원회, 참모부,

사령관위원회 등의 하부 조직을 갖추었다.

하지만 브뤼셀조약기구의 탄생에도 당시 서유럽 각국과 미국은 이 조직에 한계가 있다고 생각했다. 특히 당시에는 미국의 참여 없이 서유럽이 공동 안보를 실현하기란 불가능했다. 한편 미국 내에서는 브뤼셀 조약에 참여한 국가가 너무 적다며 서유럽 국가와 공동 방위 협정을 맺자는 주장이 갈수록 커졌다. 이런 상황에서 1948년 6월 한 달 동안 미국에서는 반덴버그의 법안이 상원을 통과했다. 상호 협력과 상호 원조를 원칙으로 한 이 법안은 미국의 국가 안보가 위협을 받는 상황에서 지역적 혹은 다른 성격의 집단 방어 협정을 맺을 수 있다고 규정했다. 이로써 미국은 서유럽과의 연합을 위한 법적 근거를 마련하게 되었다. 이어 7월 6일 미국, 캐나다와 브뤼셀조약기구 회원국들은 워싱턴에서 회의를 열고 집단 안보 조약 체결을 의논했고 9월 9일 각국 정부가 작성한 비망록인 이른바 '워싱턴 페이퍼(Washington Paper)'가 회의를 통과했다. 문서는 곧 세워질 북대서양조약기구의 성질, 범위, 회원국의 의무와 기타 유럽기구와의 관계 등을 명확히 규정했다.

1949년 3월 18일 북대서양 조약이 공식적으로 발표되었다. 이어 4월 4일에는 미국, 영국, 프랑스, 이탈리아, 네덜란드, 벨기에, 룩셈부르크, 덴마크, 캐나다, 아이슬란드, 노르웨이, 포르투갈의 12개

▶ 1954년 10월, 프랑스, 독일, 영국, 미국이 프랑스 파리에서 '파리 조약'을 맺었다. 사진은 왼쪽부터 피에르 망데스 프랑스 프랑스 총리, 콘라트 아데나워 서독 총리, 로버트 이든 영국 외무장관, 존 덜레스 미국 국무장관이다. 1955년 5월에 발효된 이 조약에 의해 연합군이 서독에서 철수했고 주권을 회복한 서독은 정식으로 나토에 가입했다.

나라 외무장관이 미국 워싱턴에 모여 북대서양 조약 조인식을 가졌고 8월 24일에 정식으로 발효되어 북대서양조약기구가 성립되었다.

북대서양 조약은 간단한 서문과 14개 항으로 이루어져 있는데, 그 중 '유럽 혹은 북미의 회원국에 대한 공격은 회원국 전체에 대한 공격으로 간주한다'라고 규정한 5항이 가장 중요했다. 9월 17일, 각 회원국의 외무장관이 모여 나토의 최고기관인 북대서양이사회를 조직했고 국방장관들은 방위기획위원회(Defense Planning Committee)를 결성했다. 그밖에 통일된 군사지휘시스템인 유럽연합군최고사령부(Supreme Headquarters Allied Powers Europe, SHAPE), 대서양연합군사령부(Allied Command Atlantic, ACLANT), 해협연합군사령부, 캐나다-미국 지역 계획 그룹 등도 잇따라 조직되었다.

바르샤바조약기구의 성립

미국은 나토가 설립되자마자 이 기구를 소련 견제를 위한 도구로 사용했다. 앞서 트루먼주의 덕을 많이 본 그리스와 터키도 1952년 나토에 가입했다. 1954년 10월에는 미국, 영국, 프랑스, 서독, 벨기에, 네덜란드, 룩셈부르크, 이탈리아, 캐나다의 9개 국가가 파리 조약을 체결하고 서독의 나토 가입을 비준했다. 스페인 등 몇몇 중립국을 제외한 서유럽 국가가 모두 나토 회원국이 되자 소련과 동유럽 국가는 큰 압박을 받기 시작했다. 이에 소련은 1954년 11월 13일에 미국, 중국, 유럽 23개 국가에 파리 조약에 대한 반대 의사를 전달하고 유럽 공동의 안보기구 설립을 제안했으나 서방 국가들로부터 거절당했다. 같은 해 11월 29일부터 12월 2일까지 소련과 폴란드, 체코슬로바키아, 헝가리, 루마니아, 불가리아, 알바니아, 동독의 대표들이 서방 국가의 참석 없이 모스크바에서 유럽 평화와 안보에 관한 회의를 열었다. 이들은 만약 서방 국가가 끝까지 서독을 나토에 가입시킨

▼ 1955년에 열린 북대서양조약기구회의

다면 자국의 안보를 위해 상응하는 조치를 취할 수밖에 없다고 선언했다. 그리고 서방 국가는 소련의 경고를 무시한 채 1955년 5월에 파리 조약을 공식 발효하고 서독을 나토 회원국으로 받아들였다. 그러자 소련은 곧장 이에 응수했다. 바로 1955년 5월 11일부터 14일까지 폴란드 수도 바르샤바에서 제2차 유럽 평화와 안보에 관한 회의를 열어 8개 국가가 '우호 협력 조약', 즉 '바르샤바 조약'을 체결한 것이다.

바르샤바 조약은 북대서양 조약에 대응하기 위한 집단 방위를 목적으로 체결되었다. 조약은 하나 또는 여러 회원국이 공격받을 경우 다른 회원국은 모든 수단을 동원하여 도울 의무가 있다고 규정했다. 이에 따라 외무상관회의와 언 2회 개최하는 정치자문위원회를 비롯하여 통일군사령부 지휘 아래 조약기구연합군과 기타 보조기관이 조직되었다.

양대 기구의 대결과 냉전 종식

나토와 바르샤바조약기구의 탄생은 미국과 소련의 냉전의 결과물이자 본격적인 군사 대결의 신호탄이었다. 나토와 바르샤바조약기구는 근본적으로 냉전을 위한 도구였기 때문이다. 기구 설립 초기, 기구의 핵심 권력 특히 군사지휘권은 각각 미국과 소련이 장악하고 있었다. 나토군의 최고사령관은 미국인이었고 나토 핵무기에 대한 사용 권한도 미국 대통령이 갖고 있었다. 마찬가지로 바르샤바조약기구 사령관은 언제나 소련 국방부 제1차관이 맡았고 다른 회원국의 국방장관과 군사지도자는 부

▼ 1946년 1월 30일, 유엔(국제연합) 회의가 런던에서 처음으로 열려 벨기에 정치인 폴 헨리 스파크가 유엔총회 의장이 되었다. 그는 1958년에 북대서양조약기구의 사무총장을 역임하기도 했다.

사령관에 머물렀다. 미국은 나토를 통해 서유럽 국가에 대한 정치적, 군사적 영향력을 강화함으로써 소련과 동유럽을 막는 성벽을 쌓은 셈이었다. 반면 소련은 바르샤바조약기구를 통해 동유럽 각국과 자국을 하나로 묶어 서방에 맞설 커다란 세력을 마련했다.

이 두 조약기구에 가입했던 여러 국가는 자의 반 타의 반으로 미국 혹은 소련의 운명공동체가 되었다. 연합 방위의 테두리 안에서 어느 정도 보호받을 수 있었던 것은 사실이지만 미국과 소련 사이의 팽팽한 긴장감은 제2차 세계대전을 막 끝낸 유럽과 전 세계에 가장 큰 불안 요소가 되었다. 그래서 규모가 작은 나라들은 각 진영의 대장 국가를 따를 수밖에 없었는데, 체코슬로바키아의 경우 정부가 직접 자본주의적 성향의 경제 개혁을 시도했다가 바르샤바조약 군대의 개입을 받기도 했다.

1968년 소련 내부의 심한 갈등 때문에 알바니아가 바르샤바조약기구의 탈퇴를 선언했다. 그후 1980년대 말과 1990년대 초까지 공산주의 운동이 쇠락의 길로 접어들면서 세계가 숨 가쁜 변화를 겪었고 바르샤바조약기구는 서서히 해체될 위기에 처했다.

1990년 10월 3일에 독일이 통일되자 민주 국가가 된 동독은 바르샤바조약기구를 탈퇴했다. 1991년 2월 25일에는 부다페스트에서 열린 바르샤바 조약 정치협상위원회의 특별회의에서 1991년 4월 1일을 기준으로 바르샤바 조약이 규정한 군사 협정의 효력을 정지하기로 결정했다. 같은 해 7월 1일 바르샤바조약기구의 회원국들은 프라하에서 열린 회의에서 조약기구의 해산을 공식 선언했고, 이것으로 35년간 이어진 양대 조직의 대결 구도는 막을 내렸다.

분열된 독일, 눈물의 베를린 베를린 위기

나치 독일의 심장부였던 유서 깊은 도시 베를린은 제2차 세계대전이 종전된 후 둘로 분열되었다. 당시 베를린은 소련이 점령하고 있었지만 미국, 영국, 프랑스도 도시 서쪽을 조금씩 차지하고 있어서 베를린에는 늘 충돌의 위험이 도사리고 있었다. 그 후 냉전이 본격적으로 펼쳐지면서 베를린은 동서방 세력 다툼과 정치 활동의 주요 무대가 되었다. 특히 그 와중에 벌어진 도시 봉쇄 문제로 벌어진 베를린 위기는 많은 사람의 가슴을 쓸어내리게 한 사건이었다.

계획된 음모

1945년, 독일군은 연합군과 소련 '붉은 군대'의 연합 공격을 받고 점점 뒤로 밀려났다. 같은 해 5월 2일 베를린은 붉은 군대에 완전히

▼ 베를린에 있는 미군 검문소 유적

점령당했고 이후 5월 8일 나치 독일이 공식적으로 항복을 선언하면서 제2차 세계대전의 유럽 전쟁이 막을 내렸다.

독일이 항복한 이후 세계 각국은 얄타회담을 열고 소련, 미국, 영국, 프랑스가 독일 영토를 나누어 점령하기로 했다. 베를린 역시 서쪽은 미국, 영국, 프랑스 세 나라가 공동으로 점령하고 동쪽은 소련이 점령하기로 했다.

1947년 6월, 미국은 마셜 플랜을 통해 더욱 적극적으로 유럽을 공략했지만 미국과 영국, 소련은 여전히 독일 문제로 갈등을 겪고 있었다. 미국은 유럽에 영향력을 행사하는 동시에 소련도 견제하는 방법이 무엇일지 고심하다가 독일을 둘로 나누는 방법을 생각해냈다. 미국은 먼저 자국의 점령지와 영국의 점령지를 통합하고, 독일과 프랑스 국경의 요충지인 자르(Saar) 지역을 프랑스에 넘기는 조건으로 프랑스의 점령지와도 통합했다. 1948년 2월 미국, 영국, 프

랑스, 벨기에, 네덜란드, 룩셈부르크 6개 국가는 런던에서 외무장관회의를 열었다. 이들 나라는 독일 내 서방 국가 점령 지역에서 헌법제정회의를 열고 서독 정부를 세울 준비를 하겠다고 선언했다. 6월 18일, 미국, 영국, 프랑스는 다시 6월 21일부터 서쪽 점령지에서 자체적인 화폐 개혁을 단행하여 'B'자가 새겨진 새로운 마르크화를 발행했다. 이것이 독일 분열의 시작이었다.

점령지를 합병한 미국과 영국은 독일 경제위원회를 조직하고 자체적으로 서독 경제를 관리하기 시작했다. 이처럼 미국과 영국이 서독 정부의 성립을 부추기자 소련도 자국 점령지에 적극적으로 나서기 시작했다. 미국, 영국, 프랑스가 서독에서 화폐 개혁을 단행했다는 소식을 들은 소련 군사장관은 곧바로 연설을 통해 이들 나라에 대한 비난을 쏟아낸 후 질세라 화폐 개혁을 추진했다. 6월

▲ 미국이 제조한 운송기 C-47이 식량을 싣고 서베를린 공항에 도착했다.

22일 결국 소련 점령지에도 'D'자가 새겨진 마르크화가 발행되었다. 6월 24일부터는 군대를 동원해 서방 국가 점령지와 베를린 사이의 모든 교통로를 차단시켰다. 미국과 영국이 주도한 화폐 개혁이 이 같은 정치적 위기를 여러 차례 낳으면서 독일은 정치적, 경제적 분열의 길로 들어섰다. 베를린 위기가 본격적으로 시작된 것이다.

세계가 주목한 베를린 공수 작전

소련 점령지의 한가운데 위치한 서베를린은 섬처럼 고립되었다. 당시 서베를린에는 시민 250만 명과 연합국의 관리위원회와 서방 국가의 점령군까지 머무르고 있었지만 세계대전 이후 폐허가 된 베를린에서는 식량이나 생활필수품을 생산할 수가 없었다. 육로나 수로로 물자를 운반해오지 않으면 생존이 불가능한 상황이었다. 도시에 비축된 물자라고는 시민 250만 명이 불과 한 달 정도 쓸 수 있는

식량과 석탄뿐이었지만 봉쇄가 풀릴 기미는 보이지 않았다.

한편 이 소식을 들은 미국 정부는 깜짝 놀랐다. 위기를 해결할 방법에 대한 의견이 여럿 나왔다. 미국 정부는 소련과의 정면 충돌을 피하고자 비행기로 물자를 운반하기로 했고 이를 위해 서방 국가 점령지와 서베를린 사이에 '하늘길'을 만들기로 했다. 6월 26일, 긴급 물자를 실은 미 공군 C-54 운송기가 프랑크푸르트에서 베를린으로 첫 비행을 하면서 베를린 공수 작전이 시작되었다.

서방 국가 점령지에서 서베를린으로 향하는 공중 노선은 총 세 개로, 운송기 수천 편이 모두 이 세 항로를 따라 물자를 운반했다. 단 세 개뿐인 항로에 모든 운송기가 몰리면서 서베를린 상공은 온종일 비행기로 가득 찼다. 당시 이 지역의 항공기 운항 밀도는 세계에서 가장 높았다.

1948년 10월 15일, 미국과 영국이 정식으로 연합 공수팀을 구성했고 미 공군 윌리엄 터너 중령이 '미국-영국 연합 공수 특수 부대'를 지휘했다. 미국 공수 작전의 대부라 불리는 터너 중령은 제2차 세계 대전 당시 유명한 보급 작전인 '험프작전(The Hump Operation)'으로 중국군이 일본군과의 전투에서 승리하는 데 결정적인 공헌을 한 인물이었다.

서베를린에 거주하는 독일 시민 250만 명이 생존하려면 최소한 매일 물자 4,500톤이 필요했다. 식량, 포목, 의약품, 석탄부터 일부 기계 설비까지 생활에 필요한 모든 물품이 지속적으로 공급되어야 했다.

서베를린 주민들의 안타까운 소식이 전해지자 전 세계는 더 이상 베를린 사태를 정치적 갈등이 아닌 인도주의적 차원의 문제로 여기기 시작했다. 1949년부터 오스트레일리아, 뉴질랜드, 남아프리카공화국 등의 국가가 수송기를 보내 물자 운반을 도왔다. 1949년 4월 16일, 공수 작전을 수행 중이던 수송기가 한꺼번에 날아올라 베를린 상공을 가득 메웠다. 이날 물자수송량은 단일 기록으로는 최고인 1만 2,840톤을 기록했다.

▼ 1948년 제1차 베를린 위기가 터지고 난 뒤, 서베를린에서는 비행기가 3분마다 한 대씩 이륙했다.

분열된 독일

소련이 미국, 영국, 프랑스 점령지역으로 통하는 교통로를 차단하자 이들 세 나라는 곧바로 소련 점령지에 부족한 석탄, 철강, 전력 공급을 끊어버렸다. 비록 서방 국가가 베를린 공수 작전에 많은 힘을 기울이고 있었지만 미국 정부는 비행기로 물자를 실어 나르는 방법이 임시방편에 불과하다는 사실을 알고 있었다. 결국 외교로 문제를 해결해야 했다. 소련 역시 이러한 사실을 모르지 않았기에 두 나라는 곧 활발히 움직이며 접촉하기 시작했다.

그러나 소련, 미국, 영국, 프랑스 네 국가가 딱딱한 분위기 속에서 외교 회담을 열고 베를린 위기를 해결하려 하고 있을 때, 동서로 갈라진 베를린은 점점 더 심각한 상황으로 치닫고 있었다. 8월에는 베를린 경찰국과 우체국뿐만 아니라 사회보장, 식량, 노동 및 재정 등의 공공관리가 모두 분열되기 시작했고 9월부터 시의회와 시정부도 서베를린에서 회의를 열며 서베를린 지역에서만 권한을 행사했다. 그리고 11월 30일 결국 동베를린에 새로운 정부가 들어섰다. 미국, 영국, 프랑스 세 나라는 다시 군부를 조직하고 서베를린을 관리하기 시작했다. 결국 베를린 시는 행정, 입법, 사법의 모든 부문이 완전히 둘로 나뉘었다.

베를린이 분열되었지만 미국은 여기에 만족하지 않았다. 트루먼 정부는 베를린 문제를 이용해 소련과 더욱 심하게 대립하려 했다. 소련을 공동의 적으로 돌려 서유럽 국가를 단결시키고 서유럽에 대한 미국의 영향력을 강화하여 서독 정부를 포함하는 서유럽 국가와 북대서양조약기구를 설립하려고 했기 때문이다. 미국의 이러한 계획하에 1949년부터 서독을 하나의 국가로 만들기 위한 작업이 시작되었고 4월 8일 미국 국무원이 서독 점령 법안을 발표했다. 이보다 며칠 앞선 4월 4일 북대서양조약기구가 설립되었다.

상황이 이렇게 되자 소련 정부는 서독 봉쇄만으로 외교적 압박을 가하는 작전은 더 이상 통하지 않는다는 사실을 깨달았다. 오히려 서방 국가가 베를린 위기를 이용해 소련을 적으로 몰아가고 있었기 때문이다. 이에 소련은 태도를 바꾸어 평화 운동을 벌이기 시작했다. 독일인들이 자발적으로 조국 통일 운동을 하도록 부추기기 위해서였다. 소련이 변화하자 미국 등 관련국도 베를린 문제를 평화적으로 협상하여 해결하기 위해 나섰다.

1949년 2월 미국과 소련의 대표가 비공식 회담을 가졌다. 베를린 문제를 둘러싼 비밀 회담은 여러 주 동안 진통을 겪다가 5월 4일에 겨우 합의점을 찾았다. 다음 날 소련과 미국, 영국, 프랑스는 봉쇄해제를 선언했다. 봉쇄가 해제된 지 열흘 후, 각국 외무장관은 회의장에 모여 독일과 베를린의 여러 가지 문제를 본격적으로 의논하기 시작했다. 제2차 세계대전 후 가장 먼저 발생한 베를린 위기는 이렇게 마무리되었다.

베를린 위기는 세계대전 이후 미국과 소련 사이에 발생한 최초의 직접적인 갈등으로, 두 나라 사이에 무력 충돌이 벌어질 우려를 낳았다. 또한 이는 두 강대국이 독일을 놓고 벌인 첫 번째 싸움으로 세계 구도에 큰 영향을 미쳤다. 1949년 9월 독일 서쪽에 독일연방공화국이 세워졌고 10월에는 독일 동쪽에 독일민주공화국이 탄생했다. 이로써 독일 민족은 정치적, 경제적으로 완전히 다른 제도를 가진 두 개의 국가로 나뉘었다.

브란덴부르크 문

베를린을 찾는 수많은 관광객이 방문하는 브란덴부르크 문은 독일과 독일 통일의 상징이다. 1788년 지어진 브란덴부르크 문은 신고전주의 양식으로 아테네 성벽의 성문을 본떠 만들었다. 오래된 그리스식 건축 양식 가운데 하나인 도리스식 기둥(Doric Order)이 천장을 떠받치고 있는데, 우뚝 선 기둥들 때문에 정면에서 보면 커다란 문이 다섯 개 있는 것처럼 보인다. 문 안에는 로마 신화의 영웅 헤라클레스, 전쟁의 신 마르스, 지혜의 여신 미네르바의 형상이 조각되어 있다. 문의 꼭대기 정중앙에는 말 네 마리가 승리의 여신이 탄 이륜마차를 끄는 모습의 동상이 있다. 승리의 여신의 오른손에는 화관이 새겨진 홀이 들려 있고 십자가를 둘러싼 화관 위에는 프러시아 왕관을 쓴 독수리가 날개를 활짝 펼친 채 앉아 있다.

유럽 대륙이 둘로 나뉘어 싸운 '7년 전쟁'을 기념하기 위해 제작된 브란덴부르크 문은 프러시아의 발전과 독일제국 최초의 통일을 상징한다. 냉전 시기에 동베를린과 서베를린의 경계선에 있던 이 건축물은 베를린 장벽이 붕괴한 후 다시 독일 통일의 상징이 되었다.

비운의 혁명가 흐루쇼프

노비 출신 할아버지와 광산 노동자 아버지 밑에서 태어난 니키타 흐루쇼프는 열다섯 살 때 노동자가 되었다가 '10월 혁명' 이후 공산당에 들어가 군인이 되었다. 소련의 역대 지도자 가운데서도 유독 독특한 배경을 가진 흐루쇼프는 거칠지만 솔직한 성격의 소유자였다. 그는 과거 억울하게 처벌받은 사람들의 누명을 벗기고 소련의 낡고 경직된 틀을 깨고자 많은 노력을 기울였다. 그러나 냉전 동안 과도한 친미 정책을 펼치고 중국과 갈등을 빚어 정치인으로서는 혹평을 받기도 했다.

흐루쇼프의 비밀 보고서

1953년 스탈린이 세상을 떠난 후 정권을 잡은 흐루쇼프는 1953년 9월 7일부터 1964년 10월 14일까지 소련 공산당 중앙 제1서기직을 맡았다. 임기 동안 그는 공업만 집중적으로 육성하고 농업은 소홀히 한 스탈린의 정책을 바꿔 소련의 농업과 공업을 개혁했다.

1956년 2월 24일, 흐루쇼프는 소련 공산당 제20차 대회에서 〈개인 숭배와 그 결과들에 대하여〉라는 제목의 비밀 보고서를 발표했다. 그는 무려 4시간 반 분량의 긴 보고서를 통해 스탈린의 대숙청을 비판하고 그에 대한 맹목적인 숭배와 미신적 믿음에서 깨어나 건전한 사회주의 제도를 마련해야 한다고 주장했다.

비밀 보고서는 큰 영향력을 발휘했다. 먼저 고도로 집중된 소련의 정치와 경제 제도의 폐단이 여지없이 드러났다. 특히 정치적 누명을 쓴 채 희생된 사람들의 명예를 되살려야 한다는 목소리가 커졌다. 흐루쇼프를 중심으로 한 소련 지도자 그룹은 각종 개혁 조치로 초반에는 어느 정도 성과를 거두었다. 그러나 스탈린이 마련한 제도의 핵심을 뿌리 뽑지 않고서는 완전한 개혁을 이뤄낼 수 없었다. 소련 내의 스탈린 숭배가 여전한 상황 속에서 개혁은 한계에 부딪혔다. 스탈린 체제를 바꾸기 위해서는 소련의 발전에 걸림돌이 된 스탈린 숭배를 완전히 부수는 것이 관건이었다.

비밀 보고서 발표 후, 흐루쇼프는 소련 내의 대대적인 정치 탄압을 중단하고 전국적으로 약 천만 명에 달하는 정치범들의 죄목을 다시 조사해 수감자 대부분을 풀어주었다. 소련의 지식인들이 스탈린 시대의 공포 정치에서 해방되면서 소련의 정치 분위기는 전에 없이

▲ 1955년, 유고슬라비아에 방문한 흐루쇼프

자유로워졌다. 알렉산드르 솔제니친 같은 작가들의 작품도 출판되었다.

그러나 철저히 비밀을 유지해야 하는 비밀 보고서는 전국으로 빠르게 퍼졌고 결국 서방 국가의 귀에까지 들어갔다. 소련 공산당 내부에서도 심한 논쟁을 불러일으킨 이 보고서는 전 세계와 국제 공산주의 운동 전체에 막대한 영향을 미쳤고 사회주의 진영에 갈등과 분열을 일으켰다. 그러나 또 한편으로는 국제 공산주의 운동의 이론과 다양한 사회주의체제 운영 방식에 대한 연구를 이끌어 사회주의 세계의 개혁을 촉진하기도 했다.

물론 비밀 보고서에는 심각한 오류와 결함도 있었다. 우선 스탈린을 비판하는 데 논리적인 근거가 부족했다. 흐루쇼프는 스탈린이 거둔 긍정적인 수확들까지 통째로 비난할 뿐이었다. 개인숭배 역시 무작정 덮어놓고 비판했을 뿐 개인숭배심리가 형성된 원인은 짚어내지 않았다. 더욱 큰 문제는 흐루쇼프가 스탈린을 비판하기 전 소련과 사회주의 진영 내부에 사상적, 조직적 준비를 전혀 해놓지 않았다는 점이었다. 스탈린을 전면적으로 부정하는 것은 사회주의 사상과 국가 체제를 통째로 부정하는 셈이 되어 사상을 기반으로 하는 사회주의 국가에 큰 혼란을 불러왔다.

흐루쇼프의 정치와 외교

흐루쇼프는 소련 내 경제 개혁을 이끌었다. 소련은 오랫동안 중공업의 성장만을 유도하고 농업 발전은 소홀히 했던 탓에 농업생산력이 크게 저하되어 있었다. 낙후된 농업은 소련 사람들의 생활에 영향을 미쳤고 국민 경제의 발전을 가로막았기에 그 당시 해결이 가장 시급한 문제였다. 당시 농민의 실제 삶을 관찰한 흐루쇼프는 농민의 부담을 덜어주는 것을 농업 개혁의 첫 번째 과제로 삼았다. 그는 먼저 1940년대부터 농산품을 의무적으로 정부에 판매하도록 하던 제도를 폐지하고 농업 관리 체제를 개혁했으며 집단 농장과 국영 농장의 자주권을 확대했다. 또한 농업세를 낮추고 정부가 농산품을 전보다 높은 가격에 사들여 농민들이 더욱 열심히 일할 수 있도록 동기를 부여했다.

공업 부문의 개혁도 이루어졌다. 흐루쇼프가 중앙 정부의 권한을 제한적이나마 지방에 분산했음에도 기업들은 경제적으로 독립하지 못했다. 그렇지만 이러한 개혁 조치들은 소련의 공업에 상당한 활력을 불어 넣었다. 그러나 아쉽게도 권력만 분산했을 뿐 정작 중앙이 지방을 제어하는 데 필요한 소통 체제와 법률은 마련되어 있지 않아 지역주의의 팽배와 국민 경제의 혼란을 불러왔다.

흐루쇼프의 개혁으로 소련의 경제는 어느 정도 성장했지만 '스탈린형' 경제의 틀을 깨지는 못했다. 이런

▲ 1955년 6월 2일, 흐루쇼프와 안드레이 그로미코(오른손을 윗옷 안주머니에 넣고 있는 남자)가 '베오그라드선언서' 낭독을 듣고 있다. 유고슬라비아의 수도 베오그라드에서 채택된 이 선언은 상호간 주권과 독립 및 영토의 완전성 존중, 평화공존, 내정 불간섭 등의 원칙을 강조했다.

관점에서 본다면 그의 개혁은 큰 성공을 거두지는 못했다고 할 수 있다. 그러나 흐루쇼프의 개혁은 이후 사회주의 국가의 개혁을 위한 귀중한 사례로 남아 다른 사회주의 국가가 올바른 방향으로 개혁을 이루어내는 데 도움을 주었다.

외교 정책 부문에서 흐루쇼프는 동서방의 화해와 '평화 노선 세 가지'를 주장했다. 즉 평화롭게 공존하고 평화롭게 경쟁하며 전쟁 이후 불안정한 세계 질서의 과도기를 평화롭게 헤쳐 가자는 것이었다. 이를 위해 미국의 아이젠하워 대통령과 '캠프 데이비드 회담'을 가졌으며 미국 닉슨 부통령과는 이데올로기와 핵전쟁에 관한 유명한 설전인 '부엌논쟁(Kitchen Debate)'에서 '미국과 소련이 협력하여 세계를 이끌어 나가자'는 의견을 내놓기도 했다. 그러나 냉전 시

1971년 9월 11일 흐루쇼프는 심장 발작으로 외로이 세상을 떠난 후 노보데비치 수도원에 안장되었다. 그가 사망한 당시 소련의 주요 신문은 그의 사망 소식을 1면이 아닌 신문 한쪽 귀퉁이에 실었다. 그의 무덤 앞에는 평범한 비석이 하나 세워졌는데, 흰색과 검은색이 불규칙하게 뒤섞인 묘비는 업적과 비난이 엇갈리는 그의 인생을 떠올리게 한다.

기의 소련 지도자 그룹은 흐루쇼프의 외교 정책이 오히려 미국과의 핵무기 대결을 불러왔고, 그의 판단 착오로 제2차 베를린 위기와 쿠바 미사일 위기 등의 사건이 벌어졌다고 비난했다.

한편 흐루쇼프가 소련의 지도자 자리에 앉아 있는 동안 사회주의 진영 내부에서는 폴란드 사건과 헝가리 사건이 일어나 소련이 동유럽 국가 내정에 무력으로 간섭하는 사태가 벌어졌다. 또 국경 분쟁과 연합 항공모함 문제 등이 발생해 중국과 소련의 관계가 급속히 악화되면서 사회주의 진영은 일대 분열의 위기를 맞았다.

개혁가의 최후

흐루쇼프는 중앙 정부 관리들에게 지급되던 '특별 배급'과 간부들의 각종 특권을 없애 기득권 세력에 많은 불만을 샀다. 스탈린 시대의 기득권층은 흐루쇼프의 자유화 정책을 매우 싫어했다. 그는 정치에서 물러나기 직전 미국인들이 옥수수를 많이 심고 있으니 소련도 이에 질 수 없다며 전국에 옥수수를 심게 하기도 했다. 또한 그는 당위원회를 공업위원회와 농업위원회로 나누기도 했다. 그는 이렇게 황당한 정책들로 지도자 그룹을 크게 실망시켰을 뿐 아니라 거친 성격으로 많은 이들의 원망을 샀다.

1964년 10월 11일, 소련 공산당 중앙위원회는 치밀한 준비 끝에 회의를 열고 흐루쇼프를 퇴진시키는 방안을 논의하기 시작했다. 이때 흐루쇼프는 최측근인 아나스타시 미코얀과 함께 남쪽 흑해 해변에 있는 별장에서 휴가를 보내고 있었다. 같은 날 레오니트 브레즈네프가 모스크바에서 흐루쇼프에게 전화를 걸어 중앙위원회가 흐루쇼프가 구상한 농업기구 초안에 관한 회의를 열려 한다고 전해 왔다. 전화를 받은 흐루쇼프는 회의에 참석하려고 모스크바로 돌아가지는 않겠다고 했다. 그러나 조금 뒤 같은 내용의 전화 연락을 받은 미코얀은 곧장 모스크바로 향했다. 얼마 지나지 않아 브레즈네프가 다시 전화를 걸어왔다. 만약 그가 돌아오지 않는다면 중앙위원회가 그를 빼놓고 회의를 열 것이라고 통보했고 흐루쇼프는 그제야 모스크바로 향했다.

10월 13일, 그는 비행기에서 내리자마자 크렘린 궁의 집무실로 향했다. 그러나 집무실을 장악한 경비 요원들이 그의 출입을 막았고 외부 통신은 모두 끊어져 있었다. 중앙위원회가 미리 손을 써 둔 탓

이었다. 회의는 예정대로 진행되었다. 당시 국가 이데올로기의 유지와 교육을 담당하던 중앙서기 수슬로프가 앞장서서 흐루쇼프를 비판하고 나섰다. 그는 흐루쇼프가 10년 동안 저지른 심각한 잘못들을 한참 동안 나열했고, 회의석상에 있던 다른 참석자들도 잇따라 흐루쇼프의 부분들을 비판했다. 회의는 밤늦게까지 이어졌다. 미코얀은 회의 도중 휴식 시간에 흐루쇼프를 만나 스스로 퇴직 성명을 발표하고 물러나라고 권했다. 쫓겨날 것이 확실한 상황에서 최소한의 체면이라도 지키라는 그의 말에 흐루쇼프도 고개를 끄덕였다. 흐루쇼프가 별다른 저항 없이 고분고분 지시를 따르자 중앙위원회도 그를 공개적으로 비난하며 쫓아내지는 않았다.

10월 14일 당 대회에서 흐루쇼프는 제1서기와 부장회의 의장 자리에서 물러났고 중앙위원 자격도 잃었다. 그는 이후 대중의 눈에 띄지 않는 모스크바 교외의 한 별장에서 소련 정부가 주는 '특별 노인 연금'을 받으며 노년을 보냈다.

모든 것은 석유 때문이었다 수에즈 운하 위기

이집트 북동부에 있는 수에즈 운하는 세계에서 가장 중요한 해상 교통로 가운데 하나로 경제적, 정치적, 군사전략적으로 매우 큰 가치가 있다. 그러나 이집트인들은 이집트 국토에 속해 있는 수에즈 운하의 주인 노릇을 할 수가 없었다. 제2차 세계대전이 끝나고 이집트가 영국으로부터 독립한 후에도 영국과 프랑스가 운하의 운영권을 손에 넣기 위해 수단과 방법을 가리지 않았기 때문이다.

인도로 통하는 길목

1859년부터 공사를 시작해 1969년에 완공된 수에즈 운하는 19세기 인류의 위대한 성과 가운데 하나이다. 프랑스인이 설계한 이 운하는 개통과 동시에 영국과 프랑스에 의해 통제되었다. 1882년 군사를 보내 이집트를 점령한 영국은 운하 지역에 최대 규모의 해외 군사 기지를 건설했다. 1936년에는 강제 조약인 '영국–이집트 동맹조약'을 맺고 이집트 정부로부터 영국군이 수에즈 운하 지역에 머물러도 좋다는 허락을 받아냈다.

영국에게 수에즈 운하는 더할 나위 없이 중요한 전략적 가치를 지닌 곳이었다. 이 운하는 영국과 극동 지역을 연결해 대영제국에 '인도로 통하는 길목', 즉 사실상 안보 전략의 시작점이었기 때문이다. 1948년 인도가 영국으로부터 독립한 후에는 더 이상 수에즈 운하 지역에 머무르며 인도 영토를 지켜야 할 이유가 없었지만 운하가 유럽의 석유 수송로로 쓰이게 되면서 영국은 수에즈 운하를 다시 눈여겨보았다.

페르시아만에서 생산된 석유는 대부분 수에즈 운하를 거쳐 유럽에 도착하는데 1955년에는 유럽에 공급되는 석유 가운에 3분의 2가 수에즈 운하로 수송되었다. 그래서 제2차 세계대전 이후 수에즈 운하는 국제 석유 구도에 새로운 갈등의 불씨가 되었다. 중동 석유에 대한 의존도가 높은 유럽 국가에게 수에즈 운하는 아주 큰 의미가 있었기 때문이다.

나세르의 항쟁

제2차 세계대전 이후, 이집트인은 전쟁을 겪으며 새로운 세계에 눈을 떴다. 이집트인들 사이에서 식민주의와 제국주의에 반대하고 국가 주권과 민족의 이익을 지켜 내자는 목소리가 점점 커지면서 민족 해방 운동이 불길처럼 거세게 번지기 시작했다. 1952년 7월, 이집트에서 일어난 혁명으로 파루크 왕

▲ 이집트 대통령 무함마드 네기브(가운데, Mohammed Neguib)와 그의 측근 가말 압델 나세르(오른쪽, Gamal Abdel Nasser). 이들은 1952년 7월 23일 '자유장교단'을 이끌고 파루크 왕조를 무너뜨렸다. 1954년 4월 17일 네기브가 물러나고 나세르가 대통령이 되었다.

조가 무너지고 1954년 민족주의자인 가말 압델 나세르가 이집트의 지도자가 되면서 수에즈 운하의 주권 회복에 대한 이집트인들의 열망은 날이 갈수록 커져만 갔다.

1956년, 이집트 혁명이 점점 더 그 기세를 더해가자 영국은 수에즈 운하에 주둔시킨 군대를 철수시킬 수밖에 없었다. 이렇게 하여 수에즈 운하는 드디어 이집트의 손에 돌아오게 되었다. 그러나 수에즈 운하가 돌아왔다는 말의 정치적 의미와 경제적 의미는 매우 달랐다. 영국과 프랑스의 자본가들이 운영하는 수에즈 운하 회사가 여전히 운하를 실질적으로 상악하고 있었기 때문이었다. 운하의 통행 수입은 대부분 운하 회사의 주식을 보유한 유럽인의 주머니로 들어갔는데, 그중 최대 주주는 영국 정부였다. 나세르는 만약 이집트가 운하를 온전히 차지한다면 수에즈 운하의 통행 수입이 가난한 이집트 정부의 새로운 수입원이 될 것이라고 생각했다.

앞선 1955년 영국 외무장관 로이드가 나세르를 찾아왔다. 그는 "운하는 중동 석유 시스템의 일부인 만큼 영국에 매우 중요하다"라고 말했고 나세르는 "산유국은 석유 판매 이익의 절반을 차지하는데 이집트는 운하 통행 수입의 절반도 손에 넣지 못한다"고 반박했다. 그러면서 그는 만약 운하가 석유 시스템의 일부분이라면 이집트도 산유국처럼 절반의 권리를 가져야 한다고 주장했다. 그러나 수에즈 운하 회사는 여전히 이집트 정부의 요구를 들은 척도 하지 않았다. 이후 이집트에는 운하에 대한 권리를 되찾자는 움직임이 거세게

일었다.

영국과 세계은행은 나세르를 달래고자 나일 강 아스완에 대형 댐을 건설할 비용을 빌려주기로 했다. 댐 건설은 나세르 정부가 출범하면서부터 추진하던 대형 사업이자 나세르의 꿈이었다. 그러나 이시기 이집트군이 소련과 무기 교역을 한 것이 미국의 신경을 건드렸다. 이 때문에 나세르와 미국의 사이도 멀어졌다. 미국은 이집트가 댐 건설 비용을 소련에서 무기를 구입하는 데 쓰지 않을까 우려한데다가 나세르가 중화인민공화국을 승인한 것을 못마땅하게 여겼다. 결국 당시 미국의 덜레스 국무장관이 1956년 7월 19일 아스완 댐 건설 지원금을 취소해버렸다. 돈을 빌려주기로 했던 미국이 약속을 마음대로 취소해버리자 이집트인은 무척 화가 났고, 나세르 역시 분노와 수치심에 몸을 떨었다.

1956년 7월 26일, 이집트 군중 수만 명이 카이로에 모였다. 나세르 대통령은 이집트 군대가 이미 수에즈 운하를 장악했으며 이집트 정부는 수에즈 운하를 국유화했다고 발표했다. 그는 또한 수에즈 운하 회사를 해산하고 수에즈 운하의 통행 수입으로 아스완 댐을 건설하겠다고 선언했다.

세 나라의 비밀작전

이집트가 수에즈 운하를 국유화한 것은 전 세계를 충격에 휩싸이게 할 정도로 대담한 결정이었다. 이 일로 가장 큰 타격을 입은 것은 전통적인 식민주의 국가인 영국과 프랑스였다. 이들은 수에즈 운하에서 얻던 이득을 잃었을 뿐 아니라 이 황금 같은 수로에 대한 통제권까지 빼앗겼다. 그뿐만 아니라 당시 1950년대 영국과 프랑스 두 나라는 자체적으로 석유를 생산하지 못했는데 석유소비량은 그와 상관없이 빠른 속도로 늘어나고 있었다. 당시 영국 총리가 '우리는 석유 없이 살 수 없다'고 말했을 정도였다. 이 두 나라에 필요한 석유는 주로 중동에서 생산되어 수에즈 운하로 운반되었다. 그래서 운하는 이 두 나라에 생명줄과 같은 존재였다.

영국과 프랑스는 수에즈 운하를 되찾기 위해 국제 사회가 운하를 관리하는 방안을 주장했다. 미국, 영국, 프랑스는 수십 개 국가를 모아 1956년 8월과 9월 런던에서 두 차례 회의를 열고 '수에즈 운하 사용 협회'의 건립 방안을 논의했으나 협의를 이루어내지는 못했

▲ 1954년, 발코니에서 공개 연설을 한 나세르 대통령이 대중에게 열렬한 환영을 받고 있다. 가말 압델 나세르 대통령은 1954년부터 1970년까지 이집트 대통령에 재임했다. 1952년 7월 23일 나세르 등이 이끈 '자유장교단'이 파루크 왕조를 무너뜨리고 정권을 잡았다. 그는 1954년 7월 협상을 통해 영국으로부터 점진적으로 수에즈 운하에서 철수한다는 대답을 받아냈다.

다. 이 와중에 영국과 프랑스는 수에즈 운하에서 일하는 모든 기술자를 철수시키겠다며 이집트를 협박하기도 했다. 9월 23일, 영국과 프랑스는 결국 수에즈 운하 문제를 유엔 안보리에 넘기지만 10월 13일 거부당했다.

영국과 프랑스는 3개월 동안 외교를 통해 문제를 해결하려 노력했지만 아무런 성과를 거두지 못하자 마음이 급해진 나머지 무력을 사용하기로 했다. 두 나라는 부족한 병력을 보충하기 위해 이스라엘을 끌어들였다. 당시 이스라엘은 이집트가 자국 선박의 티란 해협과 수에즈 운하 통과를 금지한 것에 관해 몹시 화가 나 있었기에 기꺼이 전쟁에 참여했다.

1956년 10월 24일, 영국과 프랑스, 이스라엘의 외교와 군사담당자들이 파리 근교 세브르에 있는 한 별장에서 비밀 회담을 열었다. 그

▶ 이집트의 아스완 댐

들은 이스라엘이 먼저 수에즈 운하를 기습 공격하면 이때를 틈타 영국과 프랑스가 이스라엘과 이집트 모두에 군대를 철수하라는 최후통첩을 보내는 작전을 세웠다. 그렇게 하면 이집트는 분명히 제안을 거절할 것이므로 영국과 프랑스는 국제 수로를 보호한다는 명목으로 운하에 군대를 보낼 수 있을 터였다.

전쟁

1956년 10월 29일 이스라엘은 계획대로 시나이 반도를 공격했고 다음 날인 30일에 영국과 프랑스 정부가 최후통첩을 보내 수에즈 운하를 점령하겠다는 뜻을 내비쳤다. 그리고 31일 영국이 이집트 공항을 폭파시켰고 이집트군은 황급히 시나이 반도에서 철수했다. 11월 5일, 이스라엘은 시나이 반도와 가자 지구를 완전히 점령하고 티란 해협을 손에 넣었고 같은 날 영국과 프랑스의 낙하산 부대는 운하 지역에 도착했다. 이에 분노한 나세르 대통령은 선박 40여 척에 돌과 모래를 가득 실어 수에즈 운하를 봉쇄해버렸고 어떤 배도 운하를 통행할 수 없어졌다.

운하가 막히자 서유럽으로 향하는 석유는 아프리카 대륙 남단의 희망봉을 돌아가야 했다. 엎친 데 덮친 격으로 시리아가 이라크 석유 회사에서 지중해로 통하는 석유 수송관을 막아버리고 사우디아라비아마저 영국과 프랑스에 석유금수조치를 내리면서 두 나라 경제는 혼란에 빠졌다. 게다가 미국이 예상과 달리 석유를 지원해주지 않아 다른 서유럽 국가들도 강한 불만을 표출했다.

영국, 프랑스, 이스라엘 세 나라의 행동은 국제 사회로부터 크게 비난받았다. 예전과 다르게 아무도 이들의 편에 서지 않았다. 이 세 나라의 동맹국인 미국도 이 같은 영국과 프랑스의 침략적 행위를 식민주의의 새로운 표출이라며 불만을 숨기지 않았다. 미국 아이젠하워 대통령이 직접 영국 총리에게 전화를 걸어 압력을 가할 정도였다. 경제적으로도 미국 정부는 고의적으로 영국 파운드화를 대량으로 매도했고 영국에 대한 경제 지원을 중단했다. 미국은 또한 유엔에 긴급회의 소집을 촉구했다. 모든 외국 군대가 즉시 전쟁을 중단하고 이집트에서 철수할 것을 결의해야 한다고 주장했다. 헝가리 사건을 수습하느라 정신없던 소련마저 영국과 프랑스에 핵무기를 사용할 수 있다고 경고하기도 했다.

결국 1956년 11월 6일 영국과 프랑스는 전쟁을 중단하라는 국제 사회의 결의안을 받아들였다. 11월 중순에 유엔 평화유지군이 이집트에 도착했고 11월 말에는 영국과 프랑스의 군대가 철수했다. 이스라엘 군대도 이듬해 3월에 물러났다. 1957년 4월 10일부터 수에즈 운하의 통행이 재개되면서 운하 위기는 마무리되었다. 오늘날 수에즈 운하는 완전히 이집트의 소유가 되어 이집트인이 경영과 관리를 맡고 있다. 운하의 통행 수입 역시 이집트의 큰 수입원이 되고 있다.

수에즈 운하

이집트 시나이 반도 서쪽에 자리한 수에즈 운하는 총 길이 163킬로미터로, 좁은 수에즈 지협을 가로지르고 있다. 운하는 지중해와 홍해를 연결하여 동서방을 오가는 항로의 길이를 크게 줄였다. 오가는 선박들로 언제나 바쁜 이 운하는 전략적으로도 중요한 의미가 있는 국제 해상 통로로서, 매년 전 세계 해상무역량의 14퍼센트가 수에즈 운하를 거친다. 또한 아시아와 아프리카의 경계선이자 유럽, 아시아, 아프리카의 세 대륙이 만나는 곳이기도 해 매우 중요한 전략적 요충지이다. 역사상 수많은 군사 전략가들이 이곳을 차지하기 위해 다투었던 이유도 바로 여기에 있다.

아메리카 대륙에 뿌리내린 사회주의 쿠바 혁명

머나먼 지구 서쪽에 신비한 노인이 있다. 그는 늘 수염을 덥수룩하게 기르고 팔을 휘두르며 구호를 외쳤다. 그가 바로 사회주의 혁명의 대표, 카스트로이다. 아메리카 대륙에서 가장 먼저 사회주의 정권이 들어선 그의 조국 쿠바는 오늘날까지도 푸른 바다 한가운데에서 외로이 사회주의의 희망을 놓지 않고 있다.

혁명 전야

카리브 해 북서부에 있는 섬나라 가운데 가장 큰 쿠바는 면적이 약 11만 제곱킬로미터에 이른다. 역사적으로 쿠바는 오랫동안 스페인의 식민지였지만 쿠바인들은 1868년부터 1898년까지 30년 동안 독립 전쟁을 두 차례 일으켜 마침내 독립을 얻어냈다. 그러나 전쟁이 막바지에 이르렀을 때 미국이 미국-스페인 전쟁을 일으키면서 쿠바인의 승리는 고스란히 미국의 차지가 되었다. 1901년 쿠바는 독립을 선언했지만 실질적으로는 서서히 미국의 식민지가 되어가고 있었던 것이다.

미국은 쿠바에 새로운 식민 정책을 펼쳤다. 미국은 쿠바 내에 친미 세력을 키우는 한편 쿠바에 '플랫 수정 조항'을 받아들일 것을 강요했다. 여기에는 미국이 쿠바 내정에 간섭할 권한을 갖고 관타나모 해군 기지를 차지하는 조항이 들어 있기 때문이었다. 이렇게 해서 쿠바의 역대 정부는 독립직후부터 1950년대까지 모두 미국에 의해 통제되었다.

1952년, 미국 정부를 등에 업은 바티스타가 쿠데타를 일으켜 정권을 잡았다. 대통령이 된 바티스타는 미국을 따르면서 군사 독재 통치를 펼쳤는데, 의회를 해산시키고 민주 정당과 진보 조직을 축출했으며 진보 성격을 띤 헌법 조항을 폐지하

▼ 쿠바 수도 아바나 광장의 동상

여 파업과 집회를 금지했다. 그가 집권한 7년 동안 2만 명이 넘는 진보 인사들이 난폭한 군사 정권에 희생되고 10만 명이 외국으로 망명한데다가 일자리를 잃은 사람도 수백만 명에 달했다. 게다가 미국 자본이 쿠바 경제를 더욱 강도 높게 장악했고 두 나라 사이에는 군사 상호 조약까지 체결되어 관타나모 해군 기지는 물론 쿠바 군대의 훈련과 지휘권까지 미군의 손에 넘어갔다.

▲ 1959년 1월, 쿠바 총리 피델 카스트로가 기자 회견을 하고 있다.

　바티스타 정권의 독재 정치는 쿠바 내 갈등을 심화시켜 국민의 강한 반감을 샀다. 1953년 7월 26일 피델 카스트로가 이끄는 청년 160여 명이 봉기하여 산티아고에 있는 몬카다 병영과 바야모 병영을 공격했다. 바티스타 독재 정권에 대한 첫 번째 대항전은 현저한 병력 차이로 실패로 돌아갔고 카스트로는 체포되어 15년형을 선고받았다. 1953년 10월 16일 카스트로는 자신을 변호하는 자리에서 "나를 벌하라, 그건 중요하지 않다. 역사는 나의 무죄를 선고할 것이다"라는 유명한 말을 남겼다. 그는 1955년 사면되어 멕시코로 망명했고 1955년 7월부터 '7·26운동'을 이끌며 무장 투쟁을 준비하기 시작했다. 그러다 이 시기에 훗날 라틴 아메리카 게릴라전 이론의 주요 창시자가 되는 체 게바라를 만나 힘을 합쳤다.

힘겨운 혁명

　1956년 11월 25일의 깊은 밤, 카스트로는 체 게바라 등 혁명가 82명과 함께 '그란마' 호 보트에 올라 멕시코의 툭스판 항구에서 쿠바를 향해 출발했다. 12월 2일 쿠바 동부에 상륙했으나 바티스타 정부군에게 포위되었다. 치열한 전투 끝에 겨우 12명만이 포위망을 뚫고 시에라 마에스트라 산맥에 숨어 게릴라전을 펼쳤다.

반정부군은 전투를 여러 차례 거치며 점점 강해졌다. 1957년 5월, 카스트로의 부대가 정부군 본부를 공격해 적군 53명을 죽이고 많은 무기를 확보한 후부터 시에라 마에스트라 산맥은 반정부 세력의 연합 중심지가 되었다. 반정부군은 나라를 망치는 바티스타 정부를 무너뜨리고 인민 혁명 정권을 세워 토지 개혁을 하겠다며 공개적으로 정치적 발언을 하기 시작했다. 또한 '토지 개혁 선언'과 '농민 토지권' 등의 법령을 공표하고 이에 근거하여 토지 개혁을 실시했다. 그러자 바티스타 정부는 전국적으로 일어나는 반정부 운동을 진압하기 위해 경찰을 출동시켰다. 이런 상황에서 점점 더 많은 농민과 노동자, 학생들이 시에라 마에스트라 산맥으로 몰려와 반정부 무장 투쟁에 참여했다. 그리하여 1958년 초에는 반정부군의 숫자가 2천여 명에 이르렀다.

시에라 마에스트라 산맥에서 일어난 반정부 운동은 배고픔과 군사 정권의 탄압에 시달리던 쿠바인들의 가슴에 혁명의 불을 지폈다. 1957년 3월 13일 호세 안토니오 에체베리아를 중심으로 한 첫 번째 대학생 군단이 중앙 정부를 공격하면서 쿠바 전체를 뒤흔들어 놓았

▼ 쿠바 수도 아바나의 어느 저택

다. 이들은 비록 공격에는 실패했지만 게릴라 투쟁을 계속했다. 1958년 초, 피델 카스트로의 동생 라울 카스트로가 반정부 군 수십 명을 이끌고 시에라 마에스트라 산맥에 이은 두 번째 전선을 구축했다. 같은 해 2월에는 후안 알메이다 보스케가 산티아고 지역에 세 번째 전선을 구축했다.

1958년 7월, 카스트로는 인민에게 고하는 글을 발표하고 사회 각계각층이 힘을 합쳐 혁명 전선에 뛰어들 것을 호소했다. 그의 이 연설은 쿠바 전역에 커다란 반향을 이끌어냈다. 그 후 쿠바에서는 '7·26운동', '3·13혁명지도위원회', 인민저항운동, 노동자연합전선, 대학생연합회와 민주당 등 다양한 조직이 베네수엘라에서 회의를 열고 '카라카스 협정'을 통해 혁명을 위한 공동 전선을 완성했다.

전국 각지에서 불같이 일어나는 반정부 운동을 막기 위해 바티스타 정부는 17개 대대의 병력을 모아 해군과 공군과 협력하여 시에라 마에스트라 산맥에 최대 규모의 공격을 퍼부었다. 1만 명이 넘는 정부군이 출동했고 관타나모 기지에 있는 미군도 전투기를 띄워 게릴라군 기지에 공습을 가했다. 규모로는 정부군의 상대가 될 수 없었던 반정부군은 산지의 험준한 지형을 이용한 게릴라 전술로 정부군을 끊임없이 공격했다. 1958년 7월 말, 게릴라 부대는 산토도밍고에서 사흘간 이어진 격렬한 전투 끝에 정부군 중에서도 가장 강력한 부대를 전멸시키는 성과를 올렸다. 한 달 이상 치러진 전투에서 1천 명 이상의 정부군이 희생되었다.

1958년 말, 게릴라 부대는 대규모 군사 행동으로 쿠바를 동쪽과 서쪽으로 나누었다. 바티스타 정부군이 서로 협력하지 못하도록 하기 위해서였다. 1959년 1월 1일, 반정부군이 산타클라라를 공격하여 적군 3천여 명을 물리쳤다. 같은 날, 피델 카스트로와 라울 카스트로가 이끄는 군대가 산티아고를 점령했고 수도 아바나의 노동자와 학생들은 총파업에 들어갔다. 바티스타는 쿠바의 상황이 이미 돌이킬 수 없는 상태라는 것을 깨닫고 외국으로 망명했다. 다음 날인 1월 2일 게릴라 부대가 아바나에 입성했고 6일에 새로운 쿠바공화국의 건국을 공식 선언하면서 쿠바 혁명은 승리로 끝이 났다.

쿠바 시가

유럽인들이 쿠바에서 담배나무를 발견한 후부터 지금까지 가장 좋은 담뱃잎으로 생산한 쿠바 시가는 세계에서 가장 인기 있는 제품이다. 수 세기 전인 1510년부터 쿠바는 유럽에 대량의 시가를 수출해 왔다.

쿠바 사람들이 매년 소비하는 시가 개수는 2억 5천만 개 이상으로, 쿠바 거리 곳곳에서 시가 냄새를 맡을 수 있을 정도다. 달콤한 향기를 자랑하는 시가는 쿠바 문화를 대표하는 특산품이지만 사실 품질 좋은 시가를 만들기란 쉬운 일이 아니다. 먼저 우수한 품종과 그에 적합한 토양을 찾아야 한다. 수확한 다음에는 담뱃잎을 말려 발효시킨 다음 잎사귀만 다시 선별해낸다. 여기까지 대략 80여 단계를 거치는데 약 3년 정도 걸린다. 그다음에는 담배를 종이에 말아 시가를 만드는데, 종이를 자르고 길쭉하게 만 다음 마무리하는 모든 과정이 예술 작품을 만드는 과정과 크게 다르지 않다. 이렇게 까다로운 공정을 모두 거쳐야만 비로소 진정한 쿠바 시가가 탄생한다.

쿠바에는 수많은 담배 공장이 있지만 유명한 공장은 모두 아바나에 모여 있다. 쿠바 시가 중에서도 최상품인 아바나 시가는 오늘날 매년 약 6천5백만 개비씩 외국으로 수출되고 있다.

새로운 쿠바

혁명 이후, 바티스타 정부에 저항하던 여러 조직이 연합 정부를 구성하여 1959년 1월 2일에 산티아고 임시정부를 세웠다. 무장 군대의 총사령관이 된 카스트로는 뒤이어 2월에 대통령으로 임명되었다.

그 후, 미국과 쿠바의 관계는 급속히 악화되었다. 미국은 쿠바에 경제 봉쇄를 실시했을 뿐만 아니라 쿠바와의 외교 관계도 끊어버렸다. 1961년 4월 17일에는 심지어 미국 중앙정보국이 새 쿠바 정부를 무너뜨리려고 한 '피그만 침공 사건'까지 발생했다. 이렇게 계속되는 위협 앞에서도 쿠바 정부는 미국의 간섭을 완강히 물리쳤다. 쿠바는 두 차례에 걸쳐 전국 이민 대표 대회를 열고 미국의 확장 정책을 비난하는 '아바나 선언'을 발표했다. 카스트로는 또한 '라틴아메리카는 라틴아메리카 사람들의 라틴아메리카'라는 구호를 외치며 라틴아메리카 국가 사이에 반미 연합을 형성할 것을 적극적으로 주장했다.

1961년, 쿠바 내의 '7·26운동', 쿠바인민사회당, '3·13혁명지도위원회'의 세 정당이 연합하여 '쿠바사회주의 혁명통일당'을 세웠다. 이와 함께 카스트로는 쿠바에 '가난한 이들의, 가난한 이들에 의한, 가난한 이들의 사회주의 혁명'을 실시하겠다고 선언했다. 구체적인 조치로 토지 제도를 개혁하고 대농장 제도를 폐지했으며, 미국 기업과 쿠바 중상류층의 재산을 몰수하여 국유화했다. 또한 소련을 비롯한 기타 사회주의 국가와 적극적으로 교류하며 소련의 지원을 받기도 했다.

밀림에서의 전투 베트남 전쟁

공산주의에 대한 적대감과 공포에 젖어 있던 미국은 훗날 '참여하지 말았어야 하는 전쟁'이라 불릴 베트남 전쟁에 뛰어들었다. 냉전 시대에 벌어진 이 전쟁은 제2차 세계대전 이후 가장 긴 기간에 걸쳐 치러졌고 가장 많은 미국인을 희생시켰으며, 미국을 비롯한 전 세계 구도에 가장 큰 영향을 미쳤다. 냉전 구도에서 줄곧 강세를 유지하던 미국은 베트남 전쟁을 치르며 급속히 약해졌고 미국 내의 갈등도 심해졌다. 한편 전쟁에서 힘겹게 승리를 거머쥔 베트남 역시 독립을 위해 커다란 대가를 치러야 했다.

제2차 세계대전 후의 그림자

제2차 세계대전이 벌어지기 전까지 프랑스 식민지였던 베트남은 전쟁 도중 일본에 점령되었다. 그러다 전쟁이 끝난 후인 1945년 9월 2일, 호찌민이 이끄는 '베트남독립연맹' 베트민(Viet Minh)이 하노이에서 베트남민주공화국(북베트남)의 성립을 선포했다.

그러나 인도차이나 반도에 프랑스 식민지 연방을 다시 구성하려던 프랑스는 베트남의 독립을 인정하지 않았다. 1945년 9월 23일, 프랑스군은 영국의 도움으로 바오 다이 베트남 황제를 앞세워 식민 정권을 회복하려 했다. 북베트남과 프랑스는 베트남 전역을 차지하기 위해 적극적으로 나섰고, 양측은 무려 9년 동안 기나긴 전쟁을 치렀다. 그러다 1954년, 중화인민공화국의 군사지원을 받은 북베트남이 디엔 비엔 푸 전투에서 결정적 승리를 거두며 프랑스를 베트남 북부에서 몰아냈다.

1954년, 제네바 회의에서 '인도차이나 휴전 협정'이 체결된 후, 베트남은 잠시 북위 17도를 경계선으로 분열되었다. 이후 프랑스 군대도 인도차이나의 베트남, 라오스, 캄보디아 세 나라에서 철수했다. 그런데 이번에는 미국이 끼어들었다. 인도차이나 지역이 세계 공산주의 확산을 막는 데 매우 중요하다고 판단한 미국이 이른바 '도미노 이론'을 내세우며 군대를 파견한 것이다. 미국의 이러한 결정은 나중에 동남아시아와 극동 지역에 엄청난 재앙을 불러왔다.

제네바 회의에서는 베트남이 1956년 7월에 통일 선거를 하도록 결정했지만 선거는 열리지 않았다. 그러다 1955년 응오 딘 지엠이 황제를 몰아내고 베트남공화국(남베트남)을 세웠다. 한편 미국은 제네

▶ 1966년 10월, 베트남에서의 미군 활동이 빠르게 확대되고 있을 때, 미군과 북베트남군이 어느 비군사 지대에서 마주쳤다. 양측은 높이 484미터의 고지를 차지하기 위해 치열한 전투를 벌였고, 이 전투에서 북베트남군 1,397명이 사망하고 27명이 포로로 붙잡혔다. 미군의 사상자도 1,400여 명에 달했다.

바 협정을 공개적으로 깨뜨리고 응오 딘 지엠 정권을 지지하는 한편 전폭적인 지원까지 제공했다. 남베트남이 '민주 정치와 안정된 경제 발전'을 이루어 훌륭한 반공모델이 되어주길 바랐기 때문이다. 그러나 응오 딘 지엠 지도자 그룹은 '공산당을 완전히 없애버린다'는 반공 정책을 앞세워 남베트남의 애국자들을 학살하고 함부로 정권을 휘둘렀다. 미국이 바랐던 민주주의 국가의 훌륭한 예가 되기는커녕 오히려 베트남 국민의 불만과 반감을 샀다. 이때 북베트남은 라오스와 미얀마의 일명 '호찌민 루트'를 통해 남베트남과의 경계에 있는 게릴라 부대에 무기와 탄약, 인력을 공급하기 시작했다. 중국과 소련도 북베트남에 지원을 아끼지 않았다.

당시 미국은 남북베트남의 충돌에 깊이 개입할 수밖에 없는 상황이었기에 1961년 케네디 정부는 선전 포고 없이 바로 게릴라 부대를 공격하기 시작했다. 미국이 전쟁 자금과 무기를 조달할 뿐만 아니라 고문단까지 파견하여 남베트남 군대의 대리인 자격으로 치른 전쟁이었다. 남베트남군을 도와 게릴라 부대에 맞서 싸우던 미국은 1962년 2월에 '군지원사령부'를 세우고 특수 부대를 파견했다.

이때 미국은 남베트남 농촌 마을에 사방으로 철조망을 치고 담을 쌓아 게릴라 부대와 주민들이 서로 오갈 수 없도록 했다. 그러자 게릴라 부대는 주민과 힘을 합쳐 미군을 따돌렸고 심지어 철조망으로 둘러싸인 마을을 자신들의 방어 기지로 사용하기도 했다. 베트남 도시 주민들 사이에서도 투쟁의 목소리가 점점 커지고 있었다. 베트남 정권 내부에서도 미국의 간섭에 저항하는 사람들이 생기면서 미국은 더 어려운 상황에 빠졌다. 결국 응오 딘 지엠 정권은 1963년 미국이 계획한 군사 쿠데타에 의해 무너졌고 이후 즈엉반민 등의 군인들이 집권하며 계속 미국의 의도대로 반공 정책을 펼쳤다. 그럼에도 미국의 전략은 1964년 초 실패로 끝이 났다. 이때부터 베트남 정국은 물 위에 떠다니는 나뭇잎처럼 방향을 잃고 표류했으며, 미국은 더 많은 '책임'을 져야 했다.

전투, 전투, 전투

1964년 8월 2일, 북베트남 어뢰정 3척이 통킹 만에서 작전을 수행하고 있는 미구축함 매독스 호를 향해 어뢰와 기관총으로 선제공격을 가했다. 미국은 이에 대한 복수로 북베트남 해군 기지를 폭파했는데 이것이 유명한 '통킹 만 사건'이다. 이 사건은 나중에 미국의 자작극으로 밝혀져 전 세계에 충격을 안겨주었다.

어쨌든 '통킹 만 사건'은 베트남 전쟁의 분수령이었다. 이 사건을 상대방의 고의적인 공격이라 판단한 북베트남과 미국은 강경하게 대응했다. 이에 베트콩 게릴라 부대도 미군 기지를 여러 곳 공격했으며 북베트남 정규군(베트남 인민군)은 공개적으로 남베트남으로 진격했다. 미 국회는 이내 '통킹 만 결의안'을 채택하고 대통령이 모든 방법을 동원하여 도발 행위에 대응할 것을 요구했다. 1965년 3월 7일부터 미 해병대 3,500명이 베트남에 상륙하여 본격적으로 전쟁에 참가했다. 이후 불과 수개월 만에 베트남에 들어온 미군 수는 무려 22만 명까지 늘어났다. 존슨 대통령이 북베트남에 대규모 폭격 작전을 허락하면서부터 미군은 베트남 전쟁의 중심이 되었다. 전쟁은 작은 전투가 여기저기서 산발적으로 벌어지는 방식으로 오랫동안 이어졌다.

그러나 미군은 북베트남 어느 지점에 폭격을 가할지 마음대로 결정할 수가 없었다. 베트남에 있는 중국이나 소련의 군사 고문들이 미군의 공격에 희생될 경우 전쟁이 필요 이상으로 확대될 수 있기 때문이었다. 이를 우려한 미국 국방부와 백악관은 공격 목표를 정하는 데 많은 제약을 두었고, 미군의 폭격 작전은 큰 효과를 발휘하지

▲ 1964년 '통킹 만 사건' 발생 이후, 병사들은 집으로 돌아가고 싶은 마음이 더욱 강해졌지만 그럴 가능성은 점점 멀어졌다. 사진 속의 미군 병사는 비옷을 입은 채 나뭇더미 위에서 잠을 자고 있다. 빗방울이 얼굴 위로 쏟아지고 있지만 그는 여전히 깊은 잠에 빠져 있고, 멀지 않은 곳에는 그의 동료가 보초를 서고 있다. 그는 고향으로 돌아가는 꿈을 꾸고 있을지도 모르지만 현실은 그렇지 않다. 그는 베트남에서 최소한 7년을 견뎌야 하고 더군다나 전쟁에서 살아남아 가족을 만날 수 있을지는 누구도 장담하지 못한다.

못했다.

1968년 1월 말부터 북베트남이 대규모 공습을 시작했다. 8만 명이 넘는 북베트남 정규군과 베트콩 게릴라 부대가 거의 모든 남베트남의 크고 작은 도시들을 공격했다. 이 공격으로 북베트남은 군사 3만여 명이 죽고 4만여 명이 다치는 큰 피해를 입었지만 또 다른 선전 효과도 얻었다. 북베트남 군대가 굉장한 실력을 갖추고 있다는 사실을 알게 된 미국인들이 전쟁을 쉽게 끝낼 수 없다는 점을 깨달은 것이다. 미국 정부 고위층 일부도 이 전투 이후 북베트남과 싸울 의욕을 잃었다. 결국 1968년 3월 존슨 대통령이 한 연설에서 모든 폭격을 중단하고 미군을 베트남에서 철수시킨다고 선언했다. 뒤이어 미국과 베트남은 5월에 파리에서 협상을 시작했고 11월부터는 미국이 북베트남에 대한 폭격을 완전히 중단했다. 미국의 베트남 전쟁은 결국 실패로 끝났다.

베트남 전쟁의 베트남화 계획

미국이 베트남 전쟁의 늪에 점점 더 깊이 빠져들면서 미국 내의 반전 운동이 걷잡을 수 없이 거세졌고 미국 사회 전체는 분열될 위기에 처했다. 이런 상황에서 미 정부는 '체면을 잃지 않고' 전쟁을 마무리 지을 방법을 찾아야만 했다.

1969년 미국 대통령이 된 닉슨은 '베트남 전쟁의 베트남화 계획'을 추진했다. 이는 미군을 조금씩 베트남에서 철수시키는 계획으로 그해 6월 미군 2만 5,000명이 베트남을 떠났다. 그러나 전쟁은 여전히 계속되고 있었다.

1973년 1월 27일, 미국은 드디어 베트남과 파리에서 만나 정식으로 '베트남 전쟁의 마무리와 평화 회복에 관한 협정'을 맺었다. 미국 측은 베트남의 주권과 통일, 영토를 존중한다고 밝혔으며 베트남에 남아있던 미군은 두 달 만에 모두 철수했다. 미국 역사상 가장 오랫동안 치른 베트남 전쟁은 이렇게 끝이 났다.

베트남 전쟁 기간 미군 5만 8,000명이 사망했고 30만 4,000명이 부상당했으며 실종자도 2천여 명에 이르렀다. 미국은 전쟁을 위해 수천억 달러를 쓴데다가 엄청난 피해까지 입었지만 남베트남이 베트남을 통일하도록 하려던 원래 목적은 이루지 못했다.

그 후 1975년 북베트남은 세 차례의 큰 전투를 거쳐 마침내 통일을 이루었다. 그리고 같은 해에 미얀마와 라오스에서도 공산당이 정권을 쥐었다.

포화 속의 베트남 어린이들

1972년 6월, 한 베트남 소녀가 벌거벗은 채 불타는 마을에서 도망쳐 나왔다. 소녀의 마을이 베트콩 게릴라 부대의 근거지라고 의심한 미군이 마을을 폭격했기 때문이다. 화염 속에서 살아남은 것은 다행이었지만 소녀의 가족들은 어떻게 되었는지 알 수 없었다. 집을 잃은 소녀는 앞으로 얼마나 힘겨운 나날을 보내게 될까? 생생한 전쟁터의 모습을 고스란히 담아낸 이 사진은 훌륭한 기자에게 수여하는 퓰리처상을 받았다. 아무런 죄 없이 희생자가 된 어린이들의 고통과 눈물을 본 국제 사회는 미군의 폭행을 거세게 비난했다.

자랑스러운 프랑스인 샤를 드골

드골 장군의 묘비에는 그의 생애를 묘사하는 그 어떤 문장도 없이 그저 '샤를 드골 1890~1970'이라는 글자만 박혀 있다. 그러나 찬란했던 그의 삶은 모든 이의 기억 속에 고스란히 남아 있다. 이 용맹한 장군은 1940년에 프랑스를 한차례 구해냈고 1944년에는 조국을 해방과 승리로 이끌었다. 또 1958년에는 내전의 위기에 처한 프랑스를 도와 오늘날 프랑스가 진정한 독립국으로서 국제적 지위를 가진 국가로 발전하는데 크게 공헌했다.

자유 프랑스의 투사

1890년 11월 22일, 드골은 프랑스 북부 릴의 한 가톨릭 집안에서 교사의 아들로 태어났다. 그는 1909년 8월 군에 입대한 후 생시르육군사관학교를 졸업했다. 제1차 세계대전에 중위로 참가했다가 부상을 입고 독일군에 포로로 붙잡혀 다섯 차례에 걸쳐 탈옥을 시도하기도 했다. 전쟁이 끝난 후 드골은 군사학교 교관으로 지내다가 페탱 참모 총장의 직속 참모, 주 독일 프랑스군 제19보병 대대장 등을 지냈다.

제2차 세계대전이 발발했을 때 드골은 기갑여단을 이끌었다. 1940년 독일이 서유럽을 공격하자 드골은 부대와 함께 알자스와 솜 강에서 독일군과 싸웠다. 그해 5월 준장으로 진급했고 이후 국방부와 육군부 차관에 임명되었다. 6월 15일, 독일군이 파리를 점령하자 남부 프랑스를 다스리던 비시 정권은 독일에 투항했다. 6월 17일 드골은 가족과 함께 런던으로 거처를 옮기고 독일에 대한 저항을 멈추지 않았다.

1940년 6월 18일, 런던에 머물던 드골은 방송 연설을 통해 프랑스 국민이 독일 파시

▼ 1940년 6월, 망명 중이던 드골 장군이 연설을 통해 프랑스인에게 독일과 계속 맞서 싸울 것을 호소하고 있다.

즘 세력과 계속해서 맞서 싸워줄 것을 호소했다. 이후 그는 '자유 프랑스 민족 회의' 운동을 일으켜 프랑스 저항 운동의 지도자가 되었고 프랑스 식민지를 돌며 저항 운동에 힘썼다. 1943년부터 1944년까지는 자유 프랑스 민족 회의 의장이자 프랑스공화국 임시정부 주석으로서 '자유 프랑스'의 군대를 동쪽 지역[2]과 아프

▲ 1940년 7월, 드골은 런던에서 프랑스 군대 열병식을 가졌다. 왼쪽에서 두 번째가 드골 장군의 아들 필립이다.

리카와 발칸 지역으로 이동시켰고, 노르망디 상륙 작전과 프랑스 해방 작전을 성공시키며 반파시즘 전쟁을 승리로 이끄는 데 큰 공헌을 했다.

전쟁 이후 은퇴와 재집권

프랑스가 역사적인 강대국이라는 사실을 항상 잊지 않던 드골은 조국이 세계대전 이후에도 계속해서 식민 대국으로 남기를 바랐다. 그러나 당시 프랑스의 국제적 입지는 불안정했고, 그는 전후 여러 가지 주요 국제 문제를 논의하는 자리에서 발언권을 얻을 수 없었다. 그러나 드골은 끝까지 프랑스를 유엔 안전보장이사회의 상임이사국으로 만들어 국제 문제 투표권을 손에 넣었다. 1944년 8월 26일, 파리로 돌아온 드골이 개선문을 당당히 통과했을 때 광장에는 그를 환영하기 위해 몰려든 수많은 사람으로 발 디딜 틈조차 없었다.

그 후 드골은 수도를 파리로 옮겼다. 같은 해 11월 프랑스 의회가 드골을 임시정부 대통령으로 선출했다. 그러나 1946년 1월 그는 갑작스럽게 임시정부 대통령직에서 물러났다. 여러 정당이 공존하는 '다당제'가 프랑스에 적합하지 않다고 생각하던 드골은 정당 세 개로 구성된 연합 정부에 큰 불만을 품고 있었기 때문이다. 그 후 그는 1947년 4월 스트라스부르에서 '프랑스 국민 연합'을 출범했다. 이때부터 드골은 프랑스 정부의 반대편에 섰으며 새로운 헌법에 공개적으로 반대 의견을 밝히기도 했다. 그러나 변하지 않는 정부의 모

---

2) 일반적으로 지중해 동부 연안 지역을 가리킴.

▲ 17세기에 지어진 1,880미터 길이의 샹젤리제 거리는 파리에서 가장 번화하고 아름다운 길이다. 1944년 8월 26일, 파리로 돌아온 드골은 이 길에서 성대한 개선 행사를 열었다.

습에 실망한 드골은 1953년 은퇴를 선언하고 정계에서 모습을 감추었다. 정치에서 물러난 드골은 제1권 《영예로운 소명》, 제2권 《화합》이라는 회고록을 집필하여 출판했다. 그리고 제3권 《구원》을 출판했을 때 다시 정치계로 돌아왔다.

사실 드골은 회고록을 쓰는 동안에도 줄곧 프랑스 정세의 변화를 주시하고 있었다. 프랑스 제4공화국은 정권이 자주 교체되는 등 몹시 불안한 상태였다. 언제라도 큰 사건이 터질 수 있는 위험한 상황이었고 프랑스 정계와 군부는 드골이 직접 나서 위기에 빠진 프랑스를 구해주기를 바랐다. 1958년 5월 15일, 드골은 '12년 동안 정당 체제는 프랑스가 맞닥뜨린 갖가지 문제들을 해결하지 못했고 국가는 위기 상황에 처했다. 지난날 국가 존립이 위협받던 상황에서 프랑스는 내게 나라의 운명을 구하도록 했다. 그리고 이 나라가 또다시 시련을 만났다. 나는 이제 공화국 권력을 넘겨받을 준비가 되어 있다. 프랑스도 이것을 알고 있을 것이다' 라는 내용의 성명을 발표했다.

군대가 먼저 드골을 지지하고 나서자 국민 의회는 그에게 전권을 넘기고 새로운 헌법을 제정하는 데 동의할 수밖에 없었다. 의회와 정부의 모든 권한을 손에 넣은 드골은 9월에 국민 투표를 거쳐 새로운 헌법을 통과시켰다. 1958년 10월 5일, 프랑스 제5공화국이 공식 출범했고 드골은 12월에 공화국 대통령으로 선출되었다.

새로운 헌법의 특징은 대통령의 권한을 확대했다는 데 있었다. 대통령은 상징적인 국가 원수일 뿐만 아니라 육해공군의 총사령관이었고 일상적인 행정 업무를 관장하며 폭넓은 인사 권한까지 가졌다. 1962년, 드골은 '비밀 군사 조직'의 테러 활동을 막아낸 것을 기회로 국민 투표를 열어 직접 선거로 대통령을 선출하도록 헌법을 바꾸었다. 이로써 대통령은 의회의 영향에서 완전히 벗어나 더 견고한 지위를 가질 수 있었고 프랑스는 오랫동안 안정을 유지할 수 있었다. 그가 집권한 십여 년 동안 프랑스 정국은 매우 안정된 모습을 보였다.

▼ 러시아 모스크바의 프랑스 드골 장군상

아시아와 아프리카에서 민족 해방 운동이 번지면서 프랑스의 식민지였던 알제리에서도 독립을 요구하는 목소리가 점점 커졌다. 알제리 독립군과 전쟁 중이던 프랑스 군대도 난처한 상황에 빠졌다. 이에 드골은 알제리의 독립을 허락했다. 1959년 9월 드골은 알제리인이 자주적 결정권을 갖는다고 선포했다. 1962년 3월 18일 '에비앙 협정'이 체결되었고 프랑스와 알제리가 동시에 치른 국민 투표에서 알제리의 독립이 최종 승인되었다. 오랫동안 이어져 온 식민 전쟁이 드디어 끝난 것이다. 드골이 알제리를 독립시킨 것은 프랑스의 이익을 위해서였지만 이러한 결정은 프랑스 군대의 일부 극단적 인사들의 불만을 샀고, 심지어 이를 이유로 그를 암살하려는 시도까지 수차례 발생했다. 그러나 많은 이들은 개인적 안위를 생각치 않고 프랑스를 위하는 그의 용기에 존경과 지지를 보냈다.

드골주의

프랑스 역사상 드골은 나폴레옹처럼 파란만장한 삶을 산 위인이었다. 세월이 흘러도 변치 않는 '나폴레옹 법전'이 나폴레옹의 업적이라면 드골은 프랑스에 '드골주의'를 남겼다. 드골주의는 프랑스가 오늘날까지 따르고 있는 그의 정치적 유산이다.

1950년대 말부터 1960년대 말까지, 드골은 자주 독립적인 프랑스의 외교 정책을 제정했다. 이때 그가 펼친 각종 외교 정책을 '드골주의'라고 부른다. 구체적으로는 자체적인 핵무기 보유, 나토 탈퇴, 동방 국가와의 관계 회복, 중화인민공화국 승인, 미국의 영

드골은 덩치가 크고 위압적인 외모 때문에 가까이하기 어려웠다. 하지만 모든 사람을 움츠러들게 하는 그도 딸 안나에게는 자애롭기 그지없었다고 한다. 드골 부인이 안나를 가졌을 때 자동차 사고를 당했다. 다행히 크게 다치지는 않았으나 치료 과정에서 약을 많이 복용하는 바람에 안나는 지능 장애를 갖고 태어났다. 드골 부부는 딸을 위해 주변 경관이 아름답고 날씨가 좋은 곳에 집을 마련했다. 드골은 매일 딸의 손을 잡고 정원을 거닐었으며 딸에게 이야기를 자수 해주었다. 이비지는 어린 안나가 즐거운 웃음을 터트리게 만드는 유일한 사람이었다.

향권에서 벗어난 범유럽 외교 정책 마련 등이 있다. 드골주의의 본질은 프랑스의 민족주의에 있다고 할 수 있는데, 주로 민족주의와 집권주의를 강조하고 있다. 드골은 이러한 정책들을 시행함으로써 국제 사회에서 독립적인 강대국의 지위를 확보하려고 했다.

드골은 자체적인 핵무기를 보유해야만 진정한 강대국이라고 할 수 있는 핵무기 시대에 핵 없이는 결코 유럽 강국이 될 수 없다고 생각했다. 결국 프랑스는 1960년 아프리카 사하라 사막에서 원자 폭탄을 터트리고 핵무기 보유국이 되었다. 1963년에는 중국과 함께 '부분적 핵실험 금지 조약' 체결을 거부했고 1964년 서방 국가로는 첫 번째로 중국과 수교했다.

1966년 드골은 프랑스의 나토 탈퇴를 주장하고 동방 국가에 '평화, 이해, 협력'의 정책을 펼쳐 소련과 특별한 관계를 맺었다. 이 밖에도 드골은 유럽공동체 발전에 많은 노력을 기울였다. 1963년 프랑스와 독일은 파리에서 '불독 협력 조약'을 맺고 양국 간의 지난 갈등을 묻어두고 화해를 도모했다. 프랑스는 이 같은 독일과의 연합을 바탕으로 훗날 프랑스 중심의 유럽연합을 이루게 된다.

1969년 4월 28일, 드골은 자신이 내세운 개혁안이 국민 투표에서 부결된 것을 이유로 대통령 자리에서 물러났다. 퇴임 후 그는 일흔 아홉의 고령이었음에도 전 대통령에게 제공되는 주택과 임금을 거절한 채 자택으로 돌아가 회고록을 집필했다. 그 후 1970년 11월 9일 심장마비로 삶을 마감했다.

아슬아슬했던 핵전쟁 위기 쿠바 미사일 위기

1962년 아메리카 대륙 카리브 해 지역에서 전 세계를 놀라게 한 사건이 발생했다. 냉전 시기 미국과 소련 양국 사이에 벌어진 가장 뜨거운 대결이라고 평가받는 쿠바 미사일 위기였다. 불과 13일이라는 짧은 기간이었지만 당시 미국과 소련은 일촉즉발의 상황이었고, 양측 모두 핵미사일 버튼을 꺼내놓고 전 인류를 멸망 직전으로 몰아갔던 엄청난 사건이었다. 쿠바 위기는 결국 두 나라가 타협하면서 마무리되었다.

미국과 쿠바, 그 기나긴 악연

　1959년 쿠바에서는 쿠바 혁명이 일어나 바티스타 독재 정권을 성공적으로 무너뜨린 후 쿠바공화국을 세웠다. 새로운 쿠바 정권이 들어선 초기에 미국은 쿠바와의 우호 관계를 유지하려고 적극적으로 노력했다. 총리에 오른 카스트로가 미국을 방문하여 아이젠하워 대통령의 환대를 받기도 했다. 미국이 라틴아메리카 지역으로 세력을 확장하려면 쿠바가 필요했기 때문이었다. 그러나 5월 쿠바는 토지 개혁을 실시했고 6월에는 쿠바에 있는 미국인의 재산을 모두 몰수한다고 선언했다. 쿠바 내 미국의 이익이 심각한 타격을 받자 카스트로 정권에 큰 불만을 품은 미국은 쿠바와의 무역을 중단하고 쿠바에서 빠져나온 망명자들을 도와 쿠바 정권을 무너뜨리려고 했다. 쿠바도 이러한 미국의 적대 정책을 비판하면서 두 나라의 관계는 급속도로 악화되었다.

　1961년 1월, 미국은 쿠바와의 외교 관계를 단절하며 경제 제재를 가한다고 선언했다. 4월 15일, 미국 중앙정보국의 계획으로 쿠바 망명자들이 쿠바를 공습했다. 4월 17일에 천여 명이 쿠바 중부의 피그 섬에 상륙하여 카스트로 정부를 공격하려 했으나 72시간 만에 실패로 돌아갔다. 이후에도 미국은 포기하지 않고 라틴아메리카 국가들이 쿠바와의 동맹을 깨도록 부추기기 시작했다. 정치적, 경제적으로 쿠바를 완전히 봉쇄해버리려는 생각이었다. 심지어 미국 중앙정보국은 카스트로를 암살할 각종 계획을 세우기도 했다.

　이런 상황에서 쿠바는 소련에 지지와 도움을 구하기 시작했다. 이를 위해 카스트로는 쿠바가 사회주의 진영의 일원이라고 공개적으

ФРАЗЫ

МИР

ОБОРОНА
РАЗОРУЖЕНИ

И... БАЗЫ

▲ 1952년, 소련이 미국의 외교 정
책을 풍자한 만화. 그림 속의 미
국인은 '평화, 방위, 군비 감축'
을 외치면서도 뒤로는 전쟁을
준비하고 있다. 당시 그리스 내
전에서 공산주의 진영이 패배했
는데 그림 속의 미국 장교는 지
도 위의 그리스 영토에 미군 기
지 표시를 하고 있다. 이 만화에
는 이스트 앵그리아의 미국 세
력권과 B-29S 공군 기지도 표
시되어 있다.

로 선언하기도 했다. 쿠바의
지원 요청은 소련으로서도
반가운 일이었다. 흐루쇼프
는 쿠바의 상황이 라틴아메
리카에 대한 소련의 영향력
과 직접적으로 연관되어 있
을 뿐만 아니라 국제 공산주
의 운동의 지도자로서 소련
의 위상과도 관련이 있다고
생각했다. 소련은 쿠바를 발
판 삼아 리틴아메리카에서의
영향력을 확대할 생각이었던
것이다. 그래서 소련과 쿠바의 특수한 관계는 빠르게 발전하기 시작
했다. 1960년, 소련과 쿠바의 외교 관계가 매끄러워진 반면 미국과
쿠바의 관계는 단절되었다. 소련은 쿠바에 대한 미국의 지원이 끊긴
것을 기회로 삼아 경제적, 군사적인 지원을 한층 확대하여 쿠바에
대한 영향력을 강화하려 했다.

1962년 7월, 쿠바의 라울 카스트로가 소련을 방문하여 직접적인
지원을 더욱 많이 해달라고 요구했다. 그리고 양국은 협상을 거쳐
비밀 협정을 맺었다. 그 후 소련은 한 달도 안 되어 대규모 군사 기
술 인력을 쿠바에 보냈다. 또한 중거리 미사일과 전략 폭격기를 비
밀리에 운반하기로 하고 미사일 기지 건설에도 착수했다. 미국과 소
련의 냉전 위기가 시작되고 있었다.

일촉즉발

소련 지도자 흐루쇼프가 쿠바로 미사일을 운반하려 한 것은 여러
가지 이유 때문이었다. 먼저 쿠바는 소련과 너무 멀리 떨어져 있는
반면 미국과는 서로 코앞에 자리하고 있었다. 소련이 쿠바에 무기를
계속 제공할 수 있을지는 몰라도 미국이 쿠바를 직접 공격할 경우
즉시 군대를 보내 도와주기가 어려웠다. 그래서 그는 쿠바에 목표물
을 간단히 타격할 수 있는 핵미사일이 있다면 크게 안심이 될 것이
라고 생각했다. 물론 쿠바를 보호하는 것은 공식적인 명분일 뿐이었
다. 모든 것은 자국의 이익을 위해 충분히 계산된 작전이었다.

1950년대 후반부터 핵무기를 확충하는 데 모든 노력을 기울인 케네디 정부는 소련과의 군비 경쟁에서 언제나 유리한 위치에 있었다. 당시 소련이 보유한 핵무기는 대륙 간 탄도 미사일 44개와 전략 폭격기 155대가

▲ 소련이 쿠바에 건설한 미사일 기지 배치도

전부였던 반면 미국은 각각 156개와 1,300대를 보유하고 있었다. 게다가 미국은 터키, 이탈리아, 서독에 소련을 겨냥한 미사일을 설치해 놓은 상태였다. 소련의 주요 공업 도시들은 모두 미국 미사일과 전략 폭격기의 직접적인 위협을 받고 있었으니 소련 전체가 미국에 단단히 포위되어 있는 것이나 다름없었다. 그래서 흐루쇼프는 미국과 균형을 맞출 수 있는 쉽고 빠른 방법은 쿠바에 미사일을 설치하는 것이라고 생각했다. 미국의 감시 체제를 피할 수 있고 미국 본토를 직접 공격할 수 있는 데다가 소련의 전략적 지위를 끌어올리고, 나아가 정치적으로 미국을 불리하게 만들 수도 있었다. 필요하다면 쿠바에 있는 미사일을 무기로 미국의 양보를 얻어낼 수도 있었다.

1962년 7월, 소련은 본격적인 비밀 작전을 시작했다. 핵미사일 수십 개와 폭격기 수십 대를 분해해 컨테이너 박스에 실은 다음 상선에 실어 쿠바로 보냈다. 또한 소련의 군사기술자 3,500명도 줄지어 배에 올랐다. 역사상 최대 규모로 행해지는 위험천만한 비밀 작전이었다. 당시 미국 중앙정보국은 소련 선박 여러 대가 한꺼번에 쿠바로 가는 것을 보고 수상히 여겼지만 소련이 미국의 코앞에 미사일을 설치하려고 한다는 것은 감히 꿈에도 생각지 못했다. 한편 소련도 공식적으로 '쿠바 인민에게 생필품과 식량을 보내는 선박'이라며 무기 운반을 끝까지 부인했다. 9월 2일에서야 소련은 쿠바와 맺은 관련 협정에 따라 무기와 기술 전문가를 제공할 것이라고 밝혔다. 이때 소련의 미사일 운반 작전은 거의 끝나 설치를 준비하고 있었다.

U-2 정찰기

미국 대형 무기 제작 업체인 록히트 마틴이 개발한 U-2 정찰기는 '드래곤 레이디'라고도 불린다. 1955년 8월 4일 시범 비행한 후 55대가 생산되어 적국의 후방에서 전략 목표를 정탐하는 임무를 맡았는데, 냉전 시기 미국의 중요한 정찰도구 가운데 하나였다. U-2 정찰기는 전 세계를 돌며 소련, 쿠바, 북한, 중국, 베트남 등 여러 국가의 정보를 모았다. 1962년 U-2 정찰기가 쿠바 상공에서 결정적인 정보를 입수하면서 몰래 미사일을 설치하려던 소련의 속셈이 탄로 났고, 소련은 세계적인 핵전쟁을 피하기 위해 미사일을 회수해야 했다. 당시의 U-2 정찰기는 세계를 구한 영웅이라고 할 만했다.

1962년 10월, 미국의 U-2 공군 정찰기가 쿠바 상공에서 여러 차례 정보를 수집했다. 미국 전문가들이 사진 수천 장을 자세히 분석한 결과 쿠바가 중거리 미사일 발사대를 짓고 있으며 중형 폭격기를 배치했다는 사실을 알아냈다. 10월 16일, 미국 중앙정보국은 케네디 대통령에게 소련이 쿠바에 장거리 전략 폭격기 42대와 중단거리 미사일 40개, 지대공 미사일 발사장 24곳과 당시 최신식이던 미그-21 전투기 등을 배치했으며 이들 미사일은 미국을 심각하게 위협한다고 보고했다.

이 소식을 접한 케네디는 뒷골이 서늘해지는 기분이었다. 그는 서둘러 미국 국가안보위원회를 소집하고 대책을 논의했다. 팽팽한 긴장 속에서 토론을 나눈 케네디와 각 분야의 전문가들은 최대한 미국에 유리하면서 위험 부담이 적은 격리 정책을 택하기로 했다.

10월 22일 저녁에 케네디 대통령이 텔레비전 연설을 통해 소련이 쿠바에 핵미사일을 설치한 사실을 발표했다. 더불어 미국은 쿠바를 무력 봉쇄할 것이며, 소련은 유엔의 감독하에 미사일을 제거하라고 요구했다.

미국은 육군과 공군, 해병대를 집결시키기 시작했다. 세계 각지에 주둔해 있는 미군이 모두 최고 경계 태세에 돌입했다. 미국이 보유한 전략 폭격기의 50퍼센트가 공중을 선회했고 핵탄두를 가득 실은 핵 잠수함도 쉼 없이 바다를 돌아다녔다. 이때 소련까지 군사를 동원하겠다고 선언하면서 두 나라 사이에는 금방이라도 핵전쟁이 일어날 것처럼 팽팽한 긴장이 감돌았다.

타협

미국이 생각했던 것보다 훨씬 신속하게 강경한 반응을 보이자 소련은 당황했다. 처음에는 소련도 물러서지 않고 미국이 군대를 동원해 쿠바로부터 소련을 격리시킨 정책에 강하게 맞섰다. 그러나 겉으로는 양쪽 모두 금방이라도 미사일을 발사할 것처럼 으르렁거렸지만 사실 양쪽 모두 핵전쟁을 일으킬 엄두는 내지 못했다. 두 나라 정부는 매우 신중하게 이 위기를 처리하려 했다. 소련 화물선은 미국이 설치한 '격리선'을 넘지 않았고, 무기를 실은 다른 소련 선박들도 운항을 멈추거나 되돌아갔다. 흐루쇼프는 소련의 군사력이 여전히 미국에 뒤진다는 사실을 고려하여 미국과 협상할 방법을 찾기 시

작했다.

흐루쇼프와 케네디는 비공개로 접촉하며 편지를 주고받았다. 이
와 더불어 두 나라 정부 사이에도 은밀한 물밑 접촉이 이루어졌고,
극도의 긴장감 속에서 여러 차례 밀고 당기기를 거듭한 끝에 드디어
협상이 이루어졌다. 소련은 쿠바에서 미사일 등 공격용 무기를 철회
하고 미국은 쿠바를 침략하지 않겠다고 약속한 것이다. 11월 11일,
소련은 미사일 42개를 모두 본국으로 회수했다. 11월 20일, 소련이
30일 안에 장거리 전략 폭격기를 철수시키겠다고 약속한 후, 케네디
는 쿠바에 대한 해상 봉쇄를 해제했다. 이렇게 해서 카리브 해는 평
화를 되찾았다.

한편 이번 위기의 '당사자'인 쿠바인들은 자신들이 미국과 소련
의 세력 다툼에 희생되었다는 사실에 몹시 자존심이 상했고 배신감
마저 들었다. 쿠바 전체가 실망과 분노로 가득 찼다. 그러나 국제 사
회는 강대국을 중심으로 돌아가고 있었고, 쿠바처럼 작고 약한 나라
들은 그들 사이에서 체스 말처럼 이용당할 수밖에 없는 것이 현실이
었다.

시대를 이끈 철의 여인 마거릿 대처

평범한 가정에서 태어난 대처는 강한 의지와 끊임없는 노력으로 1975년 영국 최초의 보수당 여성 당수가, 1979년 역사상 최초의 여성 총리가 되었으며 1983년과 1987년 두 차례 연임에 성공했다. 대처가 재임 기간에 펼친 정책들은 대처주의라고 불린다.

정치계에 입문하다

1925년 10월 13일, 대처는 세계적 과학자 뉴턴의 고향인 잉글랜드 링컨주의 작은 도시 그랜트램에서 태어났다. 대처의 처녀 시절 이름은 마거릿 힐다 로버츠였다. 대처의 아버지 앨프레드 로버츠는 식료품점을 운영하는 상인이었지만 지방 정치에 매우 관심이 많았고 보수당의 열렬한 지지자였다. 대처는 이런 아버지의 영향으로 어렸을 때부터 보수파에 대한 자기 나름의 관점과 의견을 키우면서 정치에 관심을 갖게 되었다. 1943년에 그랜트램 여학교(Kesteven and Grantham Girls' School)를 졸업했고 장학금도 받았다. 1944년에는 옥스퍼드 대학 서머빌 칼리지에서 화학을 공부하고 학위를 받았다. 하지만 그는 화학보다 정치에 더 큰 열정을 갖고 있었다. 옥스퍼드 대학에 들어가고 얼마 후 대처는 대학 내의 보수 학생 협회에 가입하고 회장까지 맡았다. 18세의 어린 나이에 '정치는 이미 나의 핏속에 들어왔다'고 말하며 야심 찬 모습을 보이기도 했다.

대학졸업 후 그는 플라스틱 제조 회사에서 근무했고 아이스크림 개발에 참여하기도 했다. 그러나 정치에 대한 갈망을 포기할 수는 없었다. 런던에서 열리는 보수당 회의에 주말마다 참석했고 토론이나 국민 회의 등에 참여했다. 1948년에 열린 보수당 회의에서 대처는 옥스퍼드 대학의 보수파 졸업생 협회의 대표로 발언했는데, 이것이 보수당 내에 엄청난 반향을 불러일으키면서 다트퍼드 선거구의 의원대표로 지명되었다. 1950년과 1951년, 대처는 최연소 보수당 여성 후보로 선거에 출마했다. 그리고 이 시기 켄터키 지역의 보수당 집회에서 만난 데니스 대처와 사랑에 빠져 1951년 결혼했다. 대처는 두 차례 출마했던 선거에서 모두 낙선했지만 포기하지 않고 쉼 없이 지역을 돌며 연설을 했다. 그러던 1959년, 대처는 서른네 살의 나이로 영국 최초의 여성 의원이 되었다.

1961년, 대처는 보수당 정부의 연금·국민보험부 정무차관에 임명되어 보수당이 정권을 잡고 있던 1964년까지 재임했다. 1964년부터 1970년까지는 영국 의회 하원에서 보수당의 수석 대변인으로 활동했고 1967년에는 보수당의 그림자 내각에 들어가 사회 보장, 주택과 토지, 재정, 연료와 에너지, 운수 및 교육 등 담당 부서에서 대변인 역할을 했다. 1970년 6월, 보수당이 집권하자 대처는 내각에서 교육·과학장관으로 임명되었고 고문관으로 지명되기도 했다. 1974년 2월 보수당이 대선에서 패배한 후, 대처는 다시 그림자 내각에서 환경과 재정 사무를 돌보는 수석 대변인으로 활동했다.

1975년 2월, 대처는 보수당 당수 경선에서 승리하며 영국 정치 사상 최초의 여성 보수당 당수가 되었고 1979년 5월 보수당이 대선에서 승리하면서 영국 역사상 최초

▲ 1979년 5월 3일, 대처가 다우닝 가 10번지에 있는 영국 총리관저에서 환호하는 시민들에게 손을 흔들어 답하고 있다.

의 여성 총리가 되었다. 식료품점 주인의 딸로 태어나 집안의 후광도 기대할 수 없었던 그녀가 오직 끊임없는 노력과 강인한 의지로 한 걸음 한 걸음 내디딘 결과였다. 전통과 출신을 유독 중시하는 영국 사회에서, 또 남성만의 세계였던 정치권에서 최고의 자리에 오른 마거릿 대처는 모두를 놀라게 했다.

대처는 의지력이 남다르고 한 번 결정한 일은 반대하는 사람이 있더라도 과감히 추진했다. 1976년 그녀는 소련의 확장 정책을 강력히 비판했는데, 소련 국방부 신문 〈붉은 별(Krasnaya Zvezda)〉이 이를 보도하면서 그녀를 '철의 여인'으로 표현했다. 이때부터 마거릿 대처는 철의 여인이라는 이름으로 알려지기 시작했다.

11년간의 집권

대처가 총리에 당선되었을 때, 전 세계적으로 석유 가격이 폭등하

▲ 1986년 1월 20일, 프랑스 미테
랑 대통령이 리옹 공항에서 대
처 총리를 맞이하고 있다. 영국
과 프랑스는 영국 해협에 해저
터널을 건설하기로 협의했다.

고 경제가 악화되고 있었다. 대처 정부는 영국 경제를 개혁하기 위
해 특정 부문에 대한 정부 지원 삭감, 세금 감면, 상업 규제 완화,
사유화 정책 등 각종 정책을 내놓았다.

대처 정부는 프리드먼의 통화주의 학설을 근거로 통화발행량을
조절하고 은행 금리를 높이며 정부 지출을 줄였다. 또한 세율을 조
정하고 개인 소득세와 같은 직접세를 낮춰 부자들의 소비를 촉진하
려 했다. 이와 함께 경제에 대한 정부의 과도한 간섭을 줄이고 철강,
전기, 조선 등 국영 기업들을 사유화했으며 오랫동안 정부를 휘두르
던 노조의 권력에도 선을 그었다.

대처 정부의 경제 정책은 성공적이었다. 영국 경제는 1982년부터
상승 곡선을 타기 시작했고 물가상승률은 눈에 띄게 낮아졌다. 그러
나 경제는 크게 발전했지만 영국 사회는 많은 대가를 치러야 했다.
가난한 사람들을 희생시켜야 하는 정책으로 빈부 격차가 급속히 벌
어지고 범죄율이 높아졌다. 또한 긴축 정책으로 실업률이 높아졌다.

대처가 집권한 처음 4년 동안 영국은 실업자가 200만 명이나 늘어났고 1984년 말 실업률은 12.8퍼센트에 달했다. 이런 상황에서 대처와 노조의 갈등은 나날이 커져 결국 1984년 석탄 노동자들이 총파업을 단행했다. 1926년의 파업 이후로 가장 길게 이어진 파업이었다.

이때 설상가상으로 북아일랜드 문제까지 발생해 대처 정부를 괴롭혔다. 민족과 종교 교파의 갈등으로 경제적, 정치적으로 탄압받던 북아일랜드 사람들이 독립을 요구했다. 그러나 신교를 믿는 그레이트브리튼 섬 이민자들이 이에 결사적으로 반대하면서 양측 사이에 대규모 충돌이 빚어진 것이다. 독립을 주장하는 과격파 조직 북아일랜드 공화국군(IRA)이 각지에서 폭력을 휘두르기 시작했다. 1981년에는 북아일랜드 공화국군 수감자들이 감옥에 갇힌 채 북아일랜드에 대한 정치적 처우를 개선해줄 것을 요구하며 단식 투쟁을 시작해 열 명이 사망했다. 1984년 10월 12일, 브링턴의 그랜드 호텔에서 회의를 갖던 보수당은 북아일랜드 공화국군의 시한폭탄 테러 공격을 받아 고위관료 다섯 명이 그 자리에서 사망했으나 함께 있던 대처는 무사했다. 이런 상황 속에서도 대처는 북아일랜드를 영국령으로 유지할 것을 강력히 주장했다.

▼ 마거릿 대처

그러던 1982년 대처의 경제 정책과 강력한 행정 처리 방식이 서서히 대중의 불만을 사기 시작했고 집권당으로서의 보수당의 입지도 불안해졌다. 이때 남대서양에서 전쟁이 일어났다. 아르헨티나 군대가 포클랜드 제도[3]를 공격한 것이다. 아르헨티나 남단 동쪽에 있는 포클랜드 제도는 마젤란 해협과 가까워 전략적으로 매우 중요한 의미가 있었다. 영국은 1883년부터 포클랜드 제도를 점령했는데, 아르헨티나가 이 섬들이 자국 본토에서 불과 550킬로미터밖에 떨어져 있지 않다며 그곳에 대한 권리를 주장했다. 두 나라는 이 문제를 놓고 여러 차례 협상을 시도했으나 모두 결렬되었다. 1982년 4월 2일, 결국 아르헨티나 군사 정권은 국민의 지지를 얻기

---

3) 아르헨티나는 말비나스 제도라고 부른다.

위해 영국을 상대로 전쟁을 일으키고 포틀랜드 제도를 점령했다. 이 소식을 들은 대처는 서둘러 대규모 함대를 조직해 전장에 투입했고 10주 만에 포틀랜드 제도를 되찾았다. 이 전쟁으로 영국은 국가의 위상과 자존심을 크게 세웠고 승전보를 들은 영국 국민의 애국심도 끓어 올랐다. 대처는 단숨에 민족의 영웅으로 떠오르며 더 많은 지지를 얻었다.

1983년 6월, 보수당은 대선에서 다시 한 번 승리했고 대처는 연임에 성공했다. 그 뒤에 열린 1987년의 대선에서도 보수당이 노동당을 누르면서 대처는 20세기에 3차례 연임한 영국 총리가 되었다. 두 번째 임기 동안 대처는 중국 정부와 협상하여 홍콩 문제를 해결했다. 1984년 12월 19일, 두 나라는 베이징에서 홍콩 문제에 관한 연합 성명을 발표하고 1997년을 기준으로 영국은 홍콩을 중국에 반환하기로 했다.

이후 대처는 주민세를 거두겠다고 해서 대중의 불만을 샀고 보수당 내부에서도 반대 세력의 위협을 받았다. 그러다 결국 보수당과 유로화 도입 및 유럽 통합 문제를 놓고 대립하면서 당수 선거에서 패배했고 이로 인해 자리에서 물러났다. 1990년 11월 22일, 대처는 총리직을 사퇴하겠다고 선언하고 11년간의 기나긴 집권을 끝냈다.

대통령이 된 영화배우 레이건

미국 40대 대통령 로널드 레이건은 1981년에 사상 최고령인 일흔의 나이로 백악관의 주인이 되었다. 할리우드 영화배우 출신인 그는 암살자의 총알을 맞고도 살아난 가장 운이 좋은 대통령이기도 했다.

할리우드 스타

1911년 2월 6일, 로널드 레이건은 미국 일리노이 주 탬피코에서 가난한 구두 판매원의 아들로 태어났다. 1920년 가족들과 함께 일리노이 주의 딕슨으로 이주한 후, 1924년 딕슨 북쪽에 있는 중학교에 입학했다.

1927년, 16세였던 레이건은 딕슨 부근의 록 강에서 7년간 구조 요원으로 일하며 77명을 구조했다. 레이건은 이 시절의 경험을 굉장히 자랑스러워 했는데, 대통령에 당선된 후 록 강에서 찍은 옛 사진을 집무실에 걸어놓고는 백악관을 방문한 손님들에게 보여주며 으쓱댔다고 한다.

1928년 레이건은 일리노이 주의 유레카 대학에 들어가 경제학과 사회학을 전공했는데 학업과 일을 병행하며 1932년에 졸업했다. 대학 시절 학교 축구팀 선수가 되어 경기에 나가고 연극 동아리 활동까지 하느라 전공 공부에 쓸 시간이 늘 부족해서 성적은 중위권이었지만 학교의 동아리와 스포츠팀을 이끌며 '캠퍼스의 주역'으로 불렸다.

1932년, 대학을 갓 졸업한 후 아이오와 주의 어느 방송국에서 스포츠 채널 아나운서로 일하며 시카고 커브스의 야구 경기를 중계했다. 생방송이 없던 당시에는 경기장의 상황이 방송국에 한 줄씩 전보로 도착했는데, 레이건은 이 글자들에 상상력을 불어넣어 마치 눈앞에서 경기가 진행되고 있는 것처럼 생생하게 중계했다. 1937년 그는 워너 브라더스 픽처스가 제작한 영화에서 로맨틱하고 유머러스한 아나운서를 연기했는데, 이때부터 본격적인 배우 활동을 시작하게 되었다.

레이건은 맑은 목소리와 자연스러운 연기로 인기를 누리며 청년

기와 중년기의 대부분을 배우로 살았다. 스물일곱 살 때부터 쉰네살 때까지 총 54편의 영화에 출연했으며 1941년에는 할리우드에서 가장 기대되는 배우로 평가받기도 했고, 심지어 당시 '슈퍼스타' 중 다섯 손가락 안에 들기도 했다.

그러던 1942년 어느 날 태평양 전쟁이 터졌다. 레이건은 입대했지만 난시 때문에 최전선에 배치되지 못했고 대신 육군항공대에서 훈련용 영화와 교육용 영화를 제작했다. 1947년에 제대한 그는 할리우드로 돌아와 할리우드 연기자 협회의 회장이 되어 다섯 차례나 연임했다. 이 시기에 레이건은 영화 작업은 거의 하지 않은 대신 텔레비전 프로그램 진행자 등으로 활동했다.

그는 할리우드 연기자 협회의 회장으로 일하는 동안 정치에 관심을 보이기 시작했다. 결국 1964년을 끝으로 배우 생활을 마무리 짓고 본격적인 정치 인생을 시작했다.

레이건은 원래 민주당을 지지했으나 나중에는 정치적 입장을 바꿔 캘리포니아 주 공화당 보수파의 대변인이 되었다. 1966년 33대 캘리포니아 주지사로 당선되었고 1970년 재선에 성공했다. 무려 8년간의 임기 동안 레이건은 주의 예산 지불 능력을 되찾는 성과를 거두었고 복지 정책으로 많은 지지를 얻었다. 그는 1968년부터 대통령 경선에 출마하기 시작했다. 1980년에 치러진 대선에서 그는 또 다른 대선 후보였던 지미 카터와 텔레비전 토론을 벌였다. 배우 출신의 레이건은 편안한 태도와 자신감 있는 표정으로 유머 감각을 선보이며 많은 사람에게 좋은 인상을 남겼고 이것이 유권자들의 신임과 지지로 이어졌다. 그리고 1980년 11월 4일, 레이건은 압도적인 표차로 제40대 미국 대통령이 되었다.

레이건 시대

레이건이 취임했을 때, 미국은 심각한 경제 위기에 빠져 있었다. 국내의 경제 문제부터 해결하는 것이 급선무였다. 당시 미국은 물가상승률이 두 자릿수에 이르렀고 은행금리는 20퍼센트대였으며 실업자는 800만 명이나 되어 몸살을 앓고 있었다. 레이건 대통령은 1981년 1월 취임식에서 국내 경제를 살리기 위해 힘쓰겠다고 밝혔다.

취임 후, 레이건은 보수적인 '레이건 경제학'을 도입했다. 이 이론은 시카고 대학의 밀턴 프리드먼의 공급측면의 경제학을 바탕으로 하고 있었다. 공급측면의 경제학은 복지주의와 사회주의 정책에 반대하며 경제에 대한 국가의 간섭을 줄이고 자유롭게 경쟁하도록 해야 한다고 주장했고, 이 학파의 경제학자들은 위기와 경기 침체를 극복하기 위해서는 케인즈 학파가 주장한 수요 조절이 아닌 공급 조절로 전환해야 한다고 했다. 즉 소비를 확대하는 것이 아니라 감세와 투자 유치 등으로 생산을 촉진해야 한다는 것이다.

레이건 정부는 전면적인 감세로 1983년과 1985년까지 3년 동안 세율을 23퍼센트나 줄였다. 이로써 미국 소비자의 구매력이 커지게 되었고 개인 소비와 지출이 놀라운 속도로 증가했다. 그뿐만 아니라 레이건 정부는 세제 개혁도 추진했다. 세금의 종류를 줄이고 세율을 낮추었으며 특정 개인이나 기업에 제공되던 감세 특혜도 줄였다. 또한 통화발행량을 조절하고 투자가 더욱 활발해지게 했다.

알츠하이머병

노인성 치매로도 불리는 알츠하이머병은 만성 뇌기능 장애로 오늘날까지도 정확한 의학적 진단을 내리거나 완치시킬 수 없는 불치병이다. 초기 알츠하이머병 환자는 건망증과 비슷한 증세를 보이는데, 단기 기억력이 점차 감퇴하기는 하지만 장기 기억력은 별다른 영향을 받지 않는다. 병이 진행될수록 환자의 언어 능력, 공간 식별 능력과 인지 능력이 전면적으로 감퇴한다. 1994년 11월 5일 레이건은 자신이 알츠하이머병을 앓고 있다는 사실을 밝히고 세상을 떠나기 직전까지 사회와 격리된 채 생활했다. 2004년 6월 5일, 레이건은 향년 구십삼 세로 자택에서 눈을 감았다.

긴축 통화 정책으로 미국 경제는 1981년 7월부터 급속히 쇠퇴하기 시작해 1982년 11월에는 바닥을 쳤다. 그러나 1981년부터 1982년까지의 침체 이후 1983년부터는 거짓말처럼 경기가 회복되기 시작했다. 이때부터 성장세로 돌아선 미국 경제는 레이건의 임기가 끝날 때까지 성장을 멈추지 않았고, 이 시기는 미국 역사상 가장 긴 경제 성장기로 기록되었다. 감세 정책이 경제의 회복을 도와 더 많은 일자리가 생기자 미국 정부도 최종적으로는 더 많은 세금을 거둘 수 있게 되었다.

한편 미국 기업들은 시장에 더욱 효과적으로 대응할 수 있게 되었다. 레이건 정부는 경제에 대한 정부의 간섭을 줄이고 중소 기업에 대한 지원을 대폭 늘려 너 많은 일자리를 창출할 수 있도록 도왔다. 또한 노조 활동을 제한하고 사회 복지 지출을 삭감했을 뿐만 아니라 재정 적자를 해소하기 위해 정부의 크기를 줄여버렸다.

레이건의 경제 정책은 이렇게 일정한 성과를 거두었다. 1984년이 되자 미국 경제는 호전되었고 경제성장률은 6.9퍼센트에 달해 미국은 자본주의 세계의 리더로 우뚝 섰다. 그러나 예산 적자를 해결하려고 국채를 대량으로 발행하는 바람에 1988년 미국 국채 총액은 2조 9,000억 달러에 이르렀고, 특히 외국에서 빌린 돈이 국내에서 빌린 돈보다 많았다. 세계 최대의 채권국이던 미국이 세계 최대의 채무국으로 변해버린 것이다. 이와 함께 감세 위주의 경제 정책은 미국 사회의 빈부 격차를 크게 벌려놓았다. 레이건 임기 동안 모든 사회 계층의 소득이 골고루 늘어나 빈곤층의 수입도 6퍼센트 늘어났지만 전체 인구의 1퍼센트에 해당하는 부유층의 소득은 1조 달러나 늘어났다.

하지만 결과만 놓고 보았을 때 미국 경제는 되살아났기에 레이건은 국민의 신임과 지지를 한 몸에 받게 되었다. 1984년 치러진 대선에서 518대 20이라는 절대적 우세를 보이며 연임에 성공했다. 로널드 레이건은 불황에 빠져 허덕이던 1980년대의 미국을 성공적으로 구해냈고, 이로써 1980년대는 '레이건 시대'라고 불렸다.

대통령 피격 사건

1981년 3월 30일, 레이건 대통령은 미국 노동자 조합 연합 대회에 초청받아 워싱턴에 있는 힐튼 호텔에서 연설을 했다. 연설을 끝낸 대통령은 얼굴에 미소를 띤 채 도로 건너편에 있는 사람들에게 손을 흔들어 화답하고 있었다.

그 순간 몰려든 군중 속에 몸을 숨긴 누군가가 대통령을 저격했다. 총성이 울리자 특수 요원들이 재빨리 암살범을 붙잡았고, 경호원들은 몸을 던져 대통령을 보호했다. 암살범이 쏜 총알 여섯 발 중 두 발은 대통령 비서와 경호원 팀 매카시의 몸에 명중했고, 레이건은 방탄차를 맞고 튕겨 나온 마지막 총알에 맞았다. 총알은 대통령의 왼쪽 폐에 꽂혔는데, 심장에서 불과 3센티미터 떨어진 곳이었다.

레이건은 신속히 근처에 있던 워싱턴 대학병원으로 옮겨져 긴급 수술을 받았다. 고통 속에서도 레이건은 유머를 잊지 않고 병원에 도착한 낸시 레이건 여사에게

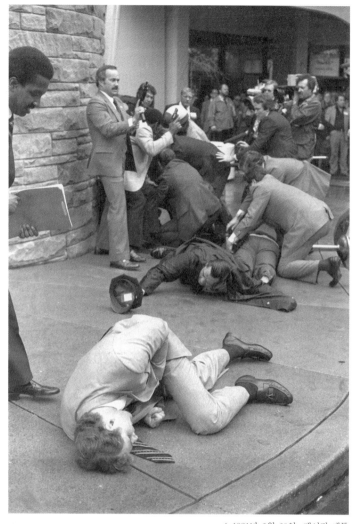

▲ 1981년 3월 30일, 레이건 대통령 피격 사건이 발생했다. 사건이 벌어진 힐튼 호텔 입구에서 총에 맞은 대통령 비서가 길에 쓰러져 있다.

'여보, 몸을 숙이는 것을 깜빡했소'라며 농담을 던졌다고 한다.

일흔의 고령이었지만 레이건은 빠르게 건강을 회복했다. 4월 1일에는 부시 부통령이 '놀랍다'는 말로 대통령의 빠른 회복을 알렸고, 피격 사건이 발생한 지 12일 만인 4월 11일에 대통령은 영웅처럼 백악관으로 돌아왔다.

우주를 향한 경쟁 스타워즈 계획

스타워즈 계획, SDI, 바로 미국의 전략 방위 구상(Strategic Defense Initiative)을 이르는 말들이다. 냉전 후기 레이건 정부가 과학 기술과 국방 경제 발전을 위해 내놓은 이 계획은 국가 안보를 위한 총체적 계획이라고 할 수 있었다. 적국의 미사일을 효율적으로 막아내는 동시에 자국 핵무기의 위력을 유지할 수 있어서 경제적 실리까지 기대할 수 있었다. 그뿐만 아니라 소련과의 우주 군비 경쟁에서도 우위를 확보할 수 있다는 이점이 있었다.

레이건 독트린

레이건 대통령이 취임했을 때 미국은 경제 불황에 빠져 허우적대고 정치적으로는 소련과 1인자 자리를 놓고 대결하면서 국방 활동은 줄고 있는 상황이었다. 무서운 속도로 세력을 확장하는 소련 앞에서, 미국은 전에 없던 위기감을 느꼈다. 레이건은 취임과 함께 일련의 정책을 내놓으며 닉슨 대통령 때부터 고수해온 대 소련 온건 정책을 뒤바꿔놓았다. 군비를 늘리고 적극적이고 도전적인 태도를 보이며 미국과 소련의 세력균형을 다시 맞춰놓았다. 레이건 정부는 군비 예산을 대폭 늘리고 세계 전략을 수정하여 소련과의 대결에서 다시 우위에 설 수 있었다.

국제 정치 부문에서 레이건 정부는 닉슨 정부가 주장한 다극화 세계 구상을 부정하고 '레이건 독트린'을 내 놓으면서 오늘날 세계를 좌지우지할 수 있는 것은 미국과 소련 두 나라뿐이라고 못 박았다. 세계의 모든 문제는 미국과 소련 두 나라 혹은 두 사회 제도 사이의 충돌에서 비롯된다고 했다. 레이건은 소련을 '악의 제국', '오늘날 세계의 악의 중심'이라고 부르며 '마르크스와 레닌주의를 매장시켜 악의 제국을 무너뜨릴 것'을 맹세했다.

1986년 3월 14일, 레이건은 '자유, 지역 안보와 세계 평화'라는 제목의 국정 연설을 발표했다. 그는 먼저 소련과 제3세계를 놓고 대결해야 한다고 주장했다. 소련이 1970년대 들어 과도하게 세력을 확장하면서 전체 세력권에 골고루 신경을 쓸 수 없게 되었고 미국은 이를 기회 삼아 소련의 확장을 억제하고 소련이 이룬 정치적, 군사적 성과를 무

▼ 레이건 대통령

너뜨리려 한 것이다.

또한 미국은 친미 성향을 띤 제3세계 국가 정부를 지원하고 이들의 국내 정세를 안정시키기 위해 정치적, 군사적 원조를 확대했다. 단순한 군사 전략보다 훨씬 유연하고도 효과적인 종합 전략이라고 할 수 있었다. 이때부터 미국 정부는 '레이건 독트린'을 주요 외교 수단으로 삼았다. 소련과의 직접적인 군사적 충돌을 피하면서 제3세계 국가들을 자기편으로 끌어들이는 작전이었다.

미국은 파키스탄을 거점으로 삼아 아프가니스탄 반정부 세력을 도와 소련 점령군과 아프가니스탄 정부를 몰아냈다. 1986년 1월부터 6월 사이에만 반정부 세력에 첨단 무기 수백 개를 공급할 정도로 적극적으로 행동한 결과였다. 레이건 정부는 이스라엘을 지지했고 레바논의 시아파 이슬람 정당 헤즈볼라와 강경하게 맞섰다. 팔레스타인의 건국에 반대하며 팔레스타인 해방기구를 인정하지 않았다. 이란-이라크 전쟁에서 미국은 양측 모두를 지지했지만 이란보다는 이라크의 손을 더 많이 들어주었다.

물론 미국이 가장 활발하게 대외 정책을 펼친 곳은 소련이 확장 정책을 펼치던 라틴아메리카와 카리브 해 지역이었다. 중남미 지역에서 미국은 니카라과의 반정부 게릴라 부대를 도와 사회주의 정부를 무너뜨리려 했다. 1979년 3월 카리브 해의 섬나라인 그레나다에서 쿠데타가 발생해 친서방 정권을 무너뜨린 사건이 발생했다. 새로 들어선 정부는 소련과 쿠바로부터 막대한 지원을 제공받으며 친소련 성향을 띠었다. 그러자 미국은 그레나다와 공산권의 교류를 끊어놓기 위해 1983년 10월 미국 교민을 보호한다는 핑계로 그레나다에 군대를 출동시켜 사회주의 정부를 무너뜨렸다.

스타워즈 계획

서로 핵보복력을 갖추고 끊임없이 군비 경쟁을 펼치던 미국과 소련의 군사력은 1970년대 들어 결국 포화 상태에 이르렀다. 그러자 미국은 무작정 핵무기만 늘리는 종전의 전략에서 벗어나 새로운 돌파구를 찾기 시작했다.

이에 따라 미국 정부는 첨단 기술을 이용해 우주에 무기 시스템을 구축하여 상대가 핵미사일을 발사할 시 대기권 밖에서 요격할 수 있도록 했다. 새로운 자원을 얻어내기 위해 우주 산업 발전에도 힘을

제로옵션

제로옵션은 레이건 대통령이 1981년 11월 18일 중단거리 미사일 감축 문제를 놓고 소련에 제시한 방안이다. 소련이 서유럽을 겨냥해 배치한 SS-20, SS-4, SS-5 미사일 600개를 전면 철수한다면 미국은 유럽에 배치할 예정이던 퍼싱투 미사일과 SLCM(잠수함 발사 순항 미사일)의 배치를 중지한다는 내용이다. 미국과 소련이 각자 배치한 미사일을 '제로' 수준으로 없앤다는 의미로 '제로옵션'이라는 이름이 붙여졌다. 후에 미국과 소련은 제네바에서 중단거리 미사일 억제를 놓고 협상을 벌였는데, 이 자리에서 미국은 소련이 아시아에 배치한 SS-20을 비롯하여 '전 세계에 배치한' 미사일을 줄일 것을 요구했다. 미국은 제로옵션을 통해 소련의 중단거리 미사일을 줄이고 유럽 국가와의 관계를 호전할 수 있기를 기대했다. 그러나 소련으로서는 아직 실행하지도 않은 미국의 '미사일 배치 계획'을 무산시키기 위해 자국 미사일 1,100개를 포기해야 하는 셈이었다. 레이건의 제로옵션은 결국 소련 정부에 받아들여지지 않은 채 끝나버렸다.

쏟았다.

1983년 3월 23일 레이건 대통령은 지금은 매우 유명한 '스타워즈' 연설을 했다. 1985년 1월 4일부터 정식 시행되는 미국의 방어 계획의 공식 명칭은 순항 미사일 방어 시스템을 위한 전략 방위 구상이었고 1994년부터 실행되도록 정해졌다. 이 구상의 목적은 다차원적이고 복합적인 종합 미사일 방어 시스템을 구축하는 것으로 아폴로 계획 이후 가장 중요한 국가사업 가운데 하나였다. 이 구상의 핵심은 각종 수단으로 적의 대륙 간 미사일이나 우주비행체를 요격하여 미국과 동맹국들을 보호하는 것이었다. 복잡하고도 방대한 규모의 이 방어 시스템은 전자파와 레이저, 각종 첨단 기기들을 포함한 위치 추적 장치와 재래식 무기 및 적의 무기를 파괴할 수 있도록 설계된 여러 단계의 요격 작전들로 구성되었다.

▲ 1983년 3월 23일 레이건이 '스타워즈' 연설 도중 미국과 소련의 새로운 군비 경쟁을 언급하고 있다. 미국은 이 경쟁에서 승리를 거두었고 소련은 패배하여 경제가 급속히 악화되었다. 레이건 대통령이 처음으로 스타워즈 계획을 제시한 이 연설은 텔레비전을 통해 미국 전역에 방송되었다.

미국의 전략 방위 구상은 대륙 간 탄도 미사일 방어 구상과 위성 방어 구상의 두 부분으로 나뉘었다. 대륙 간 탄도 미사일 방어 구상은 우주 공간에 방어막 수 겹을 구축하고 날아오는 미사일의 비행 궤도에 따라 맞춤형 방어 작전을 취하는 계획이었다. 위성 방어 구상은 우주와 시장에 위성공격용 무기를 만들어 적의 위성을 파괴하는 방안이었다.

대륙 간 탄도 미사일 방어 구상은 탄도 미사일이 발사되었을 때부터 비행하여 목표물에 명중하기까지 각 단계에 따라 방어막 4개를 구축하는 방안이었다. 미사일의 파괴력에 따라 요격 조건과 방법이 달라진다. 우주의 정찰 위성과 미사일 방어용 위성으로 쏘아진 미사일의 방향을 계산한 다음 재래식 무기로 적의 미사일을 요격하는 것이 제1방어막이고, 제2방어막은 지상 또는 함선 위에 설치된 레이저 무기로 대기권을 통과하는 미사일을 분리시키는 것이다. 제3방어막은 대기권에 들어온 적의 미사일을 우주 공간에 설치한 무기로 파괴하는 것이고 마지막 제4방어막은 미사일 방어용 미사일 등의 비교적 파괴력이 큰 무기로 대기권에서 벗어난 적의 미사일을 요격하는 것이다. 위의 단계들을 거치면 적의 핵탄두가 파괴될 확률은 무려

99퍼센트에 달했다.

위성 방어 구상은 정찰, 예측, 통신, 항로 안내 등에서 매우 중요한 역할을 하고 있는 만큼 전략 방위 구상의 핵심이었기에, 미군의 우주 기지에 적을 감시할 수 있는 기능을 갖춘 위성을 띄워 필요시 적의 위성을 파괴할 수 있도록 했다.

▲ 1987년 미국과 소련이 중거리 핵전력조약을 맺은 후, 레이건이 연설을 하고 있다.

미국의 스타워즈 계획은 탄탄한 경제와 첨단 기술을 이용해 소련과의 대결에서 우선권을 쥐고 새로운 군비 경쟁을 벌이며 나아가서는 소련의 경제에 타격을 입히려는 목적을 갖고 있었다. 또한 계획 자체만으로 미국의 경제, 군사, 과학 기술 등의 발전을 이끄는 효과까지 기대할 수 있었다.

반면 이 시기에 경제적으로 어려움을 겪고 있던 소련은 이미 미국의 상대가 되지 못했다. 미국과 동맹국이 소련과 기술 협력을 하지 않으면서 국제적으로도 고립된 소련은 점점 더 어려운 상황에 빠졌다. 그럼에도 미국과의 차이를 좁히려 많은 자본과 인력을 투입하다 보니 결국 부담을 이기지 못하게 되었고 소련은 더 이상 미국과 경쟁할 수 없게 되었다.

◀ 1987년 12월 8일 레이건 미국 대통령과 소련 서기장 고르바초프가 중거리핵전력조약에 서명하고 양국 간 군비 경쟁에 종지부를 찍었다. 이와 함께 종료된 스타워즈 계획은 이 조약이 체결된 결정적 이유였다.

베를린 장벽 붕괴 독일 통일

둘로 나뉜 나라는 한때 통일을 이루고자 서로에게 총을 겨누었다. 분단 45년 만인 1990년 10월 3일 독일은 전쟁도, 어떤 무력사용도 없이 피 한 방울 흘리지 않고 통일을 이루었다. 인류 역사의 기적이 아닐 수 없었다.

하나의 독일, 두 개의 정부

1949년, 독일연방공화국(서독)과 독일민주공화국(동독)이 잇따라 수립되었다. 냉전 기간 미국과 소련을 중심으로 한 동서방의 대결이 장기화되자 서독과 동독을 동일하는 문제는 차일피일 미루어졌고 독일 민족의 분열은 더욱 극명해졌다. 1955년 서독과 동독은 각각 나토와 바르샤바조약기구에 가입했고 1973년에는 나란히 유엔 회원국이 되었으며 1975년에는 유럽안보협력회의(CSCE) 정상 회담에 참여했다. 국제 사회 역시 둘로 분열된 독일의 두 정부를 인정했다는 의미였다.

제2차 세계대전이 끝난 후, 미국과 영국은 독일이 뛰어난 산업 기술력과 군사력을 회복할까 우려해 독일의 공장에 있던 기계를 모두 가져가버렸다. 독일이 다시 산업을 발전시켜 전쟁을 일으킬 가능성을 제거하기 위해서였다. 그러나 얼마 지나지 않아 여러 서방 국가는 유럽의 안보를 위해 동서방 갈등의 최전방에 있는 독일 서부가 매우 중요하다는 사실을 깨달았다. 그래서 서방 국가는 서독을 다시 일으켜 세우기 위해 노력을 기울이기 시작했다. 예전부터 발달된 공업 지대였던 서독은 유럽 부흥 계획인 마셜 플랜의 자금 지원을 받으며 눈부신 경제 발전을 이루었다. 그리고 1955년에는 산업 생산력이 영국을 넘어서면서 서독은 자본주의 세계 2위의 산업 대국이 되었다. 그렇게 20년 가까이 2위를 유지하던 서독은 1970년대에 들어서서히 일본에 따라잡히면서 3위로 밀려났다. 1990년대의 서독은 이미 고도로 발달한 산업화 국가로 성장해 있었다. 세계적으로는 미국과 일본에 이어 3위의 경제 대국이자 미국 바로 다음인 2위의 무역 대국이었다.

한편 전통적인 농업 지역이었던 동독은 경제 기반이 약하고 소련에 거액의 전쟁 보상금까지 지급하느라 경제 상황이 매우 어려웠다.

서독에 비하면 시작부터 뒤처져있던 셈이었다. 그럼에도 동독은 동유럽 국가 가운데 가장 높은 산업 생산력과 생활 수준을 누렸으며 세계 10대 산업 선진국 중 하나였다. 그러나 국민 소득은 서독의 절반 수준에 불과했다.

동독과 서독 사이의 경제 격차가 갈수록 벌어지자 동독의 기술자들은 서베를린으로 탈출하기 시작했다. 동독이 수립하고 12년 동안 동독인 약 200만 명이 서독으로 빠져나갔다. 이는 동독의 경제발전과 사회 안정에 심각한 영향을 미쳤을 뿐만 아니라 소련의 외교 활동에도 지장을 주었다. 결국 동독 정부는 동독인들의 이탈을 막기 위해 1961년 8월 13일부터 지금은 너무나도 유명한 베를린 장벽을 쌓기 시작했다.

베를린 장벽은 제2차 세계대전 이후 독일의 분열과 동서 냉전의 상징물이었다. 초기에는 철조망만 둘러두었지만 나중에는 콘크리트 벽 위에 뾰족한 철심이 솟은 철조망을 얹어놓고 경비원까지 배치했다. 1970년 동독 정부는 베를린 장벽의 높이를 3미터 높였고 1980년이 되자 1,369킬로미터 길이의 베를린 장벽에 전기울타리와 보루까지 설치했다.

무너진 베를린 장벽

독일의 통일에 관한 문제는 언제나 민감한 화제였다. 전체 유럽의 상황과 나아가서는 냉전 구도에까지 큰 영향을 끼칠 수 있기 때문이었다. 동서 독일은 각기 정부를 수립할 때까지만 해도 조국의 통일을 최고 목표로 삼았지만 동서방 대립이 심해지면서 서서히 태도를 바꿨다. 동독과 서독은 통일 문제를 놓고 각자의 입장만을 고수했는데, 우선 동독은 '두 개의 국가, 두 개의 민족'이라고 생각했다. 그들은

▼ 베를린을 둘로 나눈 베를린 장벽
철조망까지 설치되어 있다.

91

사회제도가 달라 사회주의 민족과 자본주의 민족이 생겼으므로 두 독일이 오랫동안 공존은 하되 갈등은 해결될 수 없다고 주장했다. 반면에 서독은 '두 개의 국가, 하나의 민족'이라는 입장을 내세우며 비록 동독이 독립된 주권국가라고 하지만 독일 분단 문제는 민족 내부의 특수한 문제라는 점을 강조했다.

1980년대 이후 동유럽 각국의 경제가 급속히 악화되고 계속되는 개혁으로도 위기를 벗어나지 못하자 동유럽 국가에서 공산당의 위신은 크게 떨어졌다. 시간이 가면 갈수록 경제적 위기는 극심해 졌고 동유럽의 사회주의 정권은 바람 앞의 등불처럼 위태로웠다. 동독은 1980년대부터 에리히 호네커가 이끄는 독일사회주의통일당이 효과적인 개혁 조치를 내놓지 못하자 국내의 사회 갈등은 점점 더 깊어져만 갔고 국민의 불만도 커져만 갔다.

1989년, 폴란드와 헝가리에서 잇따라 정치 소요 사태가 일어났다. 그러다 헝가리가 5월부터 동독과의 국경 통과 제한을 풀어버리면서 동독인들이 서쪽으로 도망치는 기회가 되었다. 동독인들은 헝가리와 오스트리아를 거쳐 서독으로 들어왔고 9월과 10월 두 달 동안에만도 동독 청년 십 수만 명이 서독으로 탈출했다. 이 일로 그렇지 않아도 불안정하던 동독 사회는 크게 흔들렸고 각종 세력이 잇따라 등장해 반정부 운동까지 펼치기 시작했다.

10월 7일, 동독 설립 40주년 기념행사에 참여하기 위해 방문한 소련 지도자 고르바초프는 기자회견에서 동독 지도자 그룹의 사상이 경직되었다며 서둘러 개혁에 나설 것을 촉구했다. 그런데 뜻하지 않게 오히려 반정부 세력이 고르바초프의 말에 큰 힘을 얻어 더욱 거세게 동독 정부를 몰아붙이기 시작했다. 라이프치히, 드레스덴, 예나, 포츠담 등 동독 대도시들에서 크고 작은 반정부 시위가 벌어졌다. 동독의 상황은 순식간에 한 치 앞을 알 수 없을 만큼 위급해졌고 18년간 집권한 호네커는 10월 18일 쫓겨나듯 물러났다. 크렌츠가 독일사회주의통일당의 대표 자리를 이어받았지만 동독은 이미 분열되어 붕괴를 향해 달려가고 있었다.

정권을 잡은 크렌츠는 '과감한 개혁'을

선언했다. 서독 정부와 정식으로 접촉하고 서독으로 탈출한 동독인과 시위 참여자의 죄를 묻지 않겠다고 밝혔다. 또한 원래 불법이었던 동독 내 반정부 조직이 공개적으로 활동할 수 있도록 했고 이들 조직은 서로 협력하여 통일된 행동을 할 수 있게 되었다. 그러자 동독 전역에서 시위 활동이 끊이지 않았다. 강력해진 사회적 여론의 압력 앞에서 동독 정부는 11월 7일에 전면 퇴진했다.

그렇게 상황은 예상하지 못한 방향으로 전개되었다. 11월 9일 동독 정부가 베를린 장벽의 개방을 선언하고 주민들의 자유로운 출입을 허락하자 군중 수만 명이 베를린 장벽의 검문소로 한꺼번에 몰려나와 서독으로 들어왔다. 불과 이틀 사이에 400만 명이 넘는 동독인이 서베를린과 서독으로 들어왔다. 이렇게 해서 베를린 장벽은 지어진 지 28년 만에 무너졌다.

통일의 순간

동독 정권이 무너지고 사회가 혼란에 빠져 있을 때, 서독의 헬무트 콜 총리는 독일을 통일할 수 있는 절호의 기회라고 생각했다. 1989년 11월 28일, 콜은 독일 통일을 실현할 계획을 내놓으면서 동독이 정치와 경제를 개혁하고 서독과 동독이 연방으로 발전하여 통일을 이루어야 한다고 주장했다.

▼ 1990년 10월 3일 검정, 빨강, 노랑으로 이루어진 독일 국기가 베를린 국회의사당 앞에서 펄럭이고 있다.

하지만 동독 정부는 콜이 제시한 계획을 거절했다. 그의 계획이 현실에 적합하지 않는데다 두 독일의 주권과 독립성을 무시했다는 이유에서였다. 동독 지도자 그룹은 통일 문제를 논할 생각조차 하지 않고 있었고 미국, 소련, 영국, 프랑스와 다른 유럽 국가도 독일 통일은 '시기상조'라고 생각했다. 그러나 콜은 통일을 위한 노력을 그만두지 않았다. 그는 동독 사람들의 감정을 이용하여 통일에 유리한 방향으로 상황을 이끌었다. 시간이 흘러 동독 사태는 점점 더 악화했고 동독 정부는 어쩔 수 없이 통일을 받아들여야만 했다. 한편 미국, 소련, 영국, 프랑스도 급변하는 사태 앞에서 각자의 정책을 조정해야 했다.

1990년 1월 29일, 고르바초프는 모스크바를 방문한 모드로 동독 총리에게 독일의 통일은 의심의 여지가 없으며 통일에 대한 권리는 독일인에게 있다고 말했다. 소련은 독일의 통일에 동의한다는 뜻이었다. 모드로는 귀국 후 독일 통일을 실현할 '4단계 방안'을 마련했다.

같은 해 2월 10일 이번에는 콜이 소련을 방문하자 고르바초프는 민족 통일 문제는 독일인 스스로 해결해야 한다고 강조했다. 2월 13일, 미국, 소련, 영국, 프랑스의 외무장관이 서독과 동독의 외무장관과 캐나다 오타와에서 호담을 갖고 독일 통일의 기본방침으로 '2+4' 방안을 채택했다. 이는 4개국이 서독이 통일 절차를 밟는 것을 묵인한다는 뜻이었다.

1990년 5월 8일, 서독과 동독은 통화와 경제, 그리고 사회 연맹을 맺는 첫 번째 조약을 체결했다. 7월 1일 조약은 정식으로 발효되어 동독은 국가 경제와 재정에 관한 권리를 완전히 포기하고 통화, 경제, 사회의 모든 부문에 서독의 현행 법률 제도를 도입하고 적용했다. 1990년 9월 12일, 4개국 외무장관과 두 독일 외무장관은 모스크바에 모여 제4차 '2+4' 회담을 갖고 '독일 통일의 문제 해결을 위한 최종 조약'에 서명했다. 이 조약은 정치적 통일에 대한 두 번째 조약이었다. 조약은 통일 이후 독일의 영토와 군사적, 정치적 지위를 규정하고 독일에 대한 4개국의 권리와 책임을 철회해 통일 독일이 완전한 주권을 갖는다는 사실을 명시했다.

1990년 10월 3일, 동독은 정식으로 서독에 흡수되었다. 45년간의 분단은 이렇게 민족의 통일로 끝이 났다.

무너진 세계 초강대국 소련의 해체

1991년 12월 25일 저녁 7시 38분, 88년간 크렘린 궁에서 펄럭이던 소련 국기가 내려졌다. 붉은색 바탕에 낫과 망치, 노란색 별 다섯 개가 그려진 국기가 사라진 것이다. 그리고 7시 45분 러시아의 삼색기가 깃대를 타고 서서히 올라갔다. 이로써 인류 역사 최초의 사회주의 국가는 지도 상에서 사라졌고 냉전과 얄타체제도 붕괴했다.

고르바초프와 페레스트로이카

1982년 11월 10일, 18년간 집권한 브레즈네프가 병으로 세상을 떠났다. 뒤이어 소련 공산당 중앙 서기장에 오른 안드로포프와 체르넨코도 고령의 나이에 이런저런 병까지 얻어 각기 1984년 2월과 1985년 3월에 세상을 떴다. 1982년 11월을 시작으로 불과 2년 반 만에 최고 지도자 세 명을 잃은 크렘린 궁으로 세계의 이목이 쏠렸다. 소련으로서는 차세대 정치인들에게 정권을 넘기는 일이 무엇보다 시급했다.

1985년 3월 11일, 소련 정부의 비상 회의에서 54세의 젊은 고르바초프가 서기장에 선출되었다. 고르바초프는 소련 남부의 스타브로폴에서 농부의 아들로 태어났다. 1952년에 소련 공산당에 가입했고 1955년에는 모스크바 대학 법학과를 우수한 성적으로 졸업했다. 그는 고위 지도자 그룹의 일원이었고 특유의 예리한 사고력과 뛰어난 언변으로 소련 정계에 활력을 불어넣었다.

▼ 2004년 10월, 뉴욕에서 인터뷰를 가진 **고르바초프**

그렇게 의욕이 넘치던 고르바초프가 크렘린 궁의 주인이 되었을 때, 소련은 이미 대내외적으로 곤란한 상황에 처해 있었다. 우선 국내 경제 성장률은 제2차 세계대전 이후 가장 낮은 수준에 머물렀고 농사는 흉년인데다가 생필품은 점점 부족해져 사람들의 생활수준은 해마다 나빠지고 있었다.

정치적으로도 사회주의 사상은 설득력을 잃어갔고 관료주의가 성행했으며 부정부패 문제도 심각해 공산당과 정부의 위신이 땅에 떨어진 상태였다.

한편 소련은 오랫동안 미국과 장기적인 군비 경쟁을 벌이고 있었고, 또 자국의 능력으로 감당할 수 없을 만큼 세력을 확장하면서 경제적, 인적 부담이 커졌다. 미국과의 끊임없는 군비 경쟁으로 나라 경제가 전쟁 준비를 중심으로 돌아가면서 경제 구조에 심각한 불균형을 가져왔다. 중공업과 군수업이 국민 경제에서 차지하는 비율이 너무 커진 나머지 경공업과 농업의 수준이 낙후되는 탓에 소비재의 공급이 부족해져 국민의 생활수준에 영향을 미친 것이다.

고르바초프는 나날이 심각해져만 가는 국내외 상황을 해결하고자 전면적인 사회주의 개혁을 단행하기로 마음먹었다. 첫 번째 개혁 대상은 경제였다. 그는 경제 발전 속도를 높이기 위한 방침으로 대대적인 경제 부흥 계획을 펼쳤으나 기대했던 만큼의 성과를 거두지 못했고 오히려 경제가 제자리걸음을 하는 문제가 발생했다.

고르바초프는 여전히 과거에 머물러 있는 사람들 때문에 경제 정책이 실패했다고 생각했다. 그는 1987년 11월 출판한 《페레스트로이카》에서 개혁의 원인과 내용, 의의, 실제 내용을 서술하고 '인류의 이익이 가장 중요하다'는 새로운 관점을 내놓았다. 고르바초프는 이 책에서 '재건'을 의미하는 '페레스트로이카' 외에도 민주화, 개방성, 다원화 등을 주장하기도 했다.

1988년 6월에 열린 제19회 공산당 대표 회의는 경제에 국한되어 있던 개혁을 정치 제도 전반으로 확대하는 데 합의했다. 고르바초프는 회의에서 장문의 보고서를 발표했는데, 먼저 '인도적이고 민주적인 사회주의'라는 개념을 제시했다. 1930년대부터 1950년대 사이 억울하게 희생된 사람들의 누명을 벗겨주는 것이 정치 개혁의 또 다른 주요 내용이었다. 그의 계획하에 스탈린에 대한 비판의 목소리가 걷잡을 수 없이 커지자 소련 정부는 더 이상 여론을 통제할 수 없는 지경에 이르렀다. 이념을 기반으로 세워진 소련 사회는 위태롭게 흔들리기 시작했다.

소련은 페레스트로이카를 바탕으로 외교 관계를 바꾸고 미국과의 관계를 개선하기 위해 노력했다. 지금까지 소련을 유지하기 위해 탈퇴를 금지하고 강압적인 태도를 보여왔던 동유럽 국가에도 '자유로운 선택'의 원칙을 제시했다. 실제로 동유럽 지역에서 반정부 움직임이 일어나도 소련이 더 이상 관여하지 않자 이들 동유럽 국가는 급속히 변화하기 시작했고, 이들의 변화는 소련 전체의 기반과도 같은 이념을 뿌리째 흔들어 놓았다.

8·19사건

정치체계에 대한 개혁이 이루어지자 그동안 드러나지 않았던 민족 사이의 갈등이 불거지기 시작했다. 민감한 민족 문제가 화산처럼 터지기 시작하자 소련 사회는 전에 없던 엄청난 혼란에 빠졌다. 아제르바이잔과 아르메니아 사이에 대규모 군사 충돌이 일어났고 폴란드 해안의 리투아니아, 라트비아와 에스토니아가 소비에트 연방에서 탈퇴했다.

1990년 3월, 소련은 제3회 긴급 인민 대표 대회를 열고 소련 헌법을 대폭 수정하여 '소련은 국가 정치에서 절대적인 지도자의 위치에 있다'라는 조항을 삭제했다. 또한 공산당과 국가를 분리하기 위해 대통령제와 다른 정당의 활동을 허락하는 다당제를 도입하기로 하고 고르바초프를 초대 대통령으로 선출했다. 이때부터 소련은 정치면에서 엄청난 변화를 겪었다. 고르바초프가 마련한 대통령 위원회는 공산당 정치국을 대신해 소련의 실질적인 최고 정책결정기구가 되었다. 같은 해 7월에 열린 제28회 인민 대표 대회에서 소련 정부는 '인도주의적, 민주적인 사회주의'를 공산당 개혁의 기본 이념이자 최종 목표로 정한다는 내용의 성명을 발표했다. 소련은 이를 이념적 방침으로 삼고 공산당만을 유일한 정당으로 허락하는 단당제 대신 다당제와 의회민주제를 도입했다. 이 때문에 중앙정치국의 지위는 또 한 번 추락했고 공산당 조직도 예전 같지 않았다.

공산당이 지도적 지위를 잃자 마르크스-레닌주의도 더 이상 소련의 유일한 이념이 아니었다. 경제적으로도 사회주의에서 주장하는 공유제가 폐지되고 사유제가 실시되면서 시장 경제로 전환되기 시작했다. 이처럼 소련의 정치, 경제, 이데올로기는 한꺼번에 거대한 변화를 겪게 되었고 정치와 경제, 민족 관계 등 모든 면에서 총체적인 위기를 맞았다.

1991년, 소련의 국내 상황은 전면적으로 악화했다. 정부가 소비 상품 가격을 한꺼번에 올리면서 대중의 불만은 커졌고 3월에는 전국

광산 노동자들이 총파업을 시작하면서 경제가 흔들리기 시삭했다.

이처럼 국민 경제가 빠르게 붕괴할 때 소련 각지의 민족들은 잇따라 독립운동에 나섰다. 6월, 러시아 연방은 주권 선언에서 러시아 공화국은 법률을 '가장 높은 위치'에 둔다고 선포했다. 얼마 후 벨라루스, 우크라이나 등의 회원국도 주권 선언을 하면서 소련은 해체 위기에 몰렸다. 3월에 열린 소련 국민투표에서 아주 많은 사람이 소비에트 연방을 유지하는 데 찬성했지만 고르바초프는 온갖 압력을 견디지 못하고 9개 회원국 지도자들과 협상을 거듭한 후 소련의 권력을 대폭 줄이는 새로운 연방 협정에 서명했다. 새로운 협정에 따라 소련은 연방국이 되었다.

정국이 요동치면서 소련 국내의 각종 정치 세력도 빠르게 재조직되었고 전통파와 급진파의 갈등은 파국으로 치달았다. 전통파는 해체 직전의 소련을 구하고자 1991년 8월 19일, 쿠데타를 일으켰으나 실패했다. 부통령인 야나예프는 고르바초프가 건강상의 이유로 직

▼ 러시아 상트페테르부르크의 음악분수

무를 수행할 수 없게 되었다며 대통령 대리로 나서 국가 비상사태위원회를 구성했다. 이에 급진파인 러시아 옐친 대통령은 국민을 대상으로 한 연설에서 야나예프의 쿠데타를 비난했다. 국민과 군대, 그리고 대다수 공산당 원의 반대에 쿠데타는 3일 만에 실패를 선언했고 고르바초프는 8월 22일에 모스크바로 돌아왔다.

▲ 러시아 지도자 옐친

초강대국이 사라지다

8·19사건 이후, 소련 공산당 조직은 빠르게 와해되면서 해체의 길을 걸었다. 고르바초프는 사실상 실권했고 쿠데타를 평정하는 데 가장 큰 역할을 했던 러시아의 옐친 대통령이 실권을 잡았다. 그해 8월 23일 옐친은 공산당이 더 이상 러시아에서 활동하지 못하게 하고 소련 공산당 중앙 건물을 몰수했다. 그래서 8월 24일 고르바초프는 쫓기듯 소련 공산당 서기장에서 물러나 소련 공산당 중앙위원회가 '자동으로 해산'할 수 있도록 했다. 소련 공산당 중앙위원회의 해산 이후 각 회원국의 공산당 조직이 하나 둘 무너졌다. 활동 정지, 자동 해산 혹은 당 이름을 바꾸는 식이었다. 이와 함께 옐친이 이끄는 급진민주파는 신속하게 소련 공산당을 국가 정권 체제 내에서 몰아냈다. 88년의 역사와 당원 1,500만 명을 자랑하던 소련 공산당은 이렇듯 순식간에 역사 속으로 사라졌다.

한편 각 회원국이 다시 독립운동을 시작하면서 소련의 운명도 위태로워졌다. 8월 24일에 두 번째로 큰 회원국이었던 우크라이나가 독립을 선언한 이후 8월 말까지 벨라루스, 모르도바, 아제르바이잔, 우즈베키스탄, 키르기스스탄이 독립했고 9월과 10월 사이에는 아르메니아, 투르크메니스탄이 잇따라 독립을 선포했다. 갈기갈기 찢어진 소련은 더 이상 연합이 아니었다. 12월 8일에 러시아와 우크라이나, 벨라루스의 지도자들은 '독립국가연합(CIS)'의 탄생을 선포했다.

12월 25일 고르바초프는 소련 대통령 퇴임 성명을 발표했고, 그 다음 날 소련은 마지막 회의를 끝으로 소련의 공식 해체를 결정했다. 한 시대를 풍미하던 초강대국은 이렇게 역사의 뒤안길로 사라졌다.

제 2 장

다원화되는 세계

흩어진 남아시아 인도-파키스탄 전쟁

한때 찬란한 고대 문명을 품었던 인도는 드디어 200년 가까이 이어지던 식민 통치에서 벗어나게 되었다. 그러나 이번에는 또 다른 고통과 수난이 인도 땅을 집어삼켰다. 독립을 위해 함께 싸워온 두 민족이 서로 다른 종교 때문에 으르렁대다가 결국 무기를 집어든 것이다. 인도-파키스탄 전쟁은 이렇게 시작되었다.

카슈미르 충돌

18세기 중엽부터 영국의 식민지가 된 인도는 아시아 최대의 식민지로서 영국에 엄청난 부를 안겨주며 '영국 왕관의 보석'이라는 별명까지 얻었다. 제2차 세계대전 이후 인도의 민족 독립운동도 빠르게 발전했고 전에 없던 대규모 반 영국 투쟁이 벌어졌다. 562개 부락으로 이루어진 인도사회는 카스트 계급이 3,000여 개나 있었는데, 계층 간의 갈등과 빈부격차, 그리고 카스트 간의 마찰 등 여러 가지 문제 때문에 나라 전체가 하나로 뭉치기가 어려웠다. 민족도 다양하고 종교도 각양각색이라 각 민족 간, 교파 간에도 오랜 원한이 쌓여 있던 인도는 독립운동에 어려움을 겪다가 결국 분열을 맞고 말았다.

영국이 오랫동안 인도에서 펼친 '분할 통치' 정책은 힌두교도와 이슬람교 사이의 갈등을 빚었다. 간디와 자와할랄 네루를 중심으로 한 국대당과 무하마드 알리 진나를 중심으로 한 무슬림연맹은 함께 반 영국 투쟁을 이끌었지만 건국 문제에 대해서는 가장 심하게 대립했다. 국대당은 통일 인도를 세울 것을 주장했고 무슬림연맹은 분할 통치를 유지해 무슬림 밀집 지역에는 독립된 파키스탄을 세워야 한다고 고집했다. 한편 이 둘이 다투는 것을 지켜보던 영국은 양쪽을 자극해 더 큰 싸움이 나도록 부추기며 인도를 계속 자신의 식민지로 유지할 궁리를 했다.

1947년 6월 3일, 마지막 인도 총독인 마운트배튼 경이 '마운트배튼 방안'이라고 불리는 인도 분할 제안을 내 놓았다. 국대당과 무슬림연맹, 그리고 영국이 협상한 결과였던 마운트배튼 방안은 종교 원칙을 바탕으로 인도를 인도스탄과 파키스탄 두 자치령[4]으로 나눈다

---

4) 대영제국의 식민지 제도하의 특수한 국가 체제

▲ 1947년, 인도의 마지막 총독
이 된 마운트배튼 경과 부인

는 내용을 담고 있었다. 영국은 체면을 유지하면서 뒤로 물러났고
국대당과 무슬림연맹은 권력과 민족적, 종교적 이익을 따져본 후 이
방안을 받아들였다. 8월 14일과 15일, 파키스탄과 인도가 각각 독립
을 선언하면서 인도는 무려 190년간 이어진 영국의 식민 통치로부
터 해방되었다. 그 후 1950년 1월 26일 인도공화국이 건국되었고 파
키스탄이슬람공화국은 1956년 3월 23일 건국을 선언했다.

　인도와 파키스탄이 분열되자 각 민족의 대이동이 시작되었고 인
도 반도에는 '카슈미르 분쟁' 등 민족과 교파 사이의 살인과 탈출이
잇따랐다.

　인도 반도의 북서부 산지에 위치한 카슈미르는 인도에서 두 번째
로 큰 지역으로 인도, 파키스탄, 중국, 아프가니스탄 사이에 놓여 있
다. 총 면적이 21만 제곱킬로미터로 전략적으로 매우 중요한 요지이

▲ 1947년 8월 21일, 힌두교도와 무슬림이 뭄바이 거리에서 독립을 기뻐하고 있다. 마운트배튼 총독은 1947년 8월 15일 인도의 독립을 공식 선포했다.

다. 이 지역 주민의 77퍼센트가 이슬람교도이고 20퍼센트는 힌두교도이며 나머지 소수의 주민이 불교를 믿었다.

1947년 인도와 파키스탄이 분열되자 인도는 카슈미르 의회를 움직여 카슈미르가 인도에 귀속된다고 선언하게 만들었는데, 이때 파키스탄이 강력하게 반대하고 나섰다. 그 결과 10월 27일 양측이 카슈미르에서 충돌하면서 제1차 인도-파키스칸 전쟁이 벌어졌다. 1년 넘게 이어진 이 전쟁으로 두 나라에서 수많은 사람이 희생되었지만 결국 승패를 내지 못한 채 유엔의 중재로 휴전했고 카슈미르는 둘로 나뉘었다. 인도는 5분의 3에 해당하는 토지와 인구의 4분의 3에 권리를 행사할 수 있게 되었고 나머지는 파키스탄의 손에 들어갔다. 그러나 이번 전쟁으로 카슈미르의 귀속 문제가 완전히 해결된 것은 아니었다. 이후 이 문제를 둘러싸고 인도와 파키스탄은 오랫동안 갈등을 겪게 되었다.

제2차 인도-파키스탄 전쟁

1965년 초, 인도와 파키스탄이 또다시 충돌했다. 얼마 뒤 인도 정부가 카슈미르는 인도의 일부라며 '토론과 협상의 여지가 없는 기정사실'이라고 말했고, 이 말이 파키스탄의 화를 자극하면서 2차 인도-파키스탄 전쟁이 벌어졌다.

1965년 8월 5일 파키스탄은 카슈미르의 인도 관할 지역에 일명 '자유무사단'이라고 불리는 무슬림 무장 단체를 보내 인도를 공격했다. 파키스탄 정규군도 그 뒤를 따랐다. 그러나 8월 28일부터 인도군이 반격하기 시작하자 전선은 순식간에 파키스탄 쪽으로 밀렸다. 9월 6일, 인도군이 파키스탄을 대대적으로 공격했고 파키스탄군은 남쪽에서 반격하며 인도 영토 안쪽으로 치고 들어갔다. 카슈미르에서 시작된 싸움이 전면전으로 번진 것이다.

그러나 전쟁은 다시 승패를 가릴 수 없게 되었고 또다시 유엔 안보리가 중재에 나서 9월 23일에 휴전했다. 1966년 1월 4일, 인도와 파키스탄은 우즈베키스탄 수도 타슈켄트에서 소련이 주도한 '타슈켄트 선언'에 서명하고 평화적인 방법으로 문제를 해결하기로 했다. 그리고 1966년 8월 5일까지 각자의 진영에서 군대를 철수하기로 했다.

제3차 인도-파키스탄 전쟁

영국이 인도를 분할 통치했을 때부터 파키스탄은 인도에 의해 2,000킬로미터가량 떨어진 채 동쪽 지역과 서쪽 지역의 두 부분으로 분리되어 있었다. 동파키스탄 주민들도 대부분 이슬람교를 믿었지만 언어와 문화, 풍습 등이 서파키스탄과 많이 달랐다. 독립 이후 동파키스탄의 크기는 파키스탄 총 면적의 16퍼센트에 불과했지만 동파키스탄에 사는 방글라데시족의 인구 수는 총인구의 56퍼센트에 달했다. 그런데 서파키스탄 사람들이 파키스탄의 중앙 정권을 장악했고, 동파키스탄 사람들은 상대적으로 밀려나 무시당했다. 경제적으로도 동파키스탄의 농산품 수출이 막대한 수입을 거두었지만 서파키스탄은 정치적 지위를 이용해 더 많은 예산을 차지했고 동파키스탄은 오히려 도시 건설 비용을 충분히 확보하지 못했다. 양측 사이의 경제 격차가 점점 벌어지면서 갈등도 더욱 깊어져 결국 동파키

인도-파키스탄 미사일

근대에 이르러 인도는 '다양한 색채를 가진 대국'의 꿈을 이루기 위해 군비를 늘리고 사정거리에 따라 4종류로 나뉘는 전략미사일을 개발했다. 사정거리가 700킬로미터인 '아그니(Agni) 1호', 2,500킬로미터인 '아그니 2호', 3,500킬로미터인 '아그니 3호', 그리고 아그니 3호보다 무게는 절반 이하로 가벼우면서 1톤의 핵탄두를 실을 수 있는 '아그니 4호'를 보유하고 있으며 현재 대륙간 탄도미사일 '아그니 5호'를 개발 중이다. 파키스탄도 이에 대응하기 위해 자체적으로 미사일을 개발했다.

스탄은 더 많은 자주권을 요구하게 되었다.

1970년에 치러진 파키스탄 선거에서 셰이크 무지부르 라흐만이 이끄는 '아와미 연맹'이 승리해 가장 많은 의석을 확보했다. 동서 파키스탄의 완전한 평등을 내세운 이 정당은 동파키스탄에서 많은 지지를 얻었다. 아와미 연맹은 중앙 의회에서 동파키스탄의 자치를 주장하는 '6대 강령'을 제시했지만 파키스탄 중앙 정부로부터 거절당했다. 1971년 3월, 파키스탄 대통령 아유브 칸이 아와미 연맹이 위법 단체라며 동파키스탄에 군대를 보냈고 이에 아와미 연맹 회원들은 인도로 몸을 피해 방글라데시 임시 정부를 세웠다.

파키스탄이 둘로 갈라져 서로 싸우며 약해지기를 바라던 인도는 파키스탄 내정에 적극적으로 간섭하며 동파키스탄의 독립을 도왔다. 1971년 3월, 인도는 내각 회의를 열고 동파키스탄이 독립하여 방글라데시를 건국할 수 있도록 돕기로 결정했다. 이와 함께 인도군이 파키스탄과의 국경 지역에 집결해 대규모 군사 훈련을 실시하며 파키스탄을 위협하기 시작했다. 같은 해 7월 인도는 '방글라데시 해방' 작전 계획을 세웠다. 8월 9일, 인도는 소련과 군사 동맹 성격의 '평화우호적협력조약'을 맺고 소련의 지지를 얻는 동시에 서방 국가의 간섭을 막아낼 수 있게 되었다.

1971년 11월 21일, 철저한 준비를 마친 인도군이 파키스탄을 기습하며 순식간에 동파키스탄 땅에 침입했다. 이때 서부 전선의 파키스탄군을 제압하기 위해 인도군은 12월 2일에 카슈미르 군사분계선을 넘어 서파키스탄으로 진격했고, 파키스탄이 서둘러 반격하면서 제3차 인도-파키스탄 전쟁이 시작되었다. 전쟁은 동파키스탄과 서파키스탄에서 동시에 전개되었다. 동파키스탄을 차지하는 것이 인도의 목표였기 때문이다. 파키스탄은 각 전략적 요충지를 지키기 위해 최선을 다했다. 동파키스탄 전장에서는 인도의 군사력이 파키스탄을 훨씬 앞섰기에 동파키스탄은 12월 16일 항복했고, 다음 날에는 서파키스탄에서 벌어지던 전쟁도 휴전되었다.

이 전쟁으로 파키스탄은 둘로 갈라졌고 새로운 국가가 탄생했다. 인도의 지지 하에 1972년 방글라데시가 건국되었고 이로써 파키스탄의 힘을 꺾어놓으려던 인도의 바람도 이루어졌다. 이때부터 인도는 파키스탄을 훨씬 뛰어넘는 강대국이 되었다.

인도의 정치 명문 네루-간디 가문

인도 유력 정치 가문인 네루-간디 가문은 인도 국대당의 핵심이 되었다. 역사상 총리를 세 명이나 배출했지만 그 중 두 명이 암살당하기도 했다. 지금까지 3대를 거치며 무려 37년간 인도 정치를 이끌어 온 네루-간디 가문은 이제 새로운 역사를 기록하기 위해 세대교체를 진행 중이다.

빛나는 시작

인도의 네루-간디 가문은 인도가 독립한 이후 60년 동안 총리 3명을 배출하며 40년 가까이 인도를 통치했다. 인도 정계에서 막대한 영향력을 지닌 이 가문은 인도의 가장으로 불리기도 한다.

네루 가문의 조상은 카스트에서 가장 높은 계급인 브라만이었다. 네루 총리의 무남독녀인 인디라 네루가 결혼한 다음 남편의 성을 따라 인디라 간디로 이름을 바꾸면서 네루-간디 가문이라고 불리게 되었다.

네루 가문의 조상은 한때 인도 황제로부터 매우 존경받던 카슈미르 출신 학자였다. 1857년 인도 민족 대봉기가 일어나 제국이 멸망하면서 대대로 나라의 고급 관리였던 네루 가문도 휘청했지만 모틸랄 네루가 10여 년 만에 가문을 다시 일으켰다. 인도 독립운동 초기의 독립운동가였던 모틸랄 네루는 '첫 번째 인도인'이라 불리며 인도에서 크나큰 명예를 누렸다. 그는 인도 국대당 당수를 지내며 간디가 등장하기 전까지 매우 중요한 역할을 했는데, 유명한 〈네루보고서〉에서 미래 인도 정부 체제를 자세히 그려 보이기도 했다.

인도 북방 우타르프라데시 주 알라하바드에서 유명한 변호사로 부유하게 살던 모틸랄 네루는 일찍부터 화려한 유럽식 생활 방식을 누려왔다. 그

▼ 1946년, 뭄바이의 인도 국대당 회의에서 인도민족해방운동을 이끌었던 간디(1869~1948년)와 자와할랄 네루(1889~1964년)가 이야기를 나누고 있다.

중 가장 중요한 부분은 자녀들을 유럽식으로 교육시켰다는 것이다. 아들 자와할랄 네루는 영국에서 7년간 공부한 뒤 1912년 런던에서 변호사 자격을 취득해 귀국했다.

그로부터 얼마 지나지 않아 제1차 세계대전이 끝나고 러시아가 10월 혁명을 성공시켰다. 인도에서도 간디가 이끄는 비폭력 저항 운동 '사티아그라하'가 빠르게 확산되고 있었다. 비폭력 저항 운동이 인도 사회의 전통과 잘 맞을 뿐만 아니라 인도 사회의 현실에도 적합하다고 판단한 자와할랄 네루는 이 운동에 적극적으로 참여했으며 1921년부터 1945년까지 아홉 차례나 수감되며 인도의 독립과 자유를 위해 많은 공헌을 했다. 네루는 1933년 이후부터 인도 국대당의 실질적인 최고 지도자가 되었다.

1947년 8월 15일, 인도가 독립하자 네루는 '아무리 바람이 강하고 파도가 높다 해도 우리는 자유를 영원히 지켜낼 것이다'라고 선언했다. 네루는 인도가 독립한 후 초대 총리가 되었고 1964년 사망할 때까지 인도 총리와 국대당 당수를 지냈다.

임기 동안 그는 인도를 다양한 색채를 가진 대국으로 만들기 위해 헌법을 제정하고 선거, 문관 제도, 의회민주주의 등 각종 정책을 펼쳤다. 재력과 무력으로 554개 부락을 합병하고 민족과 언어에 따라 행정 구획을 새로 만들었다. 중앙과 지방에 국대당 정부를 조직하여 봉건 세력을 통제하고 진정한 의미의 인도 통일을 이루었다. 또한 네루는 토지 개혁을 실시하고 불합리한 제도를 폐지했다.

국내 경제 방면에서 네루는 공공경제와 민간경제를 함께 채택하는 경제 방침을 제시했다. 자본주의 경제를 위주로 하되 사회주의 계획 경제를 혼합한 경제 정책이었다. 그리고 소련의 5개년 계획을 본떠 국가계획위원회를 조직하고 '사회주의와 유사한 사회'를 세우려 했다. 대외 정책 방면에서 네루는 인도를 계속해서 영국 연방에 남겨두기로 했지만 식민주의 정책에는 적극적으로 반대하며 프랑스와 포르투갈로부터 인도 영토를 돌려받았다. 또한 네루는 아시아아프리카회의의 발기인 중 하나가 되었고 1954년에는 중국 저우언라이 총리와 평화 공존의 다섯 가지 원칙을 공동으로 발표하기도 했다. 1961년에는 티토, 나세르와 비동맹 운동을 펼치기도 했다.

▲ 자와할랄 네루의 동상

네루는 인도 독립의 아버지로서 인도 사람들의 존경과 사랑을 한 몸에 받았다. 1964년 5월 27일 그가 병으로 세상을 떠났을 때 군중 300만 명이 몰려들어 그의 장례 행렬을 지켜보았다.

어머니와 아들, 가문의 역사를 이어나가다

인디라 간디는 1917년에 자와할랄 네루 총리의 무남독녀로 태어났다. 어린 시절을 스위스에서 보내고 나중에 다시 영국으로 유학을 떠나 옥스퍼드 대학에서 정치, 역사, 인류학 등 여러 전공을 공부했다. 할아버지와 아버지의 영향을 받은 인디라는 독립운동에 적극적으로 참여했는데, 열두 살 때부터 이미 저항 운동에 참여했고 스물한 살에 국대당에 입당했다. 인도가 독립한 후, 인디라는 아버지와 함께 각종 외교 활동에 참여하여 미국, 중국, 소련, 프랑스 등을 방문하고 영국 연방의 총리회의와 아시아아프리카회의에 참석했다. 네루는 말년에 퇴임한 후 딸이 순조롭게 후계를 이을 수 있도록 여러모로 준비를 해주기도 했다.

1964년 네루가 세상을 떠나자 국대당은 인디라를 총리 선거에 참여시켰고 그녀는 여러 가지 정치적 풍파를 겪은 후 1967년 인도 최초의 여성총리가 되었다. 그 후 1971년 연임에 성공했고 1980년 대선에서도 또 한 차례 승리를 거두었다. 이렇게 해서 인디라 간디는 1966년부터 1984년까지 10년 이상 인도 총리를 역임했으며 외교, 국방, 내정장관 등의 직무를 겸임하기도 했다.

인디라 간디는 인도 근대 정치인 가운데 유명한 동시에 가장 큰 논란의 대상이 되는 인물이다. 그녀는 인도의 발전에 지대한 공로를 세우기도 했지만 강경한 정치적 태도로 많은 비난을 받기도 했다. 자기주장이 확실하고 한 번 결정한 일은 무슨 일이 있어도 밀고 나가는 성격이었던 인디라 간디는 '인도의 철의 여인'으로 불렸다. 집권하는 동안 기본적으로 네루의 정책을 따랐던 그녀는 '녹색 혁명'과 '백색 혁명'이라는 경제 발전 전략을 세워 기본적인 식량과 우유 공급 문제

▼ 인디라 간디 초상

▲ 인디라 간디 동상

를 해결했다. 대외적으로는 비동맹 운동을 계속 펼쳐나가는 동시에 제3차 인도-파키스탄 전쟁을 승리로 이끌었다.

1970년대 말과 1980년대 초, 경제가 발전하면서 빈부 격차, 양극화, 민족 갈등, 종교 문제 등 오랫동안 인도를 괴롭히던 사회 문제가 불거지기 시작했다. 1984년 6월 3일에는 분리 운동을 벌이던 시크교도를 진압하기 위해 시크교의 성지인 황금 사원으로 군대를 보내기도 했다. 시크교도들은 이 군사 행동이 성지에 대한 모독이자 시크교도인을 학살하는 것이라고 생각했다. 결국 1984년 10월 31일 인디라 간디는 총리관서에서 자신을 경호하던 시크교도가 쏜 총에 맞아 사망했다. 당시 그녀의 나이 예순일곱이었다.

인디라 간디가 암살당한 지 불과 아홉 시간 만에 그녀의 아들 라지브 간디가 대통령 관저에서 총리 취임 선서를 했다. 네루-간디 가문 출신의 세 번째 총리였다. 라지브 간디는 어린 시절부터 인도 전통문화를 접했고 전통적 종교 도덕관념을 받아들이며 자랐다. 동시에 영국에서 오랫동안 유학했으며 케임브리지 대학에서 공부한 후 이탈리아 출신의 소녀와 결혼한 그는 1980년 6월에 정치에 발을 디뎠다.

위험한 시기에 총리로 취임한 라지브 간디는 '기술의 현대화를 이루고 경제 발전을 가속화시키기 위한 전략적 목표'를 제시했다. 그는 인도를 과학 기술 강국으로 만들고 컴퓨터를 바탕으로 하여 21세기로 나아가려 했다. 한편 국내 문제에 대해서는 대화로 민족과 종교의 갈등을 해결해나갈 것을 주장했다. 이웃 나라들과의 외교적 문제도 평화롭게 해결하려 했던 라지브 간디는 많은 노력 끝에 남아시아 지역연맹을 만들어내기도 했다.

그러나 인도는 종교 갈등과 민족 문제라는 고질병에 끊임없이 시달렸고 정부가 스리랑카에 군대까지 파견하면서 대중의 불만을 샀다. 게다가 정치적 추문까지 발생하여 라지브 간디는 1989년 11월 선거에서 패배했고 총리직에서 물러났다. 1991년 5월, 인도 남부에서 열린 경전 집회에서 라지브 간디는 스리랑카 타밀엘람해방호랑이(LTTE) 소속의 여성이 저지른 자살 폭탄 테러로 목숨을 잃었다.

가문의 미래를 짊어질 새로운 별

라지브 간디가 암살당한 후, 네루-간디 가문은 정치적 명맥이 끊어졌고 국대당에서의 세력도 땅에 떨어졌다. 국대당 의원들은 라지브 간디의 미망인인 소냐 간디에게 희망을 걸었지만 소냐는 정치 참여 제의를 끝까지 거절하다가 1998년 드디어 국대당 당수로 정계에 진출하여 정당을 개혁하기 시작했다. 많은 노력을 기울인 끝에 국대당은 2004년 대선에서 인민당을 누르고 9년 만에 다시 여당이 되었고, 네루-간디 가문도 인도 정치계로 복귀하게 되었다. 소냐 간디는 국대당 당수로 활동하면서도 아들 라울 간디를 의회에 진출시켰다. 현재 라울은 여동생과 함께 인도 정계에서 활약하고 있다.

네루-간디 가문의 4대 계승자인 라울 간디는 인도에서 새롭게 촉망받는 샛별이 되었다. 소냐는 이미 아들 라울을 네루-간디 가문의 후계자로 세우기 위해 길을 닦아 두었으며, 라울 간디는 차기 국대당 당수로 유력시되고 있다. 또한 라울 간디는 제4대 총리가 되어 네루-간디 가문의 정치적 사명을 계승할 가능성도 큰 것으로 보인다.

석유는 우리의 무기 오펙

오늘날 세계의 모든 이들이 석유의 중요성을 알고 있다. 경제의 심장이라고 할 수 있는 석유는 세계대전 이후 서방 경제의 급속한 발전을 이루어 냈다. 서방 선진국이 석유 생산을 독점하여 엄청난 이윤을 거두었기 때문이다. 하지만 제3세계 산유국은 석유를 팔아 얻은 이익을 거의 누릴 수 없었다. 이러한 상황에서 탄생한 석유수출국기구 오펙(OPEC)은 현재 세계 석유 시장에서 막강한 영향력을 행사하고 있다.

석유 자원의 분배

석유는 현대 사회 발선에 없어서는 안 되는 자원으로 국민 경제에서도 흔들리지 않는 막대한 지위를 차지하고 있다. 만약 석유와 천연가스 등 중요한 자원이 없다면 인류가 이룬 모든 현대 물질문명도 사라져버릴 것이다. 그러나 석유와 천연가스는 다른 자원으로 대체할 수 없는 자원이다. 냉전이 종식된 이후 각국의 산업이 빠르게 발전하고 인구가 급증하며 생활수준이 향상되었고 에너지 소비도 점점 늘어났다. 이에 따른 자원 고갈도 심각해지고 있다.

더군다나 석유는 모든 국가에 골고루 매장되어 있지 않아서 석유자원을 둘러싼 다툼이 지역 분쟁을 일으키기도 한다. 통계에 의하면 2003년 말까지 매장이 확인된 석유 가운데 중동 지역이 가장 많은 995억 8천만 톤을 갖고 있다고 한다. 이는 전 세계 석유 매장량에서 57.4퍼센트에 해당하는 양으로 아랍에미리트, 이란, 쿠웨이트, 이라크, 암만, 카타르, 시리아 등의 국가에 묻혀 있다. 오늘날 이들 국가가 생산하는 석유량은 전 세계 생산량의 30.4퍼센트에 해당한다. 2위는 북미 지역으로 전체의 17.2퍼센트에 해당하는 297억 6천만 톤을 보유하고 있다. 이 가운데 245억 톤이 매장되어 있는 캐나다가 사우디아라비아에 이어 석유매장량 2위를 기록했다. 구소련 지역에서는 독립국가연합의 매장량이 전체의 6.11퍼센트인 106억 톤이며 이 지역은 현재 4억 9천만 톤의 석유를 생산하며 전 세계 석유 생산의 14.5퍼센트를 차지하고 있다. 이 가운데 러시아가 캐나다의 뒤를 이어 3위 석유 강국으로 이름을 올렸다. 지구 상에 매장되어 있는 석유는 이 세 지역 외에도 여기저기 분산되어 있다. 그중에서 아시

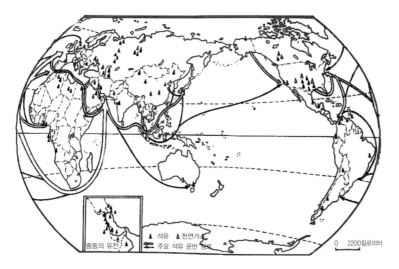

아태평양 지역에 52억 4천만 톤, 아프리카 지역에 110억 톤, 남미 지역에 134억 톤이 각각 묻혀 있다.

　북미와 서유럽, 아시아태평양, 이 세 지역이 보유한 석유는 전 세계 매장량의 22퍼센트에도 미치지 못하지만, 이들 지역에서 소비되는 석유량은 전 세계 생산량의 80퍼센트에 달한다. 세계 최대의 석유소비국인 미국은 매년 소비하는 석유의 3분의 2를 수입하는데 그 중 60퍼센트가 중동에서 생산된다. 또한 석유를 거의 생산하지 못하는 서유럽 국가도 석유의 70퍼센트를 수입에 의존하고 있다. 즉 세계의 석유의 생산과 소비 관계는 균형적이지 못하며 어떤 지역에서는 보유한 자원보다 훨씬 많은 양을 소비하고 있다. 석유 자원이 국가 발전에서 대단히 중요한 위치를 차지하는 만큼 각국은 석유를 더 많이 확보하기 위해 경쟁을 벌일 수밖에 없다. 경쟁이 치열해짐에 따라 자원 전략은 강대국의 지정학적 경제 전략의 중요한 부분이 되었다.

오펙

　제3세계의 주요 산유국은 서방 석유 독점 기업으로부터 자신들이 석유로부터 얻는 이익을 보호하고자 뭉치기로 했다. 1960년 9월 10일 이란, 이라크, 쿠웨이트, 사우디아라비아, 베네수엘라의 다섯 개 나

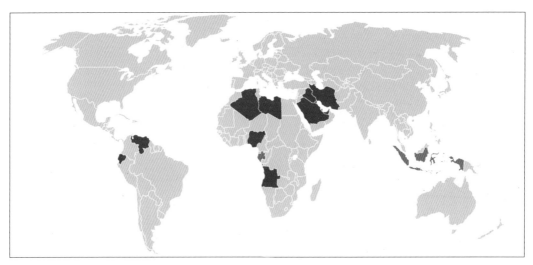

▲ 오펙 회원국(현재 회원국과 전 회원국)의 분포

라의 대표가 바그다드에 모여 협력 기구 설립을 의논했다. 14일 석유 수출국기구의 성립을 공식 발표하고 '오펙' 이라는 이름을 붙였다. 제 3세계 국가가 최초로 만든 오펙은 최대의 영향력을 가진 원유 생산과 수출 기구가 되었다.

회원국이 늘어나면서 오펙은 유럽, 아프리카, 라틴아메리카의 주요 산유국들을 포함한 국제석유기구로 성장했다. 아시아, 아프리카, 라틴아메리카의 제3세계 산유국은 국제 석유를 독점하는 자본의 영향력을 견제하고 자국의 석유 자원과 그에 따른 이익을 보호하기 위해 이 기구를 설립했다. 오펙 회의, 이사회와 사무처 등의 주요 조직으로 이루어져 있으며 오스트리아 빈에 본부가 있다. 회원국 수는 최초의 5개국에서 현재 12개국으로 늘어났고 창립 멤버 다섯 나라 외에 카타르, 알제리, 에콰도르, 가봉, 리비아, 나이지리아, 아랍에미리트가 기구에 가입했다.

오펙 회원국은 전 세계 3분의 2에 해당하는 석유를 보유하고 있다. 오펙 회원국의 석유 생산량은 전 세계 석유 생산량의 40퍼센트 수준에 불과하지만 오펙 회원국들의 석유 수출량은 세계 석유 무역의 60퍼센트를 차지한다. 그래서 국제 석유 시장에 대한 오펙의 영향력을 무시할 수 없다. 특히 오펙이 석유 생산량을 늘리거나 줄이면 국제 석유 가격도 그에 따라 어김없이 변동하는 실정이다.

서방 석유 독점 기업들은 세계대전 종전 직후 세계 석유 탐사와 채굴, 판매까지 모든 과정을 완전히 장악하고 있었다. 독점 자본 덕분에 서방 선진국들은 막대한 이윤을 손에 넣었으나 제3세계 산유국들은 석유를 팔고도 제대로 된 수입을 얻을 수 없었다. 이런 상황에서 오펙은 회원국 간의 석유 정책을 조정하고 서방 석유 독점 기업과의 협상에서 통일된 행동을 취함으로써 산유국의 석유 이익을 보호하고자 결성되었다. 1970년대에 오펙은 석유 단가를 높이도록 서방 석유 독점 기업에 여러 차례 압박을 가하거나 일방적으로 석유 가격을 올리는 방법으로 국제 석유 가격에 대한 조정권을 확보했다. 이로써 국제 경제 질서에 개혁의 바람이 일기 시작했다.

오늘날 오펙은 석유 생산량을 적절히 늘리거나 줄여 불필요한 가격 변동을 억제하고 국제 석유 시장을 안정시켜 회원국의 수입을 확보할 뿐만 아니라 석유 소비국에게도 안정적으로 석유를 공급하고 있다. 최근 오펙은 석유 가격을 대폭 올리는 방법으로 서방 선진국의 경제적 압박에 맞서며 세계 경제의 또 다른 축으로 자리 잡았다.

석유 파동

파키스탄-이스라엘 충돌은 오펙이 정치적 기구로 발전하는 계기가 되었다. 이때부터 오펙은 기업들의 연합이 아닌 무시할 수 없는

블랙 골드, 석유

고대 바다나 호수에 살던 생물이 오랜 세월 지질 변화를 겪으며 변화한 것이 오늘날의 석유이다. 지하에서 갓 채굴한 석유는 흑갈색을 띤 끈적끈적한 액체 형태이며 탄화수소, 황화합물, 질소산화물 등이 혼합되어 있다. 액체 형태를 띠면서 연소가 가능한 이 화석 연료는 세계에서 가장 중요한 에너지원이 되었다. 휘발유, 경유 등이 모두 원유를 정제해 만든 것이다. 그뿐만 아니라 석유는 현재 가장 중요한 화학 공업의 원료가 된다. 화학 산업이 필요로 하는 다양한 화합물도 석유와 천연가스에서 얻으며 이것이 화학 비료, 살충제, 플라스틱의 원료가 된다. 오늘날 채굴된 석유는 88퍼센트가 연료로, 12퍼센트는 공업 원료로 쓰인다.

현대 산업 사회에서 가장 중요한 원료이며 경제를 움직이는 동맥으로 석유는 '블랙 골드'라고 불린다. 그래서 일부 지역에서는 석유 때문에 다툼이 끊이지 않으며, 전 세계 군사 충돌의 주요 원인이기도 하다.

◀ 오스트리아 빈의 오펙 본부

정치 세력으로 성장했다. 1967년 제3차 중동 전쟁 이후, 오펙의 아랍 회원국들은 아랍석유수출국기구를 세우고 이스라엘을 지지하는 서방국가에 압력을 가했다. 1973년 제4차 중동 전쟁이 발발하자 아랍 국가들은 석유를 이용한 전략을 세웠다. 전쟁 중에 이스라엘이 미국으로부터 받은 긴급 지원으로 이집트와 시리아의 공격을 막아내자 아랍석유수출국은 1973년 이스라엘을 일방적으로 도운 미국, 서유럽 국가, 일본에 석유 수출을 중단하고 원유 가격을 배럴당 3.011달러에서 10.651달러로 올렸다. 유가 폭등은 제2차 세계대전 이후 가장 심각한 국제 경제 위기였고, 서방 국가는 이를 석유 파동이라고 불렀다. 3년간 이어진 이 위기로 선진국 경제는 심각한 타격을 입었다. 미국과 일본의 산업 생산량은 각각 14퍼센트와 20퍼센트 이상씩 하락했으며 거의 모든 산업 국가의 경제 성장이 멈추다시피 했다.

최근 수십 년 사이에 발생한 가장 눈에 띄는 국제 관계 변화는 바로 식유를 둘러싼 전쟁과 충돌이 끊이지 않고 있다는 점이다. 석유 자원에 대한 권리 확보는 이미 국제 분쟁의 주요 원인 중 하나가 되었다. 이라크가 쿠웨이트를 침공했고 미국은 걸프전과 이라크 전쟁을 일으켰으며 파키스탄과 이스라엘이 전쟁을 일으켰다. 일부 아프리카 국가에서 발생한 내전과 중국과 일본이 주권 다툼을 벌이고 있는 난샤 군도 분쟁이 일어난 것도 모두 석유 때문이다. 결국 현재 지구 상에서 벌어지는 다툼과 갈등은 모두 자원 쟁탈전인 셈이다. 특히 석유가 고갈 위기를 맞으면서 얼마 남지 않은 자원을 둘러싼 국가 간 다툼이 점점 더 심각해지고 있다.

제3세계 국가의 노력 비동맹 운동

냉전 시기에 시작된 비동맹 운동은 국가의 자주권을 지키고 강대국들이 만든 세력권에 속하지 않는다는 것을 원칙으로 하며, 이 운동으로 제3세계가 국제 사회의 새로운 세력으로 떠오르게 되었다. 현재 비동맹 운동의 회원국은 118개이며 17개 참관국과 10개의 참관 조직으로 이루어져 있다. 3분의 2에 가까운 유엔 회원국이 비동맹 운동에 가입하였으며 대부분이 아시아와 아프리카, 라틴아메리카의 개발도상국으로 이루어져 있지만 회원국 전체의 인구를 모두 합하면 세계 인구 수의 55퍼센트를 차지하기 때문에 국제적으로 상당한 영향력을 행사하고 있다.

아시아아프리카회의

　제2차 세계대전 이후로 세계는 급격하게 변화하기 시작했다. 아시아와 아프리카에서 대규모 민족해방운동이 벌어지면서 많은 신흥국가가 잇따라 독립했다. 강대국의 식민지였던 아시아와 아프리카 국가들은 제국주의 식민 체제의 사슬을 끊고 독립의 길을 걷기 시작했다. 1950년대 중엽까지 아시아와 아프리카 대륙에서 약 30개국이 독립을 선언했다. 이는 국제 사회에서 지난 수백 년간 발생한 많은 사건 중에서도 가장 큰 변화였다.

　세계대전이 끝나고 미국과 소련 사이의 갈등이 심해지면서 세계는 두 나라를 중심으로 편이 갈라졌다. 냉전 중이던 강대국들은 중립 지대를 자기편으로 끌어들이고자 수단과 방법을 가리지 않았고, 그 탓에 아시아와 아프리카 지역에서는 각종 대립과 충돌이 끊이지 않았다. 이들 국가가 국제 문제에서 중립을 지킬 수 있는 자주권을 확보하려면 하나로 뭉쳐 제국주의와 식민주의에 대항해야 했다.

　중국과 인도가 먼저 행동을 시작했다. 1953년 12월, 중국 저우언라이 총리가 인도 대표단을 만난 자리에서 처음으로 양국 관계의 다섯 가지 원칙, 즉 영토에 대한 주권 존중, 상호불가침, 내정 불간섭, 평등과 호혜, 평화 공존을 제시했다. 인도 측도 이에 동의했다. 저우언라이는 1954년 6월 인도와 미얀마를 방문하고 양국 총리와 각각 연합 성명을 발표했다. 평화 공존의 다섯 가지 원칙을 바탕으로 양국 관계를 풀어나간다는 것이 핵심 내용이었다. 이 평화 공존의 다섯 가지 원칙은 국제 여론, 특히 아시아와 아프리카, 라틴아메리카

▶ 1955년 4월 19일, 저우언라이 총리가 제1회 아시아아프리카회의(반둥회의)에서 평화 공존의 다섯 가지 원칙에 대해 이야기하고 있다.

국가로부터 많은 지지를 받았고 국가 간 우호적 관계 발전에 기반을 다졌다.

이와 동시에 일부 아시아 국가도 우정과 협력의 길을 적극적으로 모색하기 시작했다. 1954년 4월 28일부터 5월 2일까지 인도네시아, 미얀마, 스리랑카, 인도와 파키스탄 등 동남아시아 5개국이 콜롬보 회의를 가졌다. 이들 국가는 공동으로 제국주의에 맞서기 위해 아시아-아프리카 국가 국제회의를 설립하여 국제 문제에 대해 의견을 교환하고 입장을 조율하기로 했다. 같은 해 12월 다섯 개 국가의 총리가 인도네시아에서 회의를 열고 1955년 4월 역시 인도네시아 반둥에서 아시아아프리카회의를 열기로 했다. 이 회의에는 중국 등 25개국이 초대되었다.

인도네시아 등 5개국의 이 제안은 아시아-아프리카 국가에 커다란 반향을 일으켰다. 1955년 4월 18일, 29개 아시아-아프리카 국가의 정부대표단이 인도네시아 반둥에서 제1회 아시아아프리카회의를 개최했다. 서방 식민주의 국가의 참여 없이 아시아와 아프리카 국가 자체적으로 가진 최초의 국제회의였다. 회의 참여국들은 국제 정세와 공동의 이해관계에 대한 문제를 토론했고, 평화 공존의 다섯 가지 원칙을 바탕으로 세계 평화와 협력을 이루자는 평화 10원칙을 제정했다.

아시아아프리카회의(반둥회의)는 뛰어난 성과를 거두며 세계와 아시아 아프리카 각국에 깊은 영향을 미쳤다. 아시아 아프리카 국가의 상호 존중과 이해를 넓혔고 제3세계 국가가 한데 뭉쳐 제국주의와 식민주의, 패권주의에 맞설 수 있도록 단결과 협력을 촉진했다. 또한 비동맹 운동 탄생의 밑바탕이 되어 주었다.

비동맹 운동

1960년대에 시작된 비동맹 운동은 당시 국제 상황의 변화에 따른 필연적 결과였다. 반둥회의 이후 아시아와 아프리카, 라틴아메리카에서 민족 해방 운동이 불같이 번졌고, 한 해 동안 17개 국가가 독립한 1960년은 '아프리카의 해'라고 불리기까지 했다. 세계 식민 체제는 이미 붕괴했지만 제국주의 국가들은 끝까지 식민지를 포기하려 하지 않았고, 일부 국가는 이를 기회 삼아 새로운 식민주의 정책을 펼칠 궁리를 하기도 했다. 한편 당시의 국제 관계는 강대국이 국제 사무를 제어하는 강권 정치가 주를 이루고 있었다.

영향권 확대를 위한 초강대국들의 다툼은 제3세계 국가의 독립과 주권, 안보에 커다란 위협으로 작용했다. 미국과 소련이 세계를 둘로 나누어버린 상황에서 자국의 주권을 보호하고 국민 경제를 발전시켜야 했다. 갓 독립한 아시아 아프리카 국가는 강대국의 영향에서 벗어나 독립적이며 중립적인 외교 정책을 실시하기로 결심하면서 비동맹 운동이 시작되었다.

'비동맹'이라는 단어의 탄생은 1954년으로 거슬러 올라간다. 당시 인도의 네루 총리가 스리랑카에서 연설 도중 비동맹을 언급하면서 평화 공존의 다섯 가지 원칙이 '비동맹 운동'의 기본이라고 말했다. 1955년 열린 반둥회의에 참여한 29개 제3세계 국가 지도자들은 하나같이 미국과 소련의 냉전에 휘말리는 것을 바라지 않았다. 결국 반둥회의는 비동맹 운동의 발전에 중요한 이정표가 되었다.

1956년 7월, 인도 네루 총리와 이집트 나세르 대통령, 유고슬라비아의 티토 대통령이 유고슬라비아 브리오니에서 회의를 갖고 연합 성명을 발표했다. 각국은 평화롭게 공존하며 민족의 독립을 이루고 '세계를 나누려는 강력한 국가 집단'에 반대한다는 내용이었다. 이렇게 해서 비동맹 운동의 뼈대가 이루어졌다. 세 국가 원수의 주장은 곧 인도네시아 수카르노 대통령, 가나 콰메 은크루마 대통령 등 수많은 제3세계 국가 지도자와 유명 정치가들의 지지를 얻었다.

1961년 6월 이집트, 유고슬라비아, 인도, 인도네시아, 아프가니스탄의 다섯 개 국가가 카이로에서 비동맹 국가와 정부 정상 회의를 위한 준비 회의를 열었다. 총 21개 국가가 참여한 이 회의는 비동맹 회의에 참여하는 국가가 반드시 지켜야 할 다섯 가지 조건을 정했다. 다섯 가지 조건은 구체적으로 '평화 공존과 비동맹을 바탕으로 독립적인 외교 정책을 펼칠 것', '민족 독립운동을 지지할 것', '강대국의 군사 동맹에 참여하지 않을 것', '강대국과 양자 간 군사 협정을 맺지 않을 것', '외국에 군사기지를 제공하지 않을 것'이었다. 9월 유고슬라비아 수도 베오그라드에서 제1차 비동맹 운동 회의가 열렸다. 유고슬라비아, 인도, 인도네시아, 아프가니스탄 등 25개 국가의 원수, 국가 지도자들이 회의에 참석했다. 회의는 '비동맹 국가의 국가와 정부 지도자 선언'을 통해 모든 형식의 '식민주의, 제국주의, 신식민주의'에 반대하며 국제적인 군비 감축 조약을 체결할 것과 국제 무역 불공평 교역 폐지를 호소했다. 이 선언이 발표되면서 비동맹 운동이 공식적으로 탄생했다.

국제 정세의 변화에 따라 비동맹 운동의 내용은 끊임없이 늘어났지만 한결같이 독립과 자주, 비동맹이라는 취지와 원칙을 고수하며 국가 주권을 보호하고 국민 경제와 문화의 발전에 힘썼다. 또한 식민주의와 패권주의, 제국주의에 반대하며 세계 평화를 지켜왔고, 제3세계 국가의 단결과 협력을 위해 노력했으며 새로운 국제 질서의 확립을 주장했다.

77국 그룹

비동맹 운동이 한층 발전하면서 77국 그룹이 탄생했다. 사실 아시아와 아프리카, 라틴아메리카의 개발도상국들이 정치적으로는 독립했지만 경제적으로는 여전히 진정한 의미의 독립을 이루지 못한 채 여전히 불공정한 국제 경제 질서에 구속받고 있었다.

1964년 3월 23일, 제1회 유엔무역개발회의가 제네바에서 열렸다. 선진국과 개발도상국은 주요 문제를 놓고 팽팽하게 대립했다. 이때 77개의 개발도상국이 연합하여 '77국 연합 선언'으로 공정한 새 국제 경제 질서를 마련할 것을 주장했다. 이를 바탕으로 모두가 한목

▲ 제13회 비동맹운동회의가 말레
이시아 수도 쿠알라룸푸르에서
개최되었다.

소리로 협상에 참여할 수 있도록 새로운 기구를 만들기로 했다. 이
것이 바로 '77국 그룹'이다.

　77국 그룹은 개발도상국으로 이루어진 단체로 개발도상국 사이에
경제 협력을 강화하고 제국주의와 강대국의 착취와 불평등에 반대
하는 것을 목적으로 한다. 오늘날 이 단체는 국제경제기구에서 개발
도상국의 이익을 대변하고 있으며, 개발도상국가의 정당한 이익을
보호하고 불합리한 국제 경제 질서를 바꾸고자 노력하고 있다. 이로
써 개발도상국 사이의 협력을 촉진하고 선진국과의 대화를 이끌어
내며 적지 않은 성과를 거두고 있다.

인권을 위한 투쟁 마틴 루서 킹 암살

미국 흑인 인권 운동을 이끌었던 마틴 루서 킹은 침례 교회 목사이자 비폭력주의자였다. 1957년 남부 그리스도교도 지도회의(SCLC)를 결성한 그는 1963년 8월에 흑인 25명을 이끌고 워싱턴 링컨 기념관으로 '일자리와 자유를 위한 워싱턴 행진'을 했다. 1964년 노벨 평화상을 받았으나 1968년 4월 4일에 테네시 주에서 암살당했다. 부단한 노력으로 미국 흑인 인권을 위해 싸웠던 킹 목사는 미국 사회, 나아가 세계적으로 깊이 존경받는 인물이 되었다. 1986년, 미국 정부는 매년 1월 셋째 주 월요일을 마틴 루서 킹 기념일로 정했으며 1987년에는 유엔이 그의 탄생일을 기념일로 지정했다.

미국의 인종 차별

남북 전쟁이 끝나고 흑인 노예 제도가 폐지된 이후에도 미국 사회에서는 여전히 흑인과 유색 인종에 대한 차별과 억압이 이어지고 있었다. 제2차 세계대전 동안 흑인 수백만 명이 입대해 파시즘과의 싸움에서 승리하는 데 크게 공헌했지만 전쟁 이후에도 흑인들은 여전히 미국 주류 사회에 속하지 못했다.

흑인 인구는 미국 전체 인구의 11퍼센트에 해당하는 2,300만 명가량으로 백인 다음으로 많은 인종이지만 오랜 세월동안 인종 차별을 받으며 사회 하층민으로 살아가고 있었다. 정치적으로도 절대다수의 흑인이 선거권을 박탈당했다. 1960년대까지만 해도 흑인이 전체 인구의 절반을 차지하는 남부 11개 주에서 선거권을 가진 흑인은 많아야 3퍼센트에 불과했다. 일상생활에서도 거의 모든 도시에 흑인 지역과 백인 지역이 구분되어 있었다. 흑인 어린이들이 가는 학교는 시설이나 교육 수준이 가장 뒤떨어졌고 흑인 학생들은 주립 대학에 진학할 수도 없었다. 정류장과 버스 안에서도 흑인석이 따로 있었다. 여가와 휴식을 위한 장소에서도 흑인은 백인과 함께 앉을 수 없었으며 심지어 교회에서조차 흑인석에 앉아야 했다. 흑인들은 대부분 농업이나 단순 노동에 종사했는데, 도시에 사는 흑인의 실업률은 백인의 두 배였고 그나마 백인에 훨씬 못 미치는 급여를 받았다.

미국의 흑인들은 자유와 평등, 반 인종 차별을 위해 끊임없이 투쟁했다. 1950년대에서 1960년대로 들어서면서 이러한 투쟁은 대규모 인권 운동으로 발전했다. 전통적인 흑인 거주 지역인 미국 남부의 여러 주는 '흑인 지역'이라고 불릴 정도였고 북부의 흑인 인구도 꾸준히 늘고 있었다. 남부 흑인의 투쟁을 이끈 비폭력주의자인 흑인 목사 마틴 루서 킹이 1957년 남부 그리스도교 지도회의를 창설하면서 한층 성숙해진 흑인 운동이 미국 전역으로 확대되었다.

험난한 여정

1954년 5월 17일, 흑인차별반대 시위가 한창 벌어지는 가운데 미국 법원이 최초로 공립학교에서 인종에 따라 학생을 분리하고 차별하는 것이 헌법에 위반된다고 판결했다. 당시 미국에서 인종 차별의 근거가 되던 '격리하되 모두는 평등하다'는 원칙이 뒤집히게 되었다. 이 소식을 들은 흑인들은 처음으로 인간답게 일어설 수 있겠다

▼ 1956년 3월 22일, 법원의 승소 판결을 받고 나온 마틴 루서 킹이 지지자들의 뜨거운 환호를 받는다. 감격한 그의 아내가 킹 목사의 뺨에 키스를 하고 있다.

며 뛸 듯이 기뻐했다.

1955년 12월, 앨라배마 주 몽고메리 시의 흑인들이 공공 버스 안에서 흑인과 백인의 좌석을 구분하는 규정에 반대하는 대규모 시위를 벌였다. 마틴 루서 킹이 이끄는 흑인들은 무려 331일 동안 버스안 타기 운동을 펼쳤다. 지방 법원은 버스 좌석을 인종에 따라 구분하는 규정이 위법이라는 판결을 내렸고 1956년 고등 법원이 같은 판결을 내렸다. 그런데 버스 안 타기 운동이 인종차별주의자들의 심기를 건드리면서 미국 흑인 인권 투쟁은 한층 더 치열해졌다.

다른 주의 법원도 같은 판결을 내리며 교육 위원회에 학생들을 인종 차별 없이 함께 교육할 것을 요구했지만 인종차별주의자들이 강하게 반발하고 나섰다. 1957년 9월, 아칸소 주 리틀록 공립고등학교가 흑인 학생 9명을 입학시켰다. 이들이 입학하던 날 아칸소 주지사 포버스가 보낸 경찰들이 교문 앞을 막아섰고, 경찰이 물러서자 이번에는 인종차별주의자가 보낸 폭력배들이 학생들을 가로막았다. 이 사건이 확대되면서 전국적으로 큰 반향을 불러일으켰다. 아이젠하워 대통령은 질서를 유지하고 흑인 학생들을 보호하기 위해 낙하산부대 천여 명을 리틀록으로 보냈다. 연방 정부의 강경한 반응에도 사우스 캐롤라이나, 조지아, 앨라배마, 미시시피, 루이지애나 등의 주에서는 1960년까지 인종 혼합 교육 제도를 실시하지 않았다.

나에게는 꿈이 있습니다

유명한 미국 인권 운동가 마틴 루서 킹은 1929년 1월 15일 미국 남동부의 조지아 주 애틀랜타에서 목사의 아들로 태어났다. 킹 목사는 1954년 앨라배마 주 몽고메리 시의 침례 교회 목사가 되었고 1955년에는 보스턴 대학에서 더욱 체계적으로 신학을 공부한 뒤 박사 학위를 받았다.

간디와 기독교 교리의 영향을 받은 그는 전형적인 평화주의자로, '비폭력'으로 사회 변혁을 시도했다. 흑인들이 자유 평등의 권리를 쟁취하기 위해 싸운다고 하여 법을 어겨서는 안 된다고 항상 강조했다. 킹 목사는 '창조적인 저항 운동이 폭력 행위로 전락해서는 안된다'고 했으며 '정신적 힘이 무력을 대신할 수 있다'고 믿었다. 여기서 정신적 힘이란 바로 기독교가 설파하는 '박애'와 '자애'로, 그는 흑인들이 기독교의 박애와 자애의 정신으로 인종차별주의자들을 감화시키도록 했다. 1955년의 몽고매리 버스 안 타기 운동으로 유명해진 마틴 루서 킹은 1957년, 한 걸음 더 나아가고자 남부 그리스도교 지도 회의를 세웠다.

1960년 1월 31일, 노스캐롤라이나 주의 흑인 대학생 네 명이 한 식당에 갔다가 흑인에게는 서비스를 제공하지 않는다는 이유로 입장을 거부당했다. 이를 받아들일 수 없던 학생들은 매일같이 식당 앞에서 들여 보내주기를 기다렸다. 소식을 접한 킹 목사도 학생들의 '앉아 있기' 운동을 지지한다는 의사를 밝혔다. 불과 몇 주 만에 남방의 다른 도시들에서도 수십 건의 '앉아 있기' 운동이 벌어졌고, 장소도 식당에서 다른 공공장소로 확대되어 공공시설의 인종 차별 제도에 정면으로 도전했다. 1961년 남부 그리스도교 지도회의는 다른 인권 조직과 연합하여 '자유롭게 차 타기 운동'을 펼치며 공공 버스의 인종 구분 제도에 항의했다. 결국 모든 공공 버스 노선에서 인종별 좌석 구분 제도가 폐지되었다.

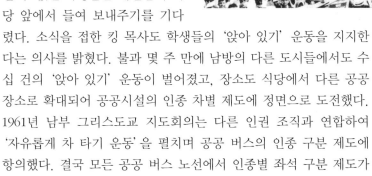

▲ 1963년 8월, 마틴 루서 킹이 워싱턴에서 유명한 연설 '나에게는 꿈이 있습니다'를 발표하고 있다. 당시 약 20만 명이 그의 연설을 들으려고 몰려들었다.

1963년 4월, 마틴 루서 킹이 앨리배마 주 버밍햄에서 '앉아 있기' 운동을 펼치고 있을 때였다. 인종 차별 금지 요구에 강하게 반발한 백인 경찰들이 킹 목사를 포함해 무장하지 않은 흑인 시위자들을 총으로 위협하며 체포했다. 그러나 경찰의 이 같은 폭력적 진압도 흑인 인권 운동의 급속한 확산을 막을 수는 없었다. 8월 23일, 킹 목사는 미국 역사에 크나큰 영향을 미쳤던 '일자리와 자유를 위한 워싱턴 행진'을 시작했다. 흑인들의 일자리와 평등을 요구하는 거대한 시위대가 수도 워싱턴으로 행진했고 25만 명이 넘는 사람들이 워싱턴에 몰려들었다. 워싱턴 행진으로 흑인 인권 운동은 절정에 달했다.

마틴 루서 킹은 링컨 기념관 계단에서 '나에게는 꿈이 있습니다'라는 제목의 유명한 연설을 했다. '나에게는 꿈이 있습니다. 언젠가 이 나라가 모든 인간은 평등하게 태어났다는 것을 절대적인 진실로

마틴 루서 킹 기념일

1986년 1월, 미국 정부는 이 위대한 흑인 목사를 기리기 위해 매년 1월 셋째 주 월요일을 마틴 루서 킹의 날로 정하고 국경일로 삼았다. 현재 미국에서 법정 공휴일로 지정된 기념일 가운데 개인을 위한 것은 조지 워싱턴 기념일, 에이브러햄 링컨 기념일, 그리고 마틴 루서 킹 기념일 3개뿐이다. 워싱턴과 링컨이 미국의 독립과 통일에 중대한 공헌을 한 대통령임을 생각하면 교회 목사에 불과한 마틴 루서 킹은 큰 영광을 누리는 셈이다. 오늘날 미국 사회는 최초의 흑인 대통령인 오바마 대통령까지 탄생했음에도 여전히 인종 차별과 불평등 대우가 남아있다. 킹 목사의 꿈을 이루기 위해 전 사회가 함께 노력해야 한다.

▲ 미국 애틀랜타에 있는 마틴 루
서 킹 생가

받아들이는 꿈입니다. 조지아의 붉은 언덕 위에 예전에 노예였던 부모의 자식과 그 노예의 주인이었던 부모의 자식들이 함께 둘러앉아 형제애를 나누는 날이 오리라는 꿈입니다. … 나의 네 자녀가 피부색이 아닌 인격에 따라 평가받는 그런 나라에 살게 되는 날이 오리라는 꿈입니다. …'

인종 차별 금지 운동에 힘쓴 킹 목사는 1963년 미국의 시사 잡지 〈타임〉지의 올해의 인물에 선정되었고 1964년에는 노벨 평화상까지 받으며 이름을 알렸다. 미 국회도 1964년 '인권법'을 통과시켜 인종에 따른 격리와 차별 정책이 불법이라고 선언했다. 그러나 1968년 4월 4일, 킹 목사는 테네시 주 멤피스에서 인종차별주의자가 쏜 총에 맞아 사망했다. 마틴 루서 킹 암살 사건은 미국 역사상 유례가 없는 대규모 흑인 투쟁을 불러일으켰고 이 운동은 미국 전역의 125개 도시를 휩쓸었다.

세상을 바꾼 일주일 닉슨 대통령의 중국 방문

1960년대 말부터 1970년대 초, 국내외 상황이 변화하면서 닉슨 대통령의 '닉슨주의'가 미국 외교정책의 기본이 되었다. 이를 바탕으로 미국은 기나긴 베트남 전쟁을 마무리 짓고 대중국 정책도 바꾸어 양국 관계를 정상화시켰다.

닉슨주의

제2차 세계대전 이후 역대 미국 정부는 줄곧 확장 전략을 바탕으로 한 정책을 펼쳐왔지만 시간이 흐르면서 목표하는 바와 현실적 능력의 차이에서 오는 문제점만 커져 갔다. 1968년 미국은 세계 곳곳에서 벌어지는 온갖 일에 간섭하며 베트남 전쟁을 중심으로 수많은 병력을 낭비하고 있었다. 당시 미군 54만 명이 전쟁에 참여했고 40여 개 국가를 보호한다는 명목으로 전 세계에 군사기지 2,000여 개를 두었다. 그런데 미국의 경제가 나빠지고 군사력이 약해지면서 적대국과 동맹국들과의 차이가 좁아지자 세계는 미국에 불리한 방향으로 변화했다.

이에 대해 닉슨 대통령은 이미 1967년 '미국이 세계 경찰 역할을 하는 것도 언젠가는 한계에 부딪힐 것'이라고 말했다. 1968년 대통령 선거 기간에 닉슨은 '세계에서 미국의 역할과 책임에 대해 다시 한 번 생각해야 할 때가 되었다'고 주장하며 전 세계에 뻗어 있는 미국의 각종 의무를 축소할 뜻을 내비쳤다. 대통령에 취임한 후 1969년 7월 25일, 아시아 정책에 대한 인터뷰에서 '괌주의'를 언급하며 '이제 아시아 우방국들과의 관계에서 다음의 두 가지를 강조해야 한다. 첫째, 미국

▼ 중국을 방문한 닉슨은 마오쩌둥에게 '나는 말보다 행동을 하는 사람이며 내가 해낼 수 없는 일은 입에 올리지 않는다. 당신들과 허심탄회하게 의견을 나누고 싶다'라고 말했다. 사진 속 마오쩌둥과 닉슨이 악수를 나누고 있다.

은 그간 체결한 조약의 의무를 성실히 이행한다. 둘째, 국내 안보 문제와 군사 방어 문제에서 핵 대국의 위협이 없다면 미국은 아시아 국가들이 스스로 문제를 처리하고 책임지도록 돕는다'고 말했다. 국제 사무에 대한 과도한 간섭을 줄여나가는 동시에 아시아 태평양 지역에서 이미 체결된 조약의 의무를 다하며 '중요한 역할'을 할 것이라고 강조한 것이다. 그 후 1969년 11월 3일 전국 텔레비전 연설과 1970년 대외정책 연도 보고서에서 닉슨은 '파트너 관계, 국력, 협상'을 신 평화 전략의 세 기둥으로 삼고 괌주의를 아시아 정책에서 전 세계 전략으로 확대해 동맹국과의 관계는 물론이고 소련, 중국과의 관계를 풀어나가는 데 기본 방침으로 삼겠다고 밝혔다. 이것이 바로 닉슨주의이다.

미국과 중국, 얼어붙은 관계의 봄날

바르샤바 대사급 회의가 중단되면서 미국이 중국과 교류할 통로가 없어지자 미국은 중국과 사이가 좋은 파키스탄과 루마니아를 통해 중국과 접촉하려 했다. 1969년 5월 24일, 미국 로저스 국무장관이 파키스탄을 방문해 대통령에게 미국이 중국과의 관계 개선을 바라고 있다는 정보를 중국 정부에 전달해달라고 부탁했다. 7월 21일, 미 국무원은 일부 미국인들의 중국 여행을 허락하고 중국산 제품도 일부 수입하겠다고 발표하면서 중국에 우호적인 태도를 보였다. 닉슨 대통령은 8월 1일 파키스탄을 방문해 파키스탄 대통령에게 미중 관계의 다리 역할을 해주기를 바란다고 말했다. 그는 루마니아 대통령에게도 미국이 중국과의 관계 개선을 바라고 있다는 사실을 중국에 알려달라고 요청했다. 이 소식이 베이징에 들어가자 중국 정부도 큰 관심을 보였다.

닉슨은 이 밖에도 9월 9일 폴란드 주재 미국 대사에게 중국 외교 인사들과 연락을 취해 회담을 재개할 방법을 찾아보라고 지시했다. 대사는 다방면으로 노력한 끝에 연말에 열린 어느 패션쇼에서 중국 대표와 접촉할 수 있었다. 1970년 1월 8일 바르샤바에서 대사급 회담을 재개한 자리에서 미국 측은 처음으로 중국인이 타이완 문제를 스스로 해결해야 한다는 사실을 묵인했고 베이징에 특사를 보내고 싶다고 밝혔다. 같은 해 2월 닉슨 대통령이 국제 정세 보고서에서 '우리는 모든 노력을 기울여 중국과의 관계를 개선해나갈 것이다.

이는 미국에 틀림없이 유익할 것이며 또한 아시아와 세계의 평화와 안정에도 도움이 된다'고 기술했다.

중국도 미국이 내민 손을 반갑게 맞잡았다. 1970년 12월 28일, 마오쩌둥은 미국 측 인사와 만난 자리에서 '닉슨 대통령과 함께 중국과 미국 사이의 문제를 해결하겠다'며, 만약 닉슨이 중국에 온다면 '관광객으로

▲ 1968년 10월 31일, 닉슨이 뉴욕 메디슨 스퀘어 가든에서 대통령 경선 연설을 하고 있다.

오든 미국 대통령으로 오든 상관없이 그와 즐겁게 대화를 나눌 것'이라고 말했다. 1971년 4월 6일, 일본 나고야에서 열린 세계 탁구 선수권 대회에 참여했던 중국 대표단이 미국 탁구 대표팀을 중국에 초청했고 이를 좋은 기회라고 여긴 미국 측은 곧바로 초대에 응했다. 4월 10일, 미국 탁구 대표팀이 베이징에 도착했고 14일에 저우언라이가 이들을 만나 '대표팀이 중미 양국 국민의 관계에 새로운 장을 열었다'고 말했다. 그로부터 몇 시간 지나지 않아 닉슨이 성명을 발표하고 중국에 대한 화물 운수 금지 조치를 완화한다는 새 규정을 발표했다. 중국은 파키스탄을 통해 '미국 대통령의 특사(키신저 등)나 국무장관, 혹은 대통령이 직접 베이징에 방문해 주길 바란다'는 메시지를 보냈고, 닉슨은 4월 29일 기자간담회를 통해 '우리는 이미 두꺼운 얼음을 깼다'며 중국을 방문하고 싶다는 뜻을 밝혔다. 그로부터 얼마 지나지 않아 그는 파키스탄을 통해 저우언라이에게 답장을 보냈다. 중국의 초청을 받아들이며 그전에 키신저와 저우언라이 혹은 중국 정부의 다른 고급 관리가 먼저 비밀 회담을 가질 것을 제안했다.

7월 6일, 닉슨은 캔자스에서 미국, 서유럽, 일본, 소련, 중국이 세계 5대 중심이라고 밝히고 특히 중국의 중요성을 강조했다. 또한 중국을 국제 사회에서 배제하는 정책은 점진적으로 폐기해야 하며, 미국 정책의 장기적 관점에서 볼 때 중국과의 관계를 정상화시켜야 한다고 했다. 7월 8일 베트남에서 파키스탄을 거쳐 미국으로 돌아오던

▲ 닉슨과 저우언라이는 서로의 다른 점을 인정하며 협력하는 '구동존이' 자세를 바탕으로 양국 관계 정상화 등의 문제에 대해 '솔직하고 진지하며 폭넓은 대화'를 나누었다. 닉슨은 중국에 머무르는 동안 만리장성, 고궁 등의 유적지를 둘러보았다.

키신저가 복통을 핑계로 언론의 관심을 돌린 뒤 닉슨은 다음 날 새벽 베이징으로 날아가 저우언라이와 비밀 회담을 가졌다. 7월 16일, 두 나라는 비밀 회담에서 이야기한 대로 닉슨 대통령이 저우언라이 총리의 초청을 받아들여 1972년 5월 전에 방중한다는 사실을 동시에 발표했다. 미중 양국의 지도자가 만나 두 나라 관계의 정상화에 대해 의논하고 몇 가지 관심 있는 문제에 대해 의견을 교환한다는 내용도 덧붙였다.

미중 관계의 새로운 장이 열리다

닉슨 대통령은 1972년 2월 21일부터 28일까지 중국을 방문하며 미중 관계의 새로운 장을 열었다. 닉슨은 방중 기간 마오쩌둥을 만나 미중 관계와 국제 사무에 대해 진지하고도 솔직한 의견을 교환했다. 저우언라이와 닉슨은 양국 관계 정상화와 몇 가지 공동의 관심사에 대해 회담을 나누었다.

2월 28일 미중 양측은 상하이에서 연합 성명을 발표했다. '미중 양국의 사회 제도와 외교 정책은 본질적으로 다르나 사회 제도의 차이를 뛰어넘어 각자의 주권과 영토를 존중하고 다른 나라를 침범하지 않으며 내정에 간섭하지 않고 평등하게 서로 도우며 공존한다. 두 나라는 이것을 원칙으로 국가 간의 관계를 풀어나갈 것이며 양자 관계에 이 원칙을 적용할 준비를 한다'는 내용이었다. 양측은 또한 성명을 통해 '어느 나라도 아시아 태평양 지역에서 패권을 쥘 수는 없으며, 어느 특정 국가나 집단이 패권을 쥐려 한다면 그에 반대할 것'이라고도 밝혔다.

타이완 문제에 대해 중국 측은 중화인민공화국 정부가 중국의 유일한 합법 정부이며 타이완은 중국의 성省이니 국내 문제인 타이완에 간섭하는 것은 내정 간섭이라고 말했다. 또한 미국의 모든 무장 군인과 무기는 타이완에서 철수해야 한다며 타

▲ '워터게이트' 사건으로 닉슨은 미국 역사상 처음으로 정치 스캔들 때문에 임기 도중 물러난 대통령이 되었다. 이 사진은 1973년 10월에 백악관에서 기자 회견을 갖는 닉슨의 모습이다.

이완의 독립에 대한 모든 활동에 반대한다고도 했다. 이에 대해 미국은 중국이 하나의 국가이며 타이완이 중국의 일부라는 것에는 이의를 제기하지 않았다. 미국은 또한 중국인 스스로 타이완 문제를 평화롭게 해결하는 데 관심을 갖고 있다고 밝혔다. 미국은 타이완에 주둔한 미군 병력과 군사 장비를 전면 철수하는 것을 최종 목표로 삼고 있다며 해당 지역의 긴장 상태가 완화되면 점진적으로 줄여나가겠다고 말했다.

닉슨 대통령의 방중은 미중 관계의 중요한 이정표가 되는 사건이었다. 20년 넘도록 중단되었던 교류가 재개되고 두 나라가 함께 '상하이 성명'을 공동으로 발표하면서 미중 관계 정상화와 발전에도 중요한 기초를 다지게 되었다.

시칠리아 섬의 그림자 마피아

마피아는 비밀 결사 성격의 범죄 조직으로 19세기 중엽 이탈리아 시칠리아 섬에서 출현했다. 19세기 말과 20세기 초 이탈리아 남부에 살던 사람들 사이에 이민 열풍이 불었고, 이민자 대부분은 미국 동부 연안 지역으로 이주했다. 여기에는 일부 마피아도 포함되어 있었다. 전 세계 곳곳에 퍼져 있는 마피아는 뒷골목 마약 거래에서부터 정부 고급 관리의 휴가까지 다양한 분야에 손을 뻗치고 있다. 오늘날 마피아 세력은 예전 같지 않지만 우리는 여전히 영화 속에서 그들을 종종 볼 수 있다. 마피아의 이미지는 이미 현대 문화 깊숙이 침투해 있으며, 사회에 미치는 영향력 또한 무시할 수 없을 정도이다.

마피아의 역사

우리는 '마피아' 라면 자연스럽게 폭력 범죄 집단을 떠올린다. 부정적 상징성을 가진 이 단어는 경우에 따라 범죄와 연관된 조직을 묘사할 때 사용되기도 한다. 그러나 마피아의 원래 의미는 이탈리아인(혹은 시칠리아 섬 사람)과 이탈리아계 이민자가 만든 조직적 범죄 집단이다. 영어 'Mafia' 는 아랍어에서 유래한 말로 '피난' 이라는 뜻이 있다. 19세기에 이 단어는 시칠리아 섬 사람들이 섬에 살고 있는 중년 남자들의 산발적 단체를 가리키는 말이었다. 당시 투르크인과 노르만인이 섬을 점령했을 때 섬의 남자들이 침략자들로부터 가족을 지키기 위해 '마피아' 조직을 하나 둘 결성했고, 이것이 점차 하나의 거대한 조직으로 발전하기 시작하더니 나중에는 복수를 위한 조직으로 성격이 바뀌었다가 결국 범죄 조직이 되었다.

시칠리아 섬은 이탈리아 마피아의 근거지이다. 마피아는 그곳에서 경호와 암살 의뢰를 받고 지역을 관할하거나 여러 조직이 힘을 합쳐 일하는 등 갖가지 불법 행위를 일삼았다. 돈이 필요했던 마피아는 땅 주인을 보호해주고 땅 주인은 안전을 대가로 마피아에게 돈을 지불했다. 이러한 관계는 이미 공공연한 비밀이 되어 있었으며 지방 정부마저 마피아와 손을 잡는 경우가 허다했다. 마피아는 폭력적인 방법으로 세력을 유지했고 힘들게 일하며 살아가는 사람들을 주인처럼 지배했다. 이들의 세력은 나날이 커져 심지어는 정부와 어깨를 나란히 할 정도가 되었다. 시칠리아 섬에는 마치 두 개의 정부와 두 개의 법질서가 있는 것 같았다. 표면적인 권력을 가진 합법 정부와 보이지 않는 곳에서 그림자 정부 역할을 하는 마피아 조직은 그렇게 하나의 섬에서 공존하고 있었다.

이탈리아 마피아

마피아 조직은 이탈리아에서 수 세기 동안 존재해왔다. 보통 이탈리아 마피아는 패밀리 단위로 이루어진다. 마피아의 패밀리 조직은 굉장히 엄격한데, 큰 패밀리는 100명에서 200명가량으로 이루어져 있지만 보통 50명에서 60명 규모가 일반적이다. '어소시에이츠(Associates)'의 수는 훨씬 더 많다. '두목(Boss)'이 패밀리를 이끌지만 조직원들의 실질적인 행동을 지휘하는 것은 부두목(Underboss)이나 콘실리에리(Consigliere)이다. 이탈리아어로 '고문'이라는 뜻인 콘실리에리는 패밀리 내의 마찰을 해결하고 행동을 지시하거나 사후 처리를 담당한다. 부두목은 보통 두목의 친인척이 맡으며 두목의 명령에 따라 조직원들을 관리하는 '총지휘관' 역할을 한다. 만약 두목이 감옥에 가거나 병 들면 부두목이 조직의 사무를 책임지는 식이다. 마피아 조직 내부는 여러 개의 작은 조직인 크루(Crew)로 다시 나뉜다. 두목이 다음 행동을 결정하면 우선 각 군단의 카포레짐(Caporegime)에게 전달되고 카포레짐이 다시 솔저(Soldier)에게 명

▼ 마피아 패밀리

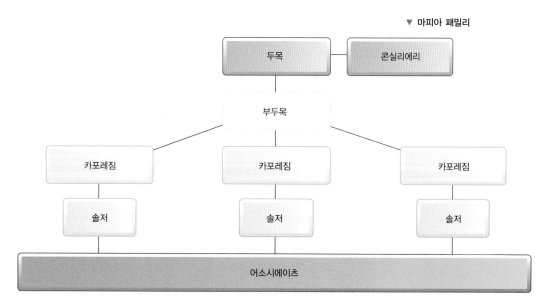

령하는 피라미드 형식으로 이루어진다. 그래서 말단 조직원이 경찰에게 붙잡혀도 상부의 솔저나 카포레짐은 처벌을 면할 수 있다.

20세기 초까지 이탈리아 마피아는 거대한 조직으로 발전하여 사회 각계각층에 손을 뻗고 있었으나 파시즘 정권을 잡은 무솔리니가 마피아 조직을 가차없이 제압하면서 이탈리아 본토의 마피아는 거의 자취를 감추게 되었다. 그런데 당시 미국으로 흘러들어 갔던 수많은 마피아 조직들은 생각지도 못한 계기로 일어서게 되었다. 1943년 연합군이 시칠리아 섬에 상륙했을 때 마피아의 도움을 받은 것이다. 그렇게 전쟁이 끝나고 명맥이 끊기는 듯했던 마피아가 다시 일어섰다. 1950년부터 1970년까지 시칠리아 섬에 살던 주민 300만 명가운데 약 10만 명이 마피아에 가담하고 있었다. 그뿐만 아니라 마피아는 정부와 일부 정당과 정치인들과도 밀접한 관계를 맺고 있었는데, 오랫동안 기독교민주당의 집권을 지지했다. 팔레르모 시 정부는 특히나 마피아 조직의 영향권 아래 있었다. 1996년 4월 이탈리아 기독교민주당 당원과 전 이탈리아 총리 줄리오 안드레오티가 마피아를 시켜 바른말을 하던 신문사 편집장을 살해한 혐의로 법정에 서기도 했다. 마피아와 정부의 끈끈한 관계를 잘 드러낸 사건이었다.

전쟁이 끝난 직후, 마피아는 농산품 시장과 시칠리아 섬의 관개 수리 시설을 독점하여 폭리를 취했고 1960년대 들어서는 부동산 투기사업에 손을 대기 시작했다. 1970년대부터 밀수와 마약 시장을 조금씩 장악하며 대량의 자금을 기업체, 관광, 건축, 금융 등에 투자했다. 심지어 지방 경제와 국가 경제 일부를 손에 쥐고 흔들며 엄청난 경제력을 확보했다. 극동 지역에서 가져오는 마약은 지중해 위에서 교역이 이루어지고 시칠리아 섬 해안을 거쳐 유럽 각국과 미국으로 운반되었는데, 마피아는 이 방법으로 손쉽게 부를 축적할수 있었다.

마피아가 한창 세력을 떨칠 무렵, 이탈리아에서는 강력범죄의 3분의 2가 시칠리아 섬에서 일어났다. 1990년 1월부터 7월까지 시칠리아 섬에서만 살인사건 213건이 발생했는데 그중 단 한 건도 범인을 잡지 못했다. 경찰에 신고한 사람과 법관을 암살하는 것이 마피아의 오랜 전통이었기 때문이다. 이들이 잔혹한 살인사건을 거듭 일으킨 탓에 이탈리아 사람들은 오랫동안 불안에 떨며 살아야 했다. 1970년대 이후 마피아는 신문사 소속 기자, 경찰국 부국장, 부장검사, 상원의원, 이탈리아 공산당 시칠리아 구 위원회장 등을 살해했는데, 이들은 모두 마피아 조직의 내막을 알았거나 마피아와 맞서려다 죽임을 당했다.

이러한 마피아의 폭력은 이탈리아 정부와 국민의 커다란 불만을 샀고, 곧 대규모 마피아 반대 운동이 이탈리아 전역에서 일어났다. 1986년 2월 10일 역사상 최초로 475명이라는 엄청난 숫자의 마피아 조직원이 한꺼번에 심판대에 올랐다. 2월 20일에는 마피아에서 가장 막강한 권력을 가진 대두목이 체포되었다. 그 후 1년이 넘도록 이들에 대한 체포와 심판이 이어지면서 마피아 조직은 큰 타격을 입었다.

마피아에 대한 단속이 대대적으로 이루어졌지만 마피아 조직은 뿌리 뽑히기는커녕 여전히 이탈리아 각지에서 왕성하게 활동하고 있다. 1992년 마피아에 맞선 유명한 법관인 조반니 팔코네와 파올로 보르셀리노가 차례로 마피아에 암살당했다. 이 같은 마피아의 그림자는 오늘날까지도 이탈리아 곳곳에 도사리고 있다.

미국의 마피아

19세기 말에서 20세기 초, 미국에 대거 정착한 이탈리아 이민자 가운데에는 시칠리아 섬에서 온 마피아 조직원들도 섞여 있었다. 이들은 이탈리아 특유의 조직 체계와 행동 규율을 미국이라는 새로운 땅으로 가져갔다. 1930년대 대공황에 빠진 미국은 마피아가 성상하기에 좋은 기회였다. 20세기 중반에 마피아는 암살과 불법 매매를 일삼고 사법 기관의 활동을 방해하며 공공 안전과 사회 안정을 심각하게 위협했다. 미국 연방 조사국이 1970년대와 1980년대에 걸쳐 수사를 펼쳐 결국 마피아 조직의 세력을 무너뜨렸다.

이탈리아계 미국 마피아는 뉴욕 지역에서 가장 먼저 세력을 넓히기 시작했는데 처음에는 규모가 작은 조직으로 시작해 전국적, 나아가 전 세계적인 조직으로 발전했다. 1957년 10월, 미국 마피아의 대부가 시칠리아 섬에서 열린 이탈리아 마피아와 미국 마피아의 연합 회의에 참석했다. 이탈리아와 미국의 폭력 조직이 손을 잡았다는 것을 의미하는 사건이었다.

미국 마피아는 초기에 패밀리 다섯 개로 이루어져 있었다. 이들 콜롬보, 감비노, 보난노, 제노베세, 루체세의 다섯 패밀리는 갈등을

시칠리아 섬

지중해의 중심에 있는 시칠리아 섬은 우수한 지리적 요소 덕분에 수많은 문명이 오가는 길목 역할을 했다. 기원전 8세기 그리스인이 섬 동쪽에 식민지를 세웠고 기원전 241년에는 로마제국의 일부가 되었다. 나중에는 비잔틴인, 노르만인, 스페인인 등이 차례로 섬을 통치했으며 1861년에서야 이탈리아왕국에 통합되었다.

지중해에서 가장 크고 인구 밀도도 가장 높은 섬이지만 이탈리아 본토와 멀리 떨어져 있는 탓에 경제가 발달하지 않아서 전통적 농촌의 모습이 많이 남아있다. 이는 마피아가 활동하고 발전하는데 매우 좋은 환경으로 작용했다.

▲ 2008년 9월 18일, 나폴리 근교의 카스텔 볼트루노에서 이탈리아 마피아가 아프리카계 이민자 6명을 총으로 살해한 사건이 벌어졌다. 길에 쓰러져 있는 희생자의 얼굴에는 베일이 덮였지만 그의 팔에 흐르는 피는 채 마르지 않았다.

해결하고 서로 협력하기 위한 최고 중재 기관인 위원회까지 세웠다. 시간이 지나 미국 마피아의 규모는 오늘날의 26개 패밀리로 늘어났다. 미국 연방 조사국에 따르면 미국 마피아가 가장 발달했던 1970년대에 마피아 조직은 정식 회원 3천 명 이상을 거느리고 있었고, 말단 조직원인 어소시에이츠는 무려 2만 5천 명에 달했다고 한다.

1970년대 말과 1980년대 초, 범죄 조직 소탕을 위한 법 조항이 통과되면서 미국 마피아의 세력은 급속히 축소되었다. 미국 사법 기관은 이들 조직범죄에 대한 처벌을 강화하고 증인 보호 프로그램을 개선하여 마피아에 대한 포위망을 서서히 좁혀갔다. 또한 시간이 흘러 이탈리아 이민자 1세대가 사망하고 미국에서 나고 자란 이탈리아계 미국인은 더 이상 이탈리아 전통을 따르지 않게 되어 마피아 조직의 계승에도 문제가 생겼다. 이 같은 사회적 환경의 변화에 따라 미국 마피아는 두 번 다시 예전과 같은 세력을 회복하지 못했다.

약소국의 서러움 파나마 운하

중남미 국가인 파나마공화국에 있는 파나마 운하는 파나마 지협을 가로지른다. 총 길이가 81.3킬로미터, 수심은 13미터에서 15미터이며 너비는 150미터에서 최대 304미터의 이 운하는 태평양과 대서양을 곧바로 이어주는 중요한 뱃길이다. 두 대양 사이를 오가는 거리를 크게 줄여 세계 해상운송 업계에 엄청난 편의를 제공하기 때문에 전 세계 무역 운반의 5퍼센트가 이 운하를 이용하고 있다. 그래서 파나마 운하는 수에즈 운하와 함께 세계에서 가장 큰 전략적 의의를 갖는 인공 수로이다.

세계의 다리

북미와 남미를 연결하는 좁은 지역에 있는 파나마는 동쪽으로는 대서양과, 서쪽으로 태평양과 마주하고 있다. 육지의 가장 넓은 부분이 겨우 80여 킬로미터인 파나마 지협은 두 대양을 잇기에 가장 이상적인 지역이다. 이렇게 독특한 지리적 특성 때문에 식민 제국 스페인의 교통적 요충지가 되어 서방 식민지 시대부터 파나마는 해상 운수와 상업이 발달했다. 그러던 1826년 파나마에 운하를 개통하자는 주장이 제기되었고 모두가 운하 구상에 찬성했다. 그러나 운하를 건설하는 과정은 그리 순탄치 않았다.

1881년 프랑스계 운하 공사가 처음으로 운하 건설권을 따냈다. 그러나 이집트의 사막과 달리 파나마 지역은 열대 우림에 속해 있어 날씨가 덥고 습할 뿐만 아니라 소나기와 홍수가 잦은데다가 일꾼들의 목숨을 앗아가는 전염병까지 돌아 공사를 진행하기에 매우 불리한 환경이었다. 인적이 드문 열대 우림에서 벌어진 파나마 운하 공사는 수에즈 운하 공사보다 훨씬 힘들었다. 열악한 환경에 시달리던 프랑스인들은 결국 1889년 공사를 중단했다.

이때 운하가 군사적, 경제적으로 큰 의의를 지닌다고 생각한 미국 시어도어 루스벨트 대통령은 운하 개발을 맡기로 결심했다. 1903년 미국은 불평등조약인 헤이-뷔노 바리야 조약으로 천만 달러를 먼저 지불하고 9년 후부터 매년 25만 달러씩 지불하는 낮은 가격으로 운하의 단독 개발과 영구적 운영권을 차지했다. 1904년 착공한 운하는 1914년 완공되었고 이듬해 정식 개통되었다.

나라 안의 작은 나라

파나마 운하로 가장 많은 이득을 얻은 것은 미국이었다. 운하가 개통되면서 미국의 동서 해안 사이의 항로가 크게 줄어들어 미국의 통일과 안정, 경제 발전을 촉진했다. 미국에 파나마 운하는 군사적, 정치적으로 매우 중요했는데, 제2차 세계대전 중에는 미군의 후방 기지 역할을 하며 태평양 전쟁에서 승리를 거두는 데 이바지하기도 했다.

운하는 또한 미국에 엄청난 경제적 수익을 안겨주었다. 운하를 통과하는 선박의 79퍼센트가 미국에서 출발하거나 미국으로 향하는 선박이었고 미국이 수출하는 화물 가운데 약 40퍼센트가 파나마 운하를 거쳐 운반되었다. 파나마 운하가 없었다면 미국의 한해 국민소득이 1퍼센트씩 줄어들 정도였다. 그뿐만 아니라 운하의 경영을 통해서도 거액의 이윤을 얻었다. 통계에 따르면 운하가 개통된 해부터 1980년대 말까지 미국은 무려 450억 달러의 통행세를 거뒀다.

그러나 운하의 개통은 파나마의 주권과 영토에 대한 권리를 앗아가는 결과를 가져왔다. 1903년 미국과 파나마 정부가 맺은 헤이-뷔노 바리야 조약은 미국이 운하와 양쪽 연안의 너비 16.09킬로미터,

▼ 파나마 운하

총 면적 1,432제곱킬로미터에 해당하는 지역을 '운하 지대'로 지정하여 관리하도록 규정해놓고 있었다. 운하가 개통된 후 운하 지대는 명실상부한 미국의 식민지가 되어버렸다. 미국인은 운하 지대를 관리할 총독을 임명하고 법원과 경찰서를 세우고 미국의 법을 적용했으며 미국 국기를 걸었다. 또한 군사기지 14곳과 각종 군사학교 및 군대 수만 명을 거느린 '미국 남방 사령부'를 세웠다. 파나마인들은 운하 지대에 출입할 수 없었다. 이렇게 운하 지대는 파나마 안에 미국이 설립한 '나라 안의 작은 나라'가 되어버렸다.

경제 수익의 분배 문제에 대해서도 미국은 운하의 개통과 동시에 모든 경영권을 장악한 채 터무니없이 낮은 보상만을 제공하며 운하와 운하 지대를 차지했다. 미국은 파나마 정부에게 제공하는 보상금을 1914년부터 1977년까지 세 차례에 걸쳐 230만 달러까지 인상했는데, 이는 운하 회사가 매년 거두어들이는 통행세 1억 1천4백만 달러의 57분의 1에 불과한 액수였다.

투쟁이 시작되다

제2차 세계대전 이후, 파나마 국민 사이에 애국주의가 급속히 퍼지면서 운하에 대한 주권을 되찾기 위한 투쟁이 시작되었다. 1958년 5월, 파나마의 학생들이 미국 경찰의 저지를 뚫고 운하 지대에 파나마 국기 50장을 꽂았다. 1959년 11월에는 파나마 국민이 대규모 반미 시위를 펼쳤고 두 차례에 걸쳐 운하 지대에 들어가 미국 대사관을 공격하고 미군과 유혈 충돌을 빚었다.

파나마 대통령은 1961년 10월 국정 보고서를 발표하고 미국 정부에 1903년 맺은 조약을 수정하고 재협상할 것을 제의했다. 이에 파나마 국회는 11월 결의안을 통과시키고 미국에 새로운 조약 체결을 요구했다. 파나마 정부는 운하 지대에 대한 파나마의 주권 확보와 파나마가 운하 관리권을 넘겨받는 정확한 시기를 정하고 운하 수입을 공정하게 분배하는 등 '최저 요구 사항 13가지'를 제시했다.

파나마 국민의 반미정서를 가라앉히고자 미국 케네디 정부는 1963년 1월 파나마 정부와 함께 연합 성명을 발표하고 운하 지대에 미국과 파나마 두 나라의 국기를 동시에 걸기로 했다. 그러나 1964년 1월 초 미국이 약속을 위반하고 운하 지대에 며칠 간 미국 성조기만 걸어둔 사건이 벌어지면서 파나마 국민의 분노가 폭발했다. 1주일

1999년 12월 14일, 파나마 시티 근처에서 파나마 운하 반환식이 열렸다. 여러 세대에 걸쳐 투쟁한 파나마 국민의 꿈이 드디어 이루어진 것이다. 전 미국 대통령 지미 카터가 미국을 대표해 운하 주권과 관할권에 대한 문서에 서명한 후 파나마 대통령에게 '운하는 당신들의 것'이라고 말했다.

세계 운수업이 급속이 발전하면서 100년 전 개통된 낡은 운하는 운수업계의 요구를 만족시키지 못하게 되었다. 2006년 10월 22일, 운하 확장 문제에 대한 국민 투표 결과 파나마 국민 78퍼센트가 찬성했다. 파나마 정부는 운하의 양 끝에 각각 너비 55미터, 길이 427미터의 3단계 수문과 기타 관련 시설을 확충할 계획이다.

동안 거센 반미 시위가 파나마를 휩쓸었다.

1964년 1월 9일 운하 지대로 들어가 파나마 국기를 걸려던 파나마 학생 200여 명을 미군이 폭력적으로 진압하는 일이 발생했다. 이 과정에서 파나마 국기가 훼손되고 학생 한 명이 사망했다. 다음날 파나마 군중 3만여 명이 항의 시위를 벌이며 운하 지대의 파나마 국기 게양을 요구하자 미군은 다시 군사를 동원해 시위를 진압했다. 현장에서 21명이 사망하고 400여 명이 부상을 입는 등 유혈 사태가 발생했다. 파나마 국민은 며칠 간 대대적인 시위를 펼쳤고 1월 12일에는 군중 10만 명이 모여 미군에 희생된 사람들을 위한 애도 행사를 벌였다. 파나마 정부는 미국과 외교 관계 중단을 선언하고 유엔과 미주기구에 미국의 침략 행위를 제소했다.

라틴아메리카 국가는 물론 전 세계 각국이 파나마인들의 투쟁을 지지하면서 미국 정부는 전에 없이 고립되었다. 4월 3일 미국은 파니마와의 연합 성명을 통해 운하 지대의 주권 문제에 대한 협상을 진행하겠다고 발표했으나 협상은 진행과 중지를 반복하며 무려 1년 동안 결론을 내지 못했다.

1968년 10월, 민족주의 경향의 파나마 군관 오마르 토리호스가 군사 정변을 일으켜 정권을 잡았다. 운하 지대의 주권을 되찾기 위한 파나마 국민의 투쟁을 이끌던 그는 파나마 운하 문제를 국제화시켜 미국을 공격하는 방법을 생각해냈다. 1973년 3월 유엔 안보리는 파나마 시티에서 운하 문제에 대한 특별회의를 가졌고 이 자리에서 닉슨 정부는 회의에 참석한 11개국으로부터 비난을 받았다. 그렇게 미국은 국제 사회의 압박을 이기지 못하고 새로운 운하 조약을 체결해야 했다.

토리호스와 지미 카터 정부는 1977년 9월 7일 새로운 '파나마 운하 조약'을 체결했다. 미국은 1999년 12월 31일부로 운하를 파나마에 넘기고 주둔군을 모두 철수하며 파나마 국민이 운하와 운하 지대에 대한 모든 권리를 갖는다는 내용이었다. 70년이라는 긴 세월 동안 주권을 되찾기 위한 파나마의 투쟁이 승리를 거두게 되었다.

그러나 조약이 체결된 이후에도 미국은 운하와 파나마 전체에 뻗친 손길을 거두지 않았다. 1980년대 이후, 미국은 파나마의 군사기지 기한을 연장할 것을 여러 차례 요구했다. 1989년 부시 정부는 심지어 파나마를 침략하여 반미 성향의 마누엘 노리에가 정권을 무너

뜨리기도 했다. 1995년과 1996년에는 미국 상원하원의원이 차례로 결의안을 통과하여 클린턴 정부가 협상을 통해 파나마의 미군 군사 기지 주둔을 2000년 이후까지 연장할 것을 요구했다. 이러한 무리한 요구는 파나마 정부와 국민의 강한 반대와 비난을 받았고, 체결한 조약을 이행해야 했던 미국은 조금씩 철군했다. 1997년 9월 25일, 미국 남방 사령부 본부에 50년 넘게 걸려 있던 미국 국기가 내려졌고 마지막까지 남아 있던 미군 200명도 마이애미로 철수했다.

추방당한 국왕 이란의 이슬람 혁명

5천 년의 역사를 가진 이란은 고대 페르시아인의 후예다. 기원전 6세기에 고대 페르시아제국의 아케메네스 왕조 시기에 크게 번영했으며 크세르크세스 1세와 다리우스 1세 모두 시대를 풍미한 제왕이었다. 1960년대와 1970년대에 팔레비 왕조가 현대화를 위한 백색 혁명을 시도했으나 사회와 종교 갈등의 심화로 실패했다. 그 후 호메이니가 일으킨 이슬람 혁명으로 이란은 정교일치 국가로 거듭났다.

백색 혁명

1941년, 무함마드 레자 팔레비가 22세의 젊은 나이로 왕위를 이어받았다. 유럽에서 유학하다가 돌아온 젊은 왕은 정치 경험이 전혀 없어 이름뿐인 왕이 되었다. 1951년 모사데그가 수상이 되면서 팔레비는 왕궁에 연금되었다. 그러나 이란 사회의 기반으로서 오랜 전통을 갖고 있는 전제군주제는 폐지되지 않았다. 1953년 팔레비는 미국의 지지를 받아 모사데그 정부를 무너뜨리고 권력을 되찾았다. 다시 정권을 잡은 팔레비는 왕권과 국회에 대한 통제를 강화하고 수상과 각 부처의 대신들을 직접 임명하는 동시에 미국 중앙정보국의 도움으로 비밀경찰기구인 국가안전국을 설립했다.

대외적으로 친미정책을 펼쳤던 그는 바그다드조약기구에 가입하고 미국과 군사 협정을 맺어 군사 동맹 관계를 구축했다. 끊임없는 노력 끝에 팔레비는 강력한 절대 군주로 우뚝 설 수 있었다. 그러나 1950년대 말, 이란의 경제 상황이 악화하고 불황이 심해지면서 사회 불안과 정치 위기를 낳았다. 이란 신귀족 계급과 봉건 지주의 충돌이 끊이지 않았고 농촌의 계급 갈등도 나날이 심해졌다. 이런 상황에서 이란의 사회, 경제와 정치 구조를 근본적으로 개혁해야 한다고 생각한 팔레비는 이란을 현대 자본주의 국가로 전환하는 이른바 '백색 혁명', 즉 '피를 흘리지 않는 혁명'을 결심했다.

1963년 1월, 테헤란에서 열린 이란 전국농민대회에서 팔레비는 백색 혁명의 여섯 가지 개혁 계획을 선언했다. 첫째, 소작농 제도를 폐지하고 대지주가 소유한 땅을 농민에게 골고루 나누어 주는 토지 개혁. 둘째, 삼림의 국유화. 셋째, 국유 기업의 민영화. 넷째, 노동자들에게 회사의 이익 분배. 다섯째, 여성에게 선거권 부여. 여섯째, 농민 문맹 퇴치. 이후 이 파격적인 백색 혁명에 농촌과 도시 사회 개선을 위한 정책들이 추가되었다.

15년 동안 이어진 백색 혁명은 이란에 거대한 변화를 가져왔고 이란 경제도 급속히 발전하기 시작했다. 그 후 1963년부터 1977년까지 국제 사회에 석유 파동이 일어나 석유 가격이 폭등했고 이에 따라 이란의 석유 수입이 가파르게 상승하면서 백색 혁명을 위한 자금이 확보되었다. 이 시기 이란의 석유 연간 생산량은 약 2억 톤에 달해 중동 지역에서 가장 많았고 세계에서 4번째로 많았다. 막대한 석유 수입 덕분에 채무국이었던 이란은 채권국이 되었고 급속한 산업화를 위한 자금도 투입할 수 있었다. 하루아침에 가난을 벗고 세계적인 부자 나라가 된 것이다. 백색 혁명이 진행되는 한편, 팔레비는 끝없이 벌어들이는 석유 달러를 이용해 야심찬 경제 현대화와 산업화 발전 전략을 세웠

▲ 추방당한 이란의 팔레비 왕

다. 10년 동안 이란의 국민 경제는 빠르게 성장했다. 국민 소득도 1960년 160달러에서 1978년 2,250달러로 늘어났다. 석유, 방직, 시멘트 등의 전통적인 산업 외에도 석유 화학, 기계 제조, 제련 등 새로운 산업도 세웠다.

척박한 고원에 있는 이란에서 현대화 공장들이 하나 둘 들어섰고 작은 도시였던 테헤란은 국제적으로 이름난 대도시가 되었다. 이란의 국력도 강해졌고 국민의 생활수준도 눈에 띄게 높아졌다. 백색 혁명은 이란의 경제와 사회 모두를 발전시켰지만 부의 급속한 축적과 동시에 이란 사회 내부에 오랫동안 존재해온 여러 가지 문제는 갈수록 심해졌다. 또한 왕실과 정부의 부정부패로 국민의 불만이 높아지면서 팔레비가 단숨에 이뤄낸 현대화의 꿈도 깨져버렸다.

이슬람 혁명

백색 혁명은 이란에 강력한 중산층을 형성했다. 팔레비 왕조에게 이는 양날의 검과 같았는데, 중산층이 국왕의 경제 정책을 지지하며 힘을 실어주기도 했지만 민주주의와 참정권을 요구하며 이란 내부

▲ 이란의 고도古都 이스파한의 호
메이니 광장에 있는 이맘 모스
크 사원

갈등을 심화시켰기 때문이다. 백색 혁명으로 이란의 교육도 크게 발
전했는데, 이때 지식인 계급이 대량 형성되면서 1960년대와 1970년
대까지 이란에서는 대학생 운동이 끊이질 않았다. 고등교육기관이
국왕에 맞서기 시작한 것이다. 또한 백색 혁명이 종교계가 전통적으
로 누리던 이익을 침해하자 호메이니가 이끄는 교회가 세속화, 서방
화, 현대화, 국왕의 개혁에 반대하면서 왕과 교회의 관계도 위기에
빠졌다. 팔레비는 지식인들과 종교계 인사와 동시에 맞서야 하는 난
국에 처한 것이다.

이란의 종교 세력은 왕과 오랜 세월 대립해왔다. 종교 지도자들은
이란 국민의 95퍼센트가 종교의 영향을 많이 받는 시아파 무슬림인
것을 이용해 국왕에 맞섰다. 호메이니는 1964년 국왕에 의해 외국으
로 추방되어 이라크와 프랑스로 망명한 인물이었다. 오랫동안 나라
밖을 떠돌았지만 그는 이란 국내의 비밀 종교 조직을 통해 국왕과의
투쟁을 계속해 왔기때문에 여전히 이란 내에서 대단한 영향력을 갖
고 있었다.

호메이니는《이슬람 정부》라는 소책자를 써 이슬람 혁명의 이론과 전략을 상세히 설명하며 이슬람 정권의 필요성을 분석하고 이슬람교와 정치가 떨어질 수 없는 관계라는 것을 강조했다. 그는 심지어 미래 이슬람 정부 각 기관의 구성과 기능에 대해서도 자세히 계획해놓았다. 호메이니의 이론과 주장은 시아파 무슬림이 국왕에 맞서는 데 정신적인 무기가 되었다.

1977년 12월, 외국에 망명 중이던 호메이니는 이란에서 국왕에 맞서기 위한 '성전'의 시작을 선포했다. 1978년 초, 이란 신문에 실린 한 칼럼이 시아파 교도들을 자극하는 사건이 벌어졌다. 칼럼의 내용이 지도자 호메이니를 모독하고 있다고 생각한 이들은 대규모 반 국왕 시위를 펼쳤다. 1월 7일부터 9일까지 종교 성지인 쿰에서 신학교 학생 수천 명이 항의 시위를 벌이다가 경찰의 진압에 희생당했다. 쿰 유혈사태는 1978년부터 1979년 이슬람 혁명에 불을 붙이는 계기가 되었다. 1978년 2월 시위는 전국을 휩쓸었다. 8월에 팔레비가 내각을 교체하고 수도 테헤란 등 대도시 12곳에 군사 계엄령을 내렸다. 9월 8일, 테헤란 거리로 뛰쳐나온 시위대 중 약 58명이 경찰의

▼ 이란 수도 테헤란의 거리

진압에 목숨을 잃은 '검은 금요일' 사건이 발생했다, 이때부터 몇 주에 걸쳐 전국적인 총파업이 일어났고 이란 국왕 정부도 더 이상 어찌해볼 방법이 없게 되었다.

12월, 백만 군중이 테헤란에 모여 대규모 시위를 펼쳤다. 그 가운데에는 농촌에서 온 시위자도 있었다. 국왕에 반대하는 사람들은 이란의 전제군주제를 폐지하고 호메이니로 하여금 이슬람 정부를 세우며 종교를 보호하고 추방된 사람들의 귀국을 허락할 것 등 17가지 사항을 요구했다. 12월 18일, 전국에서 다시 총파업이 일어나자 정부 기관은 완전히 마비되었다. 12월 30일, 여론에 못이긴 국왕은 샤푸르 박티아르를 수상에 임명할 수밖에 없었다. 박티아르는 내각 재구성에 찬성했으나 의회를 해산하고 정부가 군대와 경찰 부대를 움직이도록 해줄 것을 요구했다. 그는 또한 입헌군주제를 세우고자 국왕을 휴가 명목으로 당장 출국하게 했으며 1979년 1월 13일 섭정위원회를 구성했다.

팔레비는 각종 조치를 취해보았지만 역사의 수레바퀴를 멈추게 할 수는 없었다. 혁명의 파도는 이미 손을 쓸 수 없을 정도로 거세게 불어 닥치고 있었으며, 박티아르도 얼마 후 국왕과 협력했다는 이유로 수상직을 빼앗겼다. 국왕의 통치 기반은 무너지고 있었으며 군대 역시 흔들리고 있었다. 일부 병사들은 혁명에 가담했고 귀족들은 황급히 재산을 외국으로 옮겼다. 이처럼 상황이 위급해지자 왕을 지지하던 미국도 태도를 바꿔 호메이니와 협력할 준비를 했다. 두 번 다시 정권을 회복할 수 없게 된 팔레비는 1979년 1월 11일 외국으로 망명했고 이 소식이 전해지자 군중 수백만 명이 테헤란 거리로 쏟아져 나와 노래하고 춤추며 승리를 자축했다. 호메이니도 프랑스 파리에서 테헤란으로 돌아와 15년간의 망명생활에 종지부를 찍었다. 그는 2월 1일 이슬람 임시혁명정부의 성립을 선언하고 11일 메흐디 바자르간을 총리에 임명하여 정식으로 국가 정권을 잡았다. 반세기 동안 이란을 통치해온 팔레비 왕조는 이렇게 역사 속으로 사라졌다.

1979년 4월 1일, 이란이슬람공화국이 건국되었다. 공화국은 정교일치를 기본으로 이슬람 율법을 법률로 따르고 이슬람 시아파 교리를 건국이념으로 삼았다. 호메이니는 최고 종교 지도자로 행정, 입법, 사법과 군사 등 모든 권력을 평생 손에 넣었다.

전쟁과 고통의 땅 중동 전쟁

지중해 동쪽 연안에 있는 팔레스타인은 수에즈 운하를 끼고 있어 유럽, 아시아, 아프리카 세 대륙의 교통 요지다. 전략적, 경제적으로 중요한 위치에 있어 역사적으로 오랫동안 강대국의 각축전이 벌어진 지역이었다. 1948년 5월 14일, 유대인이 이스라엘 건국을 선언하면서 이 지역은 매일같이 총성과 비명이 끊이지 않게 되었다. 20세기 중후반에 아랍 국가와 이스라엘은 다섯 차례의 대규모 전쟁을 벌였는데, 이것은 제2차 세계대전 이후로 가장 오랫동안 이어진 군사적 충돌이었다.

팔레스타인 문제의 시작

아랍과 이스라엘 충돌의 실체는 팔레스타인의 주권을 놓고 아랍인과 유대인이 벌인 쟁탈전으로, 여러 가지 역사적인 문제들이 복잡하게 얽혀 있다. 팔레스타인의 옛 이름은 가나안으로 이스라엘, 요르단, 가자와 요르단 강 서안을 포함한 지역이었는데 역사적으로 아랍 민족과 유대 민족 모두가 이 지역에 국가를 세운 적이 있다. 기원전 20세기 가나안 사람들이 팔레스타인 연안과 평원에 자리를 잡았다. 기원전 13세기 말에 히브리 부족이 팔레스타인으로 흘러들어 왔고 기원전 11세기에 유대인이 히브리왕국을 세웠다. 나중에 바빌론과 페르시아가 잇따라 팔레스타인을 점령했고 기원전 1세기에는 로마제국이 이 지역을 차지하면서 유대인들은 세계 각지로 뿔뿔이 흩어졌다.

7세기에 이르러 팔레스타인은 신흥 아랍제국의 일부가 되었다. 끊임없이 이주해온 아랍인들이 현지 토착민의 문화에 동화되어 팔레스타인 아랍인이 되었다. 이때부터 팔레스타인 아랍인은 수천 년간 이 땅에 자리를 잡고 살았다. 16세기부터 오스만튀르크인이 팔레스타인 지역의 새로운 통치자가 되었다가 제1차 세계대전 후에 다시 영국의 위탁 통치를 받았다. 19세기 말 유럽에서 유대국 부활을 주장하는 시오니즘 운동이 일어나 팔레스타인을 되찾아야 한다는 유대인의 목소리가 커지기 시작했다. 이 운동은 영국의 지지를 받았고 이때부터 세계 각지의 유대인이 팔레스타인으로 몰려들기 시작하면서 현지에 살던 아랍인들과 마찰을 빚었고 유혈 충돌이 벌어지기도 했다.

▲ **제1차 중동 전쟁**
1948년 제1차 중동 전쟁에 참여한 아랍연합군의 탱크. 1948년 5월 14일, 이스라엘이 건국을 선언하자 이집트, 시리아, 레바논, 이라크, 요르단이 각각 군대를 파견해 제1차 중동 전쟁이 벌어졌다.

제2차 세계대전 이후, 중동에서 유대인의 영향력을 확대하기 위해 미국은 시오니즘 운동을 적극적으로 돕기 시작했다. 1947년 11월 29일 미국과 영국의 물밑 작업으로 영국의 위탁 통치가 끝나는 1948년부터 팔레스타인에 아랍국과 유대국을 각각 건국하고 예루살렘을 둘로 나누는 결의안이 제2차 유엔대회를 통과했다. 유엔 제181호 결의안에 따라 전체 인구 수의 3분의 1도 채 되지 않는 유대인이 팔레스타인 영토의 56퍼센트를 차지했다. 당시 유대인이 실질적으로 통치하던 지역은 팔레스타인 면적의 6퍼센트에 불과했다. 아랍인이 유대인에게 많은 땅을 양보한데다 비옥한 해안 지역은 유대인 몫으로 돌아가고, 아랍인은 언덕 지대와 척박한 땅을 받았다. 아랍인의 이익을 충분히 고려하지 않은 유엔의 이러한 결정은 자연스럽게 아랍인의 불만을 샀다. 각 아랍국은 팔레스타인을 둘로 나눠 유대인 국가를 건립하라는 유엔의 결정에 반대하며 '성전'을 일으키기로 결심했다.

다섯 차례의 중동 전쟁

1948년 5월 14일 영국이 팔레스타인에 대한 위탁 통치 종료를 선언했다. 같은 날 오후 4시, 유대인 지도자 벤구리온이 텔아비브에서 이스라엘의 건국을 선언했다. 그러자 불과 16분 후 미국이 이스라엘 건국을 승인했고 소련도 5월 17일 승인의 뜻을 밝혔다. 다음날 이집트, 요르단, 이라크, 시리아, 레바논 등 아랍 국가 다섯 곳이 팔레스타인에 군대를 보내면서 제1차 중동 전쟁이 시작되었다.

전쟁 초반에는 아랍 측이 유리한 위치를 차지하고 있었다. 5월 29일, 미국의 입김으로 유엔이 정전을 명령하면서 숨 돌릴 시간을 확보한 이스라엘은 서둘러 군대를 모으고 미국과 프랑스 등에서 첨단 무기를 들여왔다. 이에 반해 아랍 국가 사이에는 내분이 생긴데다가 영국의 지원까지 잃어 양측의 실력이 역전되었다. 정전이 만료된 7월 19일, 당하고만 있던 이스라엘은 아랍연합군에 전면적인 공격을 실시했다. 결국 미국의 중재로 1949년 2월부터 7월까지 이스라엘과 이집트 등의 국가가 잇따라 휴전 협정을 맺으면서 제1차 중동 전쟁이 마무리되었다.

▲ 제4차 중동 전쟁 중, 시나이 반도의 군관들이 작전을 논의하고 있다.

전쟁이 끝난 후, 이스라엘은 팔레스타인 땅의 5분의 4를 통치했다. 유엔이 명령한 아랍국의 건립은 이루어지지 않았고 팔레스타인인 백만 명은 난민 신세가 되었다. 아랍권과 이스라엘의 갈등은 점점 심해졌고 중동 지역에는 오랫동안 긴장이 감돌았다.

중동의 상황은 강대국의 개입으로 더욱 복잡해졌는데, 이로 인해 수에즈 운하 전쟁이라고도 불리는 제2차 중동 전쟁이 시작되었다. 1956년 수에즈 운하를 다시 손에 넣고 아랍의 민족 해방 운동을 막고자 영국과 프랑스, 이스라엘이 손을 잡았다. 이들은 이집트가 운하 회사를 몰수하고 이스라엘 선박의 통행을 막았다는 것을 구실로 이집트를 공격했다. 이집트군은 최선을 다해 맞섰다. 영국과 프랑스의 행동은 국제 사회의 비난을 샀고 결국 유엔의 휴전 결의안을 받아들여 11월 6일 휴전을 선언했다. 12월, 영국과 프랑스 군대가 이집트에서 모두 철수했고 이듬해 3월에는 이스라엘군도 이집트에서 물러났다.

1967년 중동 지역에서 미국과 소련의 대결이 고조되면서 아랍권과 이스라엘의 갈등이 다시 불거졌다. 미국의 지원을 받은 이스라엘은 이집트가 아카바 만을 봉쇄했다는 것을 이유로 아랍 국가에 예고 없이 공격을 퍼부어 6월 5일 제3차 중동 전쟁을 일으켰다. 이 전쟁은 6일 만에 끝났기 때문에 6일 전쟁이라고도 불린다.

이스라엘군의 공격을 미처 예상치 못한 이집트와 요르단, 시리아

예루살렘

팔레스타인 중부에 있는 예루살렘
은 5천 년이 넘는 역사를 가진 유
명한 도시이다. 동쪽의 구시가지
와 서쪽의 신시가지 두 부분으로
이루어저 있다. 유대교와 이슬람
교, 기독교의 발원지인 예루살렘
구시가지는 3대 종교의 공통된
성지다. 도시 동쪽에는 기독교와
유대교 공동의 성지인 올리브 산
이 있다.

는 6만여 명이 죽거나 포로가 되는 큰 타격을 입은 반면 이스라엘의 사망자 수는 983명에 불과했다. 이 전쟁으로 아랍인은 가자 지구와 이집트 시나이 반도, 요르단 강 서안, 예루살렘 구시가지, 시리아 고란 고원을 이스라엘에 넘겨주었다. 6만 5천 제곱킬로미터에 달하는 땅이 이스라엘에 넘어갔고 아랍인 100만 명이 집을 잃고 난민이 되었다. 전쟁으로 다시 한 번 치욕을 당한 아랍 국가들은 1967년 8월에 제4차 정상회담을 열고 빼앗긴 영토를 되찾고 '이스라엘을 인정하지 않고 이스라엘과 화해하지 않으며 협상하지 않는 3불 정책'을 채택했다.

1973년, 이집트와 시리아는 잃어버린 땅을 되찾고 미국과 소련이 조성해놓은 '전쟁도 평화도 아닌' 상황에서 벗어나고자 이스라엘과 전쟁을 치르기로 했다. 10월 6일 이집트와 시리아가 동쪽과 서쪽에서 한꺼번에 이스라엘을 공격하면서 '라마단 전쟁'이 시작되었다. 팔레스타인 해방군 게릴라 부대는 이집트와 시리아와 협력해 이스라엘의 후방을 공격했다. 전쟁 초반에 이스라엘은 삼면에서 공격을 받으며 큰 타격을 입었다.

이집트와 시리아의 원래 계획은 '제한적 전쟁'이었기 때문에 이집트군은 계획에 따라 10월에 공격을 중지했다. 이스라엘은 미국으로부터 무기를 공급받고 이집트와 시리아가 공격을 멈춘 틈을 타 전면적인 반격에 나섰다. 이스라엘군은 먼저 북방 전선을 중심으로 시리아군을 막으며 반격하다가 운하를 넘어 이집트 주력군을 포위하고 수도 카이로까지 위협했다. 전쟁 상황은 순식간에 역전되었다.

이번 전쟁을 치르는 중에 아랍의 석유 수출국들은 미리 세워둔 계획대로 이스라엘을 지지하는 국가에 석유 공급을 끊어버렸다. 석유를 무기로 삼은 새로운 전쟁의 시작이었다. 석유 공급의 중단은 세계를 충격에 빠뜨렸으며 서방 경제와 정치에 큰 영향을 끼쳤다. 10월 22일 유엔 안보리가 결의안을 통과시키고 양측이 즉시 휴전할 것을 요구했다. 아랍 국가와 이스라엘은 이 제안을 받아들였고 제4차 중동 전쟁도 끝났다.

1982년 6월 6일, 이스라엘은 주영국 대사가 팔레스타인 게릴라 부대에 암살당한 것을 구실로 삼아 육해공군 10만 명을 출동시켜 레바논에 있는 팔레스타인해방기구 소속 게릴라 부대와 시리아 주둔군에 대규모 공격을 퍼부었다. 제5차 중동 전쟁의 시작이었다.

레바논에 있는 팔레스타인해방기구의 게릴라 부대 훈련장이 완전히 파괴되고 큰 손실을 입었다. 이스라엘 공군의 공격을 받은 시리아 군대의 피해도 치명적이었다. 6월 11일, 시리아가 먼저 이스라엘과 휴전 협정을 맺고 유엔이 전쟁에 개입했다. 팔레스타인해방기구 게릴라 부대 병사들은 유엔의 중재로 8월 21일부터 튀니지 등 8개 아랍 국가에서 철수하여 주요 기지를 잃게 되었다. 9월 중순에 전쟁은 마무리되었다.

▲ 1949년 폭격을 당한 예루살렘 신시가지. 1948년에 제1차 중동 전쟁이 시작된 후 예루살렘은 둘로 나뉘어 이스라엘이 신시가지를, 요르단이 구시가지와 동북부 지역을 점령했다. 이스라엘은 1950년 수도를 텔아비브에서 예루살렘으로 옮겼고 제3차 중동 전쟁이 발생한 1967년에 예루살렘 구시가지를 점령했다.

아랍 세계와 이스라엘의 협상

수차례의 전쟁을 겪은 후, 아랍 국가와 이스라엘은 전쟁으로는 문제를 해결할 수 없으며, 오히려 상황을 악화시킬 뿐이라는 것을 깨달았다. 제5차 중동 전쟁 이후, 협상을 통해 갈등을 해결해보자는 움직임이 일기 시작했다. 1993년 팔레스타인과 이스라엘은 '팔레스타인-이스라엘 협정'을 맺었다. 중동 지역에 희미한 평화의 불빛이 보이는 듯했다. 그러나 1995년 중동 평화 구축에 크게 공헌한 이스라엘 라빈 총리가 암살당하면서 팔레스타인 문제는 다시 한 번 먹구름이 드리워졌다. 팔레스타인해방기구를 이끌던 지도자들은 이미 세상을 떠났지만 팔레스타인과 이스라엘은 여전히 팽팽히 맞서고 있다.

영원한 투사 아라파트

언제나 군복 차림에 아랍의 상징인 터번을 두른 그의 얼굴은 수염이 덥수룩하게 자라 있다. 항상 도전적인 그의 말투에서 상대방을 제압하는 강한 힘이 느껴진다. 왜소한 몸 안에 마르지 않는 에너지를 품고 있는 것 같은 팔레스타인의 지도자 아라파트는 민족의 해방과 독립을 위해 평생을 바쳐 싸운 영원한 투사였다.

나는 팔레스타인인이다

아라파트는 원래 팔레스타인 가자 지구에 거주하던 집안 출신이다. 그의 아버지는 1927년 영국 식민주의자에게 쫓겨 카이로로 이주했다. 1929년 8월 24일 카이로에서 태어난 무함마드 야세르 아라파트는 일찍부터 학교에 들어가 이슬람교 경전인 《코란》을 공부했다. 남달리 총명하던 그는 《코란》을 줄줄 암송하고 교리에 대한 이해도 깊었던 탓에 독실한 무슬림으로 자랐다. 비록 외국에서 망명 중이었지만 그는 어린 나이에도 나중에 반드시 고향으로 돌아가 팔레스타인을 해방시키겠다고 다짐했다.

제2차 세계대전 이후로 세계 곳곳의 식민지 국민이 일제히 들고일어나 민족의 독립을 외치기 시작했다. 그러나 영국은 이러한 시대의 흐름에 아랑곳하지 않고 오히려 팔레스타인에 대한 통치를 강화했다. 영국은 이미 오래전부터 시오니즘주의 유대인이 팔레스타인으로 이주하는 것을 돕고 있었는데, 이 시기에는 특히나 많은 수의 유대인이 물밀듯 밀려 들어와 팔레스타인에 살고 있던 아랍인의 생활 터전을 위협하고 있었다. 유대인은 영국의 도움으로 무기를 확보해 조금씩 아랍인을 쫓아냈지만 아랍인이 무기를 갖는 것은 허락되지 않았다. 영국 식민주의자와 유대인에게 맞서기 위해서는 무기를 손에 넣는 것이 시급했다. 이때 아라파트는 주저 없이 팔레스타인으로 무기를 실어 나르는 작전에 참여하

▼ 1970년 3월 1일에 AK-47 자동소총을 어깨에 멘 아라파트가 요르단에서 기자회견을 갖고 있다.

기로 했다.

아라파트는 1947년 팔레스타인에 들어가 무슬림형제단 소속의 한 게릴라 부대에 들어갔다. 그와 동료들이 나름의 방식으로 팔레스타인 문제를 해결하려 준비하고 있을 때, 미국과 영국의 입김을 받은 유엔이 '팔레스타인 분리 통치안'을 통과시켰다. 결국 1948년 5월 14일 영국이 팔레스타인에서 철수하자 같은 날 이스라엘이 건국을 선언했고 이에 이집트와 요르단 등 아랍 국가가 일제히 전쟁을 선포하면서 제1차 중동 전쟁이 시작되었다. 아라파트도 전투에 참여했지만 서방의 압박에 못 이긴 아랍 국가가 팔레스타인을 배신하자 소모전만 치렀고 후퇴하면서 수많은 전략적 요지를 이스라엘군에 빼

▼ 야세르 아라파트

앗겼다. 더욱 기막힌 사실은 아랍 국가가 게릴라 부대에서 무기를 수거해간 것인데, 아라파트도 갖고 있던 총을 이집트 군관에게 빼앗겼다. 한편 전쟁이 끝난 후 이스라엘은 한층 더 입지를 굳혔을 뿐 아니라 팔레스타인 면적의 80퍼센트를 점령했다. 반면 팔레스타인 96만 명이 집을 잃고 난민 신세로 전락했다. 이에 크게 충격을 받은 아라파트는 앞으로는 누구의 도움도 바라지 않고 오로지 자신만을 믿겠다고 다짐했다.

학교로 돌아간 아라파트는 불타는 의지를 이기지 못하고 또다시 민족 저항 운동에 나섰다. 1952년 이집트의 나세르가 이끄는 자유장교단이 정변을 일으켰을 때 팔레스타인 사람들은 그가 자신들의 구세주가 되어줄지 모른다는 기대를 품었다. 그러나 나세르는 그들을 돕지 않았다. 여러 번 배신을 당한 아라파트는 팔레스타인 스스로 저항조직을 결성하기로 했다. 1959년, 그는 뜻을 같이하는 동료들과 함께 쿠웨이트에 팔레스타인 민족 해방 운동 무장 조직 '파타'를 만들었다. 아라파트를 중심으로 한 파타는 곧 공식적으로 항거 투쟁에 나섰고 끊임없이 발전했다. 1968년 5월 파타는 다른 저항조직들과 요르단 수도 암만에 모여 회의를 열고 팔레스타인해방기구를 결성했다. 연합조직 8개 중 파타의 사람 수가 가장 많고 영향력도 컸

▲ 2001년 1월 28일, '평화'를 주제로 한 회의에서 민족권력기구 의장 아라파트와 이스라엘 외무장관 페레즈(왼쪽)가 악수를 하고 있다.

기 때문에 1969년 아라파트가 팔레스타인해방기구 의장으로 선출되었다.

전쟁과 평화

유대인에게 이에는 이, 눈에는 눈으로 맞서야 한다고 생각한 아라파트는 초기에 폭력적 혁명이야말로 조국을 해방시키는 유일한 방법이라고 주장했다. 그래서 팔레스타인해방기구는 무장 능력을 강화하고 전투에 집중했다. 팔레스타인인은 물론 다른 나라 출신의 수많은 무슬림이 아라파트를 따라 전투에 뛰어들었다. 팔레스타인해방기구는 레바논에서 빠르게 발전했고 이스라엘을 겨냥한 군사 작전도 적극적으로 펼쳤다. 1967년 제3차 중동 전쟁이 일어나자 아라파트가 이끄는 전사들이 시리아 군대와 함께 중요한 전략 지점인 고란 고원을 공격했다. 전쟁이 끝나고 아라파트는 이스라엘 점령 지역에서 수개월 동안 게릴라전을 펼치기 시작했고 역시 이 시기부터 팔레스타인 농민처럼 격자무늬 터번을 머리에 쓰기 시작했다. 그리고 자신의 상징이 된 이 터번을 벗지 않았다.

1960년대 말부터 1970년대 초까지는 아라파트에게 무척 힘겨운 시간이었다. 당시 요르단 땅을 근거지로 삼아 세력을 확장한 팔레스타인해방기구는 요르단의 후세인 국왕과 공개적으로 맞서는가 하면 후세인을 암살할 계획을 세우거나 민간 항공기를 납치하는 등 문제를 일으키고 있었다. 이에 화가 난 후세인이 1970년 9월에 군대를 동원하여 팔레스타인해방기구를 추방하라고 명령하면서 요르단 내전이 발생했다. 팔레스타인해방기구는 전쟁에서 엄청난 손실을 입었고 살아남은 사람들은 레바논으로 쫓겨났다. 파타는 복수를 위해 요르단 수상을 암살하고 비행기를 납치했으며 1972년에는 악명 높은 사건인 '뮌헨 사건'을 저질렀다. 올림픽에 참여한 이스라엘 국가 대표 선수 11명이 살해당한 이 사건은 나중에 이스라엘의 대대적인 보복을 낳았을 뿐만 아니라 국제 사회로부터 거센 비난까지 샀다. 결국 이런 식의 테러 활동을 허락하지 않았지만 직접 나서서 막지도 않았던 아라파트에게는 테러주의자라는 꼬리표가 붙었다. 그럼에도 그는 1973년 발생한 제4차 중동 전쟁에서 몇 명 남지 않은 파타를 이끌고 게릴라전을 펼치며 이스라엘군의 후방을 공격했다.

오랜 세월 이어진 투쟁은 1980년대가 될 때까지 아무런 성과도 거두지 못했다. 반면 팔레스타인인의 상황은 오히려 악화되었고 파타도 힘을 많이 잃어버렸다. 이런 상황에서 아라파트는 이스라엘에 대한 전략을 다시 생각해볼 수밖에 없었다. 파타는 점차 온건하고 현실적인 자세로 돌아서서 이스라엘을 인정하고 협상을 통해 평화로운 방식으로 문제를 해결할 것을 요구했다. 그러나 이스라엘 측은 팔레스타인이 제시한 평화 원칙에 아무런 반응도 보이지 않았다. 1988년 팔레스타인 전국위원회가 알제에서 '독립 선언'을 채택하고 '팔레스타인 분리 통치 결의안'을 받아들이기로 결정했다. 예루살렘을 수도로 정하고 팔레스타인을 세웠지만 정확히 경계 지어진 영토는 없었다. 1989년 팔레스타인해방기구 중앙위원회가 아라파트를 팔레스타인 대통령에 임명했으나 그저 이름뿐인 대통령이었다.

그러다가 1990년대 초 상황이 변했다. 당시 이스라엘의 노동당이 정권을 잡자 이스라엘 정치인 이츠하크 라빈과 시몬 페레스가 팔레스타인이 제시한 평화 원칙에 동의하고 팔레스타인과 접촉하기 시작했다. 그렇게 두 나라는 1993년 9월에 '오슬로 협정'을 맺고 서로를 인정했다. 팔레스타인 측은 협정에 따라 1994년 5월 가자 지구와 예리코에서 제한적이나마 자치 활동을 시작했고 나중에 요르단 강서안까지 자치 범위를 확대했다. 아라파트는 7월 1일 드디어 팔레스타인으로 돌아와 가자 지구에 자치 정부인 팔레스타인 민족권력기구를 세웠다. 아라파트과 라빈, 페레스 세 사람은 중동 평화에 기여한 공로를 인정받아 1994년에 노벨 평화상을 공동 수상했다. 그렇게 모든 것이 좋은 방향으로 흘러가는 듯했으나 1995년 라빈이 암살당하면서 평화를 향한 중동의 움직임이 주춤하기 시작했다. 1996년에는 팔레스타인 자치구에서 최초로 대선이 치러졌고 압도적인 지지를 얻은 아라파트가 팔레스타인 민족권력기구 의장에 선출되었다. 그 후 아라파트의 노력으로 아랍 국가와 이스라엘의 갈등은 전환기를 맞이했지만 실질적인 발전은 더 이상 거두지 못했다.

원래 '오슬로 협정'은 1999년부터 자치 제도를 종료하고 정식으로 팔레스타인을 건국하도록 정해놓았지만 약속한 시간이 지나도 건국은 현실화되지 않았다. 일흔 살의 아라파트가 늙고 병든 몸을 이끌고 여러 나라를 돌며 외교적 노력을 기울였지만 소용없었다. 건국에 실패했다는 사실은 아라파트의 영향력과 위신을 크게 떨어뜨렸고 그의 몸과 마음도 그만큼 타격을 받았다. 팔레스타인해방기구는 물론 아라파트가 직접 세운 파타에서도 그의 입지는 흔들리고 있었다. 이런 상황에서 파키스탄 내부 갈등이 다시 고개를 들고 자살폭탄 등의 테러 활동이 잦아졌지만 아라파트는 이를 막을 힘이 없었다. 그럼에도 모든 것을 아라파트의 탓으로 돌린 이스라엘은 2001년 12월부터 그를 요르단 강 서안 도시 라말라의 어느 주택에 가두어 버렸다. 그는 수도와 전기가 끊기를 밥 먹듯 하는 열악한 환경에서 3년을 버티다 결국 2004년 10월 말 큰 병을 얻었고, 쏟아지는 국제 사회의 비난을 못 이긴 이스라엘이 그를 병원으로 보냈다. 평생을 투쟁에 바친 아라파트는 11월 11일 프랑스 파리의 병원에서 조용히 세상을 떠났다.

나를 위해 울지 말아요, 아르헨티나
영국과 아르헨티나의 포클랜드 전쟁

아르헨티나와 영국이 1982년 4월 2일부터 6월 4일까지 포클랜드 제도의 주권 문제를 둘러싸고 전쟁을 벌였다. 짧지만 격렬한 전쟁이었다. 아르헨티나는 제 집 마당에서 치러진 전쟁에서 영국 군대에 패하고 말았고, 포클랜드 제도는 영국의 차지가 되었다.

섬 때문에 일어난 싸움

남대서양 남단에 있는 포클랜드 섬은 라틴아메리카 대륙 가까이에 있는 군도로, 큰 섬 두 개와 작은 섬 수백 개로 이루어져 있다. 1만 2천 제곱킬로미터의 면적에 주민은 2천 명도 채 되지 않는 이 섬은 아르헨티나 해안에서 불과 500킬로미터 떨어져 있지만 영국으로부터는 1만 2천 킬로미터나 떨어져 있다.

포클랜드 섬을 둘러싼 아르헨티나와 영국의 다툼은 오래전부터 시작되었다. 영국은 자신이 이 섬을 가장 먼저 발견했다며 포클랜드라는 이름을 붙였다. 식민지 시대에 영국, 프랑스, 스페인 등 서유럽 국가가 이 섬을 차지하려 여러 차례 다툼을 벌이기도 했다. 1816년 아르헨티나가 독립하면서 포클랜드 섬도 영토에 포함시켰지만 몇 년 후에 섬을 관리하던 아르헨티나인이 바다사자를 사냥하려던 미국인과 마찰을 빚어 섬에서 쫓겨나는 사건이 발생했고, 영국은 이 기회를 틈타 1883년 포클랜드 섬을 차지해버렸다. 이때부터 섬은 영국이 점령하기 시작했다. 아르헨티나가 자신의 영토를 돌려줄 것을 영국에 여러 차례 요구했지만 영국은 꿈쩍도 하지 않았고, 두 나라 사이에 가끔 마찰이 빚어졌어도 대규모 군사적 충돌은 발생하지 않았다. 유엔이 1965년과 1973년 두 차례에 걸쳐 평화적 협상을 통해 포클랜드 섬 문제를 해결할 것을 촉구하자 영국과 아르헨티나는 기나긴 협상을 시작했다. 처음에는 어느 정도 진전을 거두기도 했지만 세계적인 석유 파동 속에서 포클랜드 섬 부근 해역에 석유와 천연가스가 풍부하게 매장되어 있다는 소식이 알려지자 상황이 바뀌었다. 두 나라 모두 엄청난 이익 앞에서 조금도 양보하지 않았고 협상은 중지되었다.

1981년 아르헨티나 대통령이 된 군인 출신의 갈티에리는 영국에 대해 더욱 강경한 태도를 취했다. 그는 연설에서 '우리의 문 앞에 있는 보물 창고를 영국인과 나누어야 할 이유가 전혀 없다. 목숨을 걸고서라도 영국인을 몰아내야 한다'고 말했다.

전쟁이 시작되다

1982년 3월 19일에 한 무리의 아르헨티나인이 역시 영국과 영토분 쟁을 겪고 있는 남부 조지아 섬에 들어가 아르헨티나 영토임을 주장 했다. 영국은 포클랜드 섬에 주둔한 군대를 보내 이들을 위협했다.

4월 2일 새벽에 아르헨티나 군인 4천여 명이 포클랜드 섬에 들어 가 군사 작전을 펼쳤다. 그러자 영국군 백여 명은 잠시 저항하는 시 늉만 하다가 곧 총독과 함께 항복했다. 영국군이 최선을 다해 싸우 지 않았는데도 아르헨티나군은 헬기 한 대와 해군선 한 대, 지휘관 한 명을 포함힌 군인 네 명을 잃었다. 물론 영국군은 털끝 하나 다치 지 않았다. 그러나 영국군이 이대로 순순히 물러서지 않을 것임을 잘 알고 있던 아르헨티나는 서둘러 섬 안에 군대를 늘리고 군수 물 자를 쌓아 두었다. 불과 며칠 사이에 1만 명의 군인이 배치되었고 아르헨티나 항구[5]에만 정예부대 4,500명이 몰려 있었다. 대포와 방 공무기 등도 설치되었고 포클랜드 섬 주변 바다에 항공모함, 순양 선, 구축선, 잠수함대 등이 배치되었으며 전투기 400여 대가 공중을 선회했다. 아르헨티나 군대는 이렇게 만발의 준비를 한 채 영국군을 기다리고 있었다.

한편 포클랜드 섬을 빼앗겼다는 소식을 전해 들은 런던은 혼란에 빠졌다. 마거릿 대처는 영국 총독이 섬에서 쫓겨난 4월 2일 당일 세 차례의 긴급 내각회의를 연 다음, 영국에 있는 아르헨티나 외교관을 추방하고 아르헨티나에 대한 무기 운수 금지령과 경제 제재 명령을 내렸다. 4월 3일, 영국은 포클랜드 섬을 되찾기 위해 군대를 파견하 기로 했고 4월 5일 함대가 출동했다. 핵잠수함 4척, 구축함 8척, 호 위정 18척, 해병대함선 2척, 상륙선 5척과 군인 1만여 명으로 이루 어진 이 대규모 함대는 당시 영국 해군 병력의 3분의 2에 해당하는 규모였다. 작전 지원을 위해 영국군은 해군보조선박 17척과 여객선

---

5) 원래 스탠리 항구로 불렸으나 아르헨티나 군대가 점령한 후 이름을 바꾸었다.

▲ 포클랜드 섬 동부의 아름다운
풍경

과 유조선, 화물선, 원양이양선, 어선, 잠수지원선, 식수공급과 수리
지원 선박 등 무려 100톤에 달하는 각종 상선 67척까지 동원했다.

이 시기에는 국제 사회의 여론도 둘로 갈라졌다. 서방 국가는 영
국을 지지했고 제3세계, 특히 라틴아메리카 국가는 아르헨티나의
편에 섰다. 미국이 중재에 나섰지만 실패했다. 이제 양국은 전쟁을
피할 수 없는 상황이 된 것이다!

1982년 4월 12일에 영국이 포클랜드 섬을 중심으로 200해리를 전
쟁 구역으로 정하고 이 구역 안으로 들어오는 아르헨티나 함선은 이
유를 막론하고 공격할 것이라고 선언했다. 그리고 이 지역은 영국
함대가 도착한 23일부터 본격적으로 봉쇄되었다. 영국군은 우선 가
장 취약한 남부 조지아 섬부터 공격하여 불과 두 시간 만에 전투를
끝냈다. 외곽의 방어선이 무너지면서 전투는 5월부터 본격화되었
다. 5월 1일 영국군이 아르헨티나군에 폭격을 퍼부었고 2일에는 영
국군의 잠수함이 아르헨티나 순양함 벨그라노 호를 격침시켰다. 아
르헨티나도 당하고 있지만은 않았다. 5월 4일 아르헨티나는 콧대 높

159

구축함 셰필드 호

영국이 제작한 대형 미사일 구축함으로 총길이 125미터에 너비가 14.3미터, 최대적재량은 4,100톤이며 항속은 26노트, 최대항속거리는 4천4해리이다. 장교 26명을 포함해 총 312명의 승무원이 탑승한다. '시 다트' 지대공 미사일 4.5인치포, 20밀리미터 '오에르리콘' 포 2기, '마크' 44어뢰를 발사하는 '링크스' 헬리콥터 한 대가 적재되어 있고 대잠함 어뢰발사대도 6기 탑재되어 있다.

구축함에는 또한 원격 공중 수색 레이더 및 바다 위에 있는 목표물 수색을 위한 레이더가 각각 1기씩 설치되어 있고, 추적 레이더와 GPS를 포함한 첨단 자동화무기 시스템도 갖추고 있다.

은 영국 왕실 해군의 구축함 셰필드 호를 침몰시켰다. 영국 해군이 1억 달러를 들여 만든 최첨단 구축함 셰필드 호가 아르헨티나의 30만 달러짜리 엑소세 미사일에 당한 것은 누구도 예상하지 못한 놀라운 사건이었다. 7일, 영국군이 봉쇄 구역을 해안에서 12해리로 확대하면서 섬에 있는 아르헨티나군의 보급 문제가 난관에 빠졌다. 영국군은 9일부터 상륙 작전을 짜기 시작했다. 전쟁 진행 속도를 높여 최대한 빨리 섬을 차지한다는 내용이었다. 그런데 영국군이 섬을 포위한 채 장기전을 펼칠 것으로 잘못 판단한 아르헨티나군은 최대한 오래 버티기 위해 함대를 철수시키고 섬 안의 방어에 치중하는 실수를 저질렀다. 12일 아르헨티나 전투기가 영국 항공모함 호위선 두 척을 공격했다. 그러자 같은 날 저녁에 영국군이 아르헨티나군의 비행장을 공격했고 군사 두 명을 잃은 대신 아르헨티나 전투기 열한 대를 파괴하는 성과를 올렸다.

전쟁이 여기까지 진행되자 양측 군대의 차이가 드러나기 시작했다. 경제적 기반이 취약하고 산업수준도 영국에 훨씬 못 미치는 아르헨티나는 전쟁으로 인한 부담을 감당해내지 못했다. 특히 아르헨티나군의 무기는 대부분이 수입해온 것들이었다. 전투에서 크게 활약한 엑소세 미사일도 프랑스에서 수입해온 것이었는데 영국의 압력에 못 이긴 프랑스가 같은 기종의 무기를 판매하지 않겠다고 하는 사태까지 발생했다. 발만 동동 구르던 아르헨티나는 이웃 나라 페루가 주문한 엑소세 미사일 8개가 곧 도착한다는 소식을 듣고 페루에 도움을 청해보려 했지만 이 정보를 입수한 프랑스가 납품 날짜를 연기해버렸다. 모든 상황이 영국에 유리한 방향으로 진행되고 있었다. 영국군은 암호명 '샤턴'의 상륙작전을 펼쳐 아르헨티나군에 최후의 일격을 가하기로 결정했다.

5월 21일 새벽, 영국군이 아르헨티나군의 방어가 가장 취약한 섬 북부에 상륙했다. 아르헨티나군 100여 명은 열 배가 넘는 적군 앞에서 순식간에 무너졌고 영국군은 이때를 틈 타 날이 채 밝기도 전에 군대와 보급품을 섬으로 옮겼다. 아침이 되어 아르헨티나군은 공군을 중심으로 대대적인 반격에 나섰다. 아르헨티나군은 영국군의 촘촘한 지대공 대포에 맞서 용감히 싸워 영국 군함 여러 척을 침몰시키는 성과를 거두기도 했지만 지상 부대의 지원이 취약했던 탓에 영국군을 섬 밖으로 몰아내는 데에는 실패했다. 이튿날, 아르헨티나군

▲ 2007년 6월 14일 영국 전 총리 마거릿 대처(왼쪽)와 토니 블레어 총리 부부가 포클랜드 제도 전쟁 25주년 기념식에 참석했다.

은 상식적으로 이해할 수 없는 결정을 내려 군대를 움직이지 않았고 덕분에 영국군은 숨 돌릴 시간을 벌게 되었다. 그러다 아르헨티나 국경일인 5월 25일 아르헨티나 공군은 모든 병력을 동원해 총공격을 펼쳤다. 셰필드 호와 동급인 코번트리 호 구축함과 대형 수송함을 격침시켰으나 함선에 있던 전투기들은 가까스로 이륙에 성공해 화를 면했다. 안정적으로 상륙에 성공한 영국군은 서서히 진영을 넓혀갔고 보급 기지와 간이 비행장도 지으며 26일까지 모두 5천 명에 달하는 영국군이 섬에 상륙했다.

5월 27일, 섬에 들어온 영국군이 둘로 나뉘어 스탠리 항을 손에 넣었다. 28일에는 다윈 항과 더글라스를 점령하고 29일에 아르헨티나군 1,400명을 포로로 붙잡았다. 속수무책으로 여러 전선을 빼앗긴 아르헨티나군은 이제 더 이상 손쓸 수 없는 상황에 몰리게 되었다. 용감히 싸웠지만 공군의 지원이 없어 영국 정예군에 밀릴 수밖에 없었고 영국군은 끊임없이 새로 투입되는데 아르헨티나군은 추가 지원을 받지 못해 군사와 보급품이 모두 부족했다. 6월 1일 영국군은 스탠리 항을 완전히 포위했다. 13일, 섬에 있는 아르헨티나군이 더 이상 버티기 어렵다는 통신 내용을 감청한 영국군은 마지막으로 총

공격을 펼치기로 했다. 불과 열 몇 시간 만에 폭탄 1만 2천 개가 스탠리 항에 투하되었고, 아르헨티나군은 끝까지 저항했으나 결국 패배했다.

아르헨티나군과 영국군은 1982년 5월 14일 오후에 협상을 통해 비공식 휴전 협정을 맺었다. 아르헨티나는 저녁 9시에 공식적으로 항복했다. 74일간 이어진 포클랜드 전쟁은 이렇게 끝이 났다. 섬에는 다시 영국 국기가 내걸렸고 아르헨티나는 2천 명이 죽고 수많은 병사가 포로로 붙잡히는 피해를 입고도 아무것도 얻지 못했다. 영국은 아르헨티나와 포클랜드 섬의 주권에 대해 어떠한 협상도 하지 않겠다는 성명을 발표했고 아르헨티나 역시 섬을 되찾기 위해 계속 싸우겠냐고 맞섰다. 포클랜드 섬의 주권을 둘러싼 분쟁은 아직도 계속되고 있다.

동양의 보석 아시아의 네 마리 용

제2차 세계대전 이후 동아시아 국가들은 하나같이 경제적 어려움을 겪었다. 그러나 1960년대부터 타이완, 홍콩, 싱가포르, 한국의 네 나라가 굉장히 짧은 기간에 급속한 경제발전을 이뤄내며 세계가 주목하는 '아시아의 네 마리 용'으로 떠올랐다. 기적적인 경제 발전을 일군 이들의 비결은 무엇일까?

될성부른 나무는 떡잎부터 알아본다

경제발전을 이루기 전 네 마리 용은 모두 근대화와 거리가 멀었다. 농업이나 경공업 위주의 경제 구조를 갖고 있었고 천연자원도 부족했다.

이 네 곳은 매우 비슷한 지형적 조건을 갖고 있었다. 먼저 국토가 넓지 않았다. 이들 중에서 가장 큰 한국의 면적이 11만 제곱킬로미터이고 타이완과 홍콩이 각각 3만 6천 제곱킬로미터와 1,074 제곱킬로미터이며, 특히 싱가포르는 독립국가로서는 정말 작은 626.4제곱킬로미터에 불과했다. 두 번째로 이들 지역은 인구 밀도가 높았다. 1960년 기준으로 제곱킬로미터 당 인구 밀도는 타이완이 298명, 홍콩 2,877명, 싱가포르 2,653명, 한국 254명이었다. 이 밖에 천연자원이 부족한 것도 공통점이었는데, 광물자원이 거의 없는 홍콩과 싱가포르에 비하면 한국과 타이완의 상황은 그나마 좀 나은 편이었다. 그러나 아시아의 네 마리 용은 공통적으로 섬 또는 반도에 자리하고 있어 해안선이 길고 항구가 발달해 있었다. 특히 싱가포르의 경우 태평양과 인도양이 만나는 믈라카 해협에 있어서 해상 운송의 중심지 역할을 했는데, 이 점은 제2차 세계대전 이후의 석유 경제 시대에 굉장히 유리하게 작용했다.

또한 이 네 지역은 모두 적지 않은 사회적, 경제적 문제를 안고 있었다. 1948년 대한민국이 건국되었을 당시만 해도 수십 년에 걸쳐 일본의 식민 통치를 받았던 한국에는 제대로 된 경제 체계가 없었다. 게다가 얼마 후 전쟁까지 겪으면서 국토는 황폐해졌고 미국으로부터 많은 지원을 받았음에도 1961년까지 한국의 국민 소득은 겨우 83달러였다. 역시 일본의 식민지였던 타이완은 한국에 비하면 조금

나은 상황이었지만 중국에서 엄청난 인구가 한꺼번에 이주하면서 적잖은 부담을 떠안게 되었다. 중국의 무역항 역할을 하던 홍콩은 일본군에 4년여 동안 점령당하는 동안 활기를 잃었고 인구도 60만 명으로 줄어들었다. 1949년 상하이를 중심으로 한 중국 자본과 기술, 설비 등이 흘러들어 갔지만 더 이상 예전과 같은 모습은 되찾지 못하고 있었다. 싱가포르의 상황은 이들에 비해 비교적 양호했는데, 타고난 지리적 장점 덕분에 특화된 무역 도시로 발전하고 있었다.

그러던 1950년대 이후부터 이들 네 지역이 정치적인 안정을 찾기 시작했다. 싱가포르와 타이완, 한국에 강력한 중앙 정권이 등장했고 홍콩은 영국 정부의 통치를 받았다. 안정된 정부는 장기적이고 지속적인 정책을 내놓았고 이것이 경제 발전을 촉진했다.

네 마리 용, 날아오르기 시작하다

타이완과 홍콩, 싱가포르, 한국의 경제는 1960년 즈음하여 한꺼번에 급부상하기 시작했다.

홍콩은 1950년대부터 외부자본과 기술, 설비 등이 유입되었고 동남아 지역의 화교들이 몰려들면서 활기를 띠었다. 경제 발전에 필요한 자본과 기술, 노동력을 얻은 홍콩은 중간 무역에서 노동 집약형 공업 위주의 경제 체제로 전환되었다. 방직, 완구, 고무 등 경공업이 급속히 발전했고 영국령 도시라는 점도 수출에 유리하게 작용하면서 홍콩의 수출액은 1959년 처음으로 중간무역액을 넘어섰다. 1960년대 들어서면서 홍콩의 영국 정부는 법 제도를 완비하고 무역과 산업의 발전을 위한 기관을 세워 거시적인 조정을 시작했다. 홍콩은 하루아침에 극동 지역 가공업의 중심지가 되었고 3차 산업도 함께 발전했다. 1970년대 들어서자 자본과 기술 집약형 산업이 홍콩 경제의 주력군으로 떠올랐고 금융업도 눈부시게 발전했다. 수많은 은행이 들어선 홍콩은 극동의 금융 중심지가 되었다. 한편 중국이 개혁 개방을 이루어 홍콩을 통한 무역이 다시 활발해지면서 매년 무역액이 증가해 1988년에는 2,264억 홍콩달러를 달성했다. 당시 홍콩의 인구 수는 불과 550만 명이었다. 대륙의 개방으로 홍콩은 더욱 많은 기회를 얻게 되었다. 중국 시장에 진출해 이윤을 얻고 그 자본이 홍콩 경제를 촉진하는 선순환이 계속되었다.

타이완의 발전도 홍콩과 비슷한 방식으로 이루어졌다. 1949년 이

▲ 철강, 조선, 자동차, 전자 제품, 석유 화학 등은 한국의 주력산업이다. 빼곡하게 들어선 첨단 공장들은 한국 도시들의 일부가 되었다.

후로 농민과 농업의 중요성을 인식한 타이완 정부가 경제 발전을 위해 농업 우선 정책을 취하면서 '농업을 먼저 발전시켜 공업을 키운다'는 전략을 채택했다. 먼저 점진적인 토지 개혁으로 농업 문제를 해결하여 타이완의 경제 발전에 튼튼한 기초를 마련했다. 뒤이어 타이완은 자국 산업 보호를 위한 관세 보호 정책을 통해 수입을 제한하고 토종 기업을 육성했다. 이 같은 정책은 타이완, 한국, 싱가포르가 공통적으로 실행한 것으로 경제 발전을 크게 촉진하는 효과를 거두었다. 그 밖에도 타이완은 수출 경제를 경제 발전의 핵심으로 삼고 수출 가공 지대를 세워 대외 무역에 힘을 기울였다. 또한 정부와 민간 기업 모두가 산업의 업그레이드에 주목하고 1970년대부터 노동 집약형에서 부가 가치가 높은 기술 집약형 산업으로 전환하기 위해 노력했다. 특히 당시 전 세계를 휩쓸던 전자 제품 열풍을 감안해 전자 산업을 대대적으로 육성했는데, 이것이 타이완을 세계적인 산업 국가로 만들었다.

타이완이 이렇게 개혁에 한창일 무렵, 한국도 국가 경제 발전에

▲ 타이완의 일월호 풍경

매진하고 있었다. 1961년에 취임한 박정희 대통령은 5년을 주기로 하는 경제 개발 5개년 계획에 착수했다. 1961년부터 5년 동안 8.5퍼센트의 고 성장률을 기록했고 그다음 5년에는 9.7퍼센트라는 기록을 달성하면서 한국은 본격적으로 산업화 궤도에 접어들었다. 제3차 5개년 계획이 종료된 1978년 한국의 국민 소득은 네 배로 뛰었고 연간 성장률은 10퍼센트에 달했다. 가난한 농업 국가였던 한국이 불과 20년 만에 고도의 산업화를 이룩한 경제 강국으로 발전한 것이다. 이른바 '한강의 기적'이었다.

싱가포르는 정부의 거시적 조정이 경제 발전을 결정적으로 이끈 계기가 되었다. 말레이시아의 자치구였던 시기에 실시한 '제1차 산업 혁명'은 물론, 말레이시아에서 독립한 1965년과 영국 군대가 철수한 1966년에 맞이한 경제 쇠퇴 위기 속에서 시행된 경기 침체 방지 계획 등을 앞세운 싱가포르 정부는 1970년대 이후 경제 발전을 주도했다. 1979년, 싱가포르는 이미 제조, 금융, 무역, 운수와 통신 기술을 바탕으로 세계 항공 산업과 전자산업, 금융과 박람회 중심으로 떠올랐으며 국민 소득은 세계 125개국 가운데 31위에 올랐다.

1960년대와 1970년대에 걸친 노력으로 타이완, 홍콩, 싱가포르, 한국의 경제는 천지가 뒤바뀔 정도의 눈부신 발전을 거두어 국제 신흥 공업국으로 불리게 되었다. 1990년, 이들 지역은 타이완 1,620억 달러, 홍콩 700억 달러, 싱가포르 350달러, 그리고 한국이 2,380억 달러의 국민 소득을 기록하며 세계 경제의 '스타'로 부상했다. 국제 사회는 유교 문화권에 속한 이들을 가리켜 '아시아의 네 마리 용'이라고 불렀다.

발전의 비결은 무엇이었을까

전 세계가 아시아 네 마리 용의 성공적인 경제 발전에 주목했다. 이들 국가의 성공 요인은 일반적으로 아래와 같은 몇 가지로 요약된다.

첫째, 네 지역의 사회적 환경이 장기적으로 안정된 덕분에 경제 발전을 방해할만한 커다란 사건이 없었다. 둘째, 네 정부 모두 거시적

▲ 싱가포르 하구의 사자상은 싱가
포르의 상징물이다.

조정에서 탁월한 성과를 발휘했으며 경제 발전 과정에서 발생하는
문제들을 제때 해결했다. 셋째, 교육을 매우 중시해 고급 인재 육성
에 힘쓴 것이 경제 발전의 동력이 되었다. 넷째, 자국의 발전에 유리
한 기회를 잘 포착했는데, 특히 기술 혁명이라는 시대의 흐름을 타고
산업 전환을 이루었다. 다섯째, 세계 시장으로의 진출에 힘써 국제
경제 체제의 일부가 되었다. 여섯째, 수출 산업 외에도 내수 시장 확
대에 힘을 쏟아 두 마리 토끼를 잡았다. 일곱째, 3차 산업에 주목하고
경제 구조의 다원화를 이뤄 모든 산업의 고른 발전을 거두었다.

이 밖에도 뿌리 깊은 유교 문화권인 네 지역의 국민이 근면 성실
과 절약, 교육을 중시하는 전통을 갖고 있던 것도 경제 발전에 많은
도움이 되었다.

오늘날 아시아 네 마리 용의 경제 성장 속도는 예전만 못하지만
이들은 여전히 동아시아, 나아가 전 세계 경제에서 중요한 역할을
하고 있다.

잊힌 땅 황금의 삼각 지대

베일에 싸인 황금의 삼각 지대는 사람들로 하여금 전쟁과 마약, 범죄를 떠올리게 한다. 오랫동안 고립되어 있던 탓에 외부에 완전히 알려지지 않은 이곳은 그래서 더욱 신비롭다.

아편 낙원

황금의 삼각 지대(Golden Triangle)는 동남아시아의 태국, 미얀마, 라오스 세 나라가 마주하는 삼각형 지대이다. 대부분이 해발 1천 미터 이상의 고지대로 이루어져 있어 날씨가 무덥고 비가 많이 내리며 토양이 비옥한 이곳은 원래 원주민의 낙원이었지만 양귀비를 재배하기 시작하면서 '마약 소굴'로 변해버렸다.

양귀비는 황금의 삼각 시대에서 자생하는 식물이 아니었다. 바로 '문명 세계에서 온' 영국 식민주의자들이 들여온 것이다. 서구 열강이 너도나도 동남아 식민지를 개척하던 19세기 초, 중국으로 향하는 길목을 확보하려던 영국은 중국과 국경을 맞대고 있는 미얀마 북부 지역부터 손에 넣기로 했다. 1825년 완전무장한 영국 답사대가 황금의 삼각 지대를 발견한 이후로 이곳에는 수많은 영국인이 흘러들어

▼ 양귀비 열매의 껍질

왔다. 당시 중국에 엄청난 양의 아편을 밀매하고 있던 영국인들은 삼각 지대가 아편의 원료인 양귀비를 재배하는 데 매우 적합한 땅이라는 사실을 알아차렸다. 우선 양귀비가 좋아하는 1천 미터의 고지대인데다가 겨울에도 따뜻하고 비는 적은 반면 안개가 많이 껴 품질 좋은 아편을 생산하는 데 필요한 모든 요소를 갖추었기 때문이다. 영국인들은 먼저 양귀비를 약용 작물이라고 소개하며 원주민들에게 재배를 권했다. 특유의 신사복 차림으로 직접 산에 올라 양귀비 재배 방법을 소개하는 것도 마다하지 않았다.

이어서 프랑스와 미국까지 질세라 황금의 삼각 지대로 달려들면서 양귀비꽃은 삼각 지대 곳곳에서 피어나기 시작했다. 아편 매매를 돈벌이 수단으로

삼고 있던 식민지 정부로서는 수확기에 맞춰 거두기만 하면 되는 양귀비를 계속 재배하고 싶었다. 게다가 한번 양귀비를 심었던 땅은 이상하게도 다른 작물이 잘 자라지 않았고, 농사짓는 원주민들까지 상당수 아편에 중독되어 계속 양귀비를 재배할 수밖에 없었다. 삼각 지대의 아편 농사는 이렇게 원주민 사회 깊숙이 파고 들었다.

▼ 양귀비꽃

삼각 지대의 황금기

제2차 세계대전이 끝난 후, 동남아 각국이 식민지 통치에서 속속 해방되었다. 라오스는 1945년에 독립했으나 끝까지 기득권을 놓지 않았던 프랑스에 대항해 무려 9년 동안이나 항쟁한 후에야 비로소 완전히 독립할 수 있었다. 미얀마도 1948년에 독립했다. 그러나 식민통치를 벗어난 후에도 황금의 삼각 지대의 평화는 오래가지 않았다. 중국에서 내전이 마무리되어 갈 때쯤, 국민당 군대의 일부가 중국 윈난 성에서 황금의 삼각 지대로 넘어갔다. 숲이 우거지고 길이 좁아 교통이 불편한데다가 갓 구성된 독립 정부가 나라 안 구석구석까지 미처 신경을 쓰지 못할 때였다. 국민당군은 미국과 타이완에 머물던 장제스의 지원을 받아 황금의 삼각 지대를 근거지로 삼았다. 구식 중국 군대는 전통적으로 마약을 재배해 군대 자금을 마련해왔는데, 그중에서도 윈난은 특히 고급 아편 산지로 유명했다. 이렇게 황금의 삼각 지대로 건너간 일부 국민당 군대가 마약판매에 손을 대기 시작하면서 삼각 지대의 마약 밀매는 무장 군대의 보호를 받게 되었다.

국민당군은 순식간에 삼각 지대의 마약 생산을 독점했다. 현지의 아편 생산량은 1950년대 말 이미 연간 700톤 규모에 달해 당시 전 세계 불법 아편 생산량의 50퍼센트를 차지하고 있었다. 그러다 중화인민공화국이 건국되어 대대적인 아편 퇴치 운동을 벌이자 황금의 삼각 지대에서 나온 아편도 점차 유럽과 미국으로 시장을 옮겼다. 그리고 새로운 시장에 맞춰 양귀비에서 추출한 물질로 만든 헤로인이라는 마약으로 수출 형태를 바꾸었다. 당시 구미 지역에서는 헤로인이 한창 유행하고 있었기 때문이다. 순도가 높고 보급이 안정적인 삼각 지대의 헤로인은 금세 유명해졌고 '황금의 삼각 지대'라는 이름도 이때부터 본격적으로 전 세계에 알려졌다.

1960년대는 황금의 삼각 지대의 황금기였다. 가공기술이 발달하면서 삼각 지대 헤로인의 순도는 나날이 높아졌고 양도 많아진데다가 대마초와 다른 종류의 마약까지 가공하는 대형 마약 밀매단이 형성되어 세계 마약 시장에 뛰어들었다. 베트남 전쟁 중에는 미군 병사들의 마약수요가 크게 늘어나 최소 3분의 1이 아편과 헤로인을 복용했고, 대마초와 다른 마약에 대한 수요는 더 많아서 황금의 삼각 지대에서 나오는 마약이 미군 부대로 곧장 흘러들어 가기도 했다. 삼각 지대의 마약상들은 안전한 수송로를 통해 매년 수천 킬로그램에 달하는 헤로인을 미국과 유럽 등지로 운반했다. 1960년대부터 1970년대까지 서방에서 불었던 마약 열풍을 타고 황금의 삼각 지대는 크게 발달했다.

한편 1970년대에서 1980년대에 이르자 국민당군은 더 이상 삼각 지대에서 예전 같은 영향력을 발휘하지 못했다. 국민당군이 만든 군사 훈련소에서 훈련을 받은 쿤사(Khun Sa)와 로싱한(Lo Hsing-Han) 등의 현지인들이 세력을 떨치기 시작했기 때문이다. 대부분 현지 토착 부족 출신인 이들은 역시 원주민을 중심으로 단체를 결성해 세력을 확보했다. 약육강식의 삼각 지대에서 마약상으로 나서면 쉽게 많은 돈을 벌 수 있었기 때문에 '마약으로 돈을 벌어 군사를 키우고 그 군사로 마약 밀매를 보호하는' 군벌이 빠르게 발달했다. 이와 함께 줄곧 중국 공산당의 지원을 받던 미얀마 공산당도 1970년대 말에 중국의 지원이 끊기자 마약 판매에 손을 대기 시작했다. 그 와중에 포웅 짜씬(Pheung Kya-shin) 등 악명 높은 마약상까지 출현하면서 삼각 지대는 마약 시장을 놓고 여러 군벌이 다투는 혼란 속으로 빠져들었다.

양귀비의 재배 면적이 확대되고 정제술이 향상되면서 황금의 삼각 지대의 연간 마약 생산량은 1950년대의 두 배로 껑충 뛰어 무려 1,500톤에서 2,000톤 수준에 달했다. 엄청난 양의 마약이 여러 경로를 통해 세계 각지로 전달되면 대형 마약상들은 많은 돈을 벌었는데, 이들은 돈을 물 쓰듯 쓰며 호화로운 생활을 누리며 어딜 가든 경호원의 보호를 받았다. 이렇듯 마약 밀매가 가져다주는 이득 때문에 마약상들 사이에서는 다툼이 끊이지 않았고 현지 주민들은 내전으로 힘겨운 나날을 보내야 했다. 마약상의 막대한 부와 안락한 삶은 황금의 삼각 지대 하층민들과 마약에서 헤어 나오지 못하고 있는 전 세계 마약 중독자의 고통을 대가로 한 것이었다.

1980년대 말, 미얀마 공산당이 무너지자 황

▲ 황금의 삼각 지대 미얀마 와 주(Wa State)의 아편 시장

금알을 낳는 거위 같은 삼각 지대를 차지하기 위해 마약상들이 더욱 치열하게 다투기 시작했다. 그리고 마침내 전쟁에서 최후의 승자가 된 쿤사가 삼각 지대에서 생산되는 마약 대부분을 차지했고 엄청난 돈과 조직원을 거느린 초대형 마약상의 우두머리가 되었다. 쿤사의 조직은 한때 약 4만 명이 80제곱킬로미터의 땅에서 연간 100톤가량의 헤로인을 생산하기도 했다. 막대한 재력과 군벌을 이끈 쿤사는 그 후 수십 년간 미얀마 정부와 오랫동안 대립하며 몇 차례 충돌하기도 했지만 승부를 내지 못했다.

마약 퇴치 연합 작전

1980년대 이후로 세계 각국이 마약 문제에 주목하기 시작했다. 마약 중독 인구가 매년 늘면서 심각한 사회적 문제가 되고 있었기 때문이다. 마약 복용자의 대부분이 젊은 층이었고 마약을 지속적으로 복용하고 있었기 때문에 귀중한 인력자원이 낭비되고 있는 셈이었다. 그뿐만 아니라 한창 일할 나이의 청년이 마약에 중독되면 나이든 부모와 어린 자녀들을 돌볼 수가 없어 사회에 큰 부담을 주게 되었다. 적지 않은 마약중독자들이 마약을 구입하느라 가난에 빠지고 범죄의 유혹을 받게 되는데, 실제로도 마약 구입을 위해 범죄를 저지르는 경우가 점차 늘어나고 있었다. 게다가 여러 사람이 주삿바늘을 함께 쓰면서 질병에 감염되는 것도 문제였다.

이렇게 심각한 상황 속에서 세계 각국은 마약 퇴치를 중요한 과제로 삼아 좀 더 적극적으로 행동하기로 했다. 그러다 보니 전 세계 마약 생산량 가운데 거의 절반을 차지하고 있는 황금의 삼각 지대가 자연스럽게 세계 마약 퇴치 운동의 목표가 되었다.

국제 사회는 황금의 삼각 지대에서 100여 년 동안 뿌리내린 마약 생산을 퇴치하기 위해 본격적으로 움직였다. 먼저 미얀마 정부를 도와 삼각 지대의 우두머리격인 마약상 쿤사를 공격하여 1996년 항복을 받아냈다. 이와 함께 각국이 함께 나서서 양귀비 밭을 없애고 마약사범을 체포해 삼각 지대의 아편 생산량과 마약 유출량을 크게 줄이는 성과를 거두었다. 그러나 이미 100년 넘게 양귀비를 재배하며 살아온 사람들에게는 단순히 마약상을 걷어내는 것으로 충분하지 않았다. 이들에게는 대체 작물을 재배하며 전보다 더 잘 살 수 있도록 도와야 했다. 국제 사회는 이 지역에 차, 고무 등 대체 작물을 들여와 어느 정도 효과를 거두고 있다. 또한 아름다운 자연 경관을 가진 일부 지역은 관광지로 개발되어 황금의 삼각 지대는 이제 마약 경제의 짙은 그림자에서 조금씩 벗어나고 있다.

▶ 황금의 삼각 지대에 속한 태국의 낙후된 초가집

죄와 벌 걸프 전쟁

1990년 8월 2일, 이라크가 이웃 나라 쿠웨이트를 침공하여 불과 10시간 만에 쿠웨이트 전역을 손에 넣었다. 이에 미국을 중심으로 한 여러 국가가 연합군을 결성했고 '사막의 폭풍 작전'을 펼쳐 한 달 만에 이라크를 쿠웨이트에서 몰아냈다.

이라크, 쿠웨이트를 침략하다

이라크가 쿠웨이트를 침략한 데에는 역사적이며 현실적인 이유가 있었다.

과거 영국의 식민지였던 이라크와 쿠웨이트는 인도와 파키스탄처럼 영국에 의해 두 지역으로 나뉘었다. 그러나 두 나라의 경계가 명확하지 않은 탓에 전쟁의 불씨가 되었다. 1961년 쿠웨이트는 독립을 선언했지만 이라크는 이를 승인하지 않았다. 이후 다른 나라의 압력을 받은 이라크가 쿠웨이트의 독립을 승인했지만 두 나라 사이의 충돌은 여전했다. 외국의 중재로 여러 차례 협상을 가졌지만 국경 문제는 여전히 해결되지 않았고, 이라크는 편리한 페르시아만 항구를 사용할 수 없어 석유를 수출하는 데 어려움을 겪자 쿠웨이트의 영토인 부비얀 섬과 와르바 섬을 차지하려 했고 이 때문에 1973년 한 차례 충돌을 빚기도 했다.

한편 당시 이라크는 국내적으로도 심각한 위기에 빠져 있었다. 이란-이라크 전쟁으로 수십만 명이 희생된 데다가 경제적 손실도 만만치 않아 800억 달러가 넘는 외채를 지고 만 것이다. 그중 쿠웨이트에서 빌려온 자금이 200억 달러였다. 이란-이라크 전쟁에서 아랍권의 보호자를 자청한 이라크는 전쟁에 소요된 돈이 '아랍권 모두를 위해 쓴 돈'이라 여기고 아랍국가, 특히 쿠웨이트가 빚을 청산해줄 것을 바랐으나 쿠웨이트는 이를 거절했다. 이외에도 이라크는 쿠웨이트가 국경 지역에서 이라크 소유의 석유를 채굴하고 아랍에미리트와 함께 정해진 양보다 많은 석유를 생산, 판매해 국제 석유 가격을 떨어뜨려 이라크에 손해를 입혔으니 보상하라고 비난하기도 했다.

처음에는 조용히 협상하여 해결하려던 쿠웨이트도 이라크가 한 술 더 떠 부비얀 섬 문제까지 꺼내며 국가 수장인 아미르(Amir)가

▲ 아랍연맹군도 미군과 손을 잡
았다.

직접 바그다드에 와서 사과해야 한다는
등 과도한 요구를 하자 태도를 바꿨다.
그러나 이라크의 말도 안 되는 요구를
거절한 쿠웨이트가 미처 알지 못한 사실
이 한 가지 있었다. 쿠웨이트의 엄청난
석유매장량(전 세계 총량의 20퍼센트)과 석
유로 벌어들인 외화를 호시탐탐 노리고
있던 이라크가 이미 무력으로 문제를 해
결할 마음을 먹고 있었다는 점이었다.
1990년 8월 1일 양측의 협상이 결렬되자
이라크는 아무런 예고도 없이 쿠웨이트를 공격했다.

8월 2일 새벽 2시, 이라크군 약 10만 명이 국경을 넘었다. 실전 경
험이 부족했던 쿠웨이트군 2만 명은 전쟁을 여러 번 거치며 단련된
이라크군 앞에서 속수무책이었고 이라크군은 순식간에 쿠웨이트로
들어왔다. 쿠웨이트군은 애초에 상대가 되지 않는다는 사실을 뻔히
알고 있었지만 끝까지 맞서 싸웠다. 쿠웨이트의 아미르였던 자비르
(Jabir)는 황급히 비행기에 올라 바레인으로 피신했다가 사우디아라
비아로 향했다.

사막의 방패

국제 사회는 일제히 이라크의 쿠웨이트 침공을 비난했다. 유엔 안
보리는 전쟁이 시작된 당일 긴급회의를 열고 결의안 660호를 만장
일치로 통과시켰다. 이라크의 침략 행위를 비판하고 즉시 철군할 것
을 요구하는 내용이었다. 그러나 이라크는 들은 척도 하지 않은 채
8월 4일에 '자유 쿠웨이트 임시 정부'를 세우고 '쿠웨이트 공화국
성립'을 선언했다. 그리고 8월 7일 쿠웨이트가 이라크에 '영구 합
병'된다며 이제 쿠웨이트라는 국가는 지도에서 영원히 사라졌다고
발표했다.

이렇게 쿠웨이트를 점령한 이라크가 걸프지역의 패권을 쥐려고
하자 이 지역에서 매우 중요한 전략적 이익을 취하고 있던 미국의
심기가 불편해졌다. 결국 미국 부시 대통령은 8월 2일과 3일에 고위
급회의를 열고 필요한 모든 조치를 취해 걸프전 위기에 맞설 것을
결의했다. 8월 7일, 부시 대통령이 이라크를 위협하는 '사막의 방

패' 작전을 승인하자 미군은 걸프만 지역에 집결하기 시작했다. 그러나 이라크의 사담 후세인은 눈 하나 깜짝하지 않고 8월 12일에 철군 조건을 제시했다. 먼저 이스라엘이 부분적으로 점령한 쿠웨이트 영토에서 철수하고 시리아군은 레바논에서 물러나며 미군도 사우디아라비아에서 철군하라는 것이었다. 유엔과 미국이 이 요구를 거절하자 이라크는 그에 대한 보복으로 이라크와 쿠웨이트에 체류하던 서방국적 사람들을 인질로 붙잡았다. 그리고 인질 가운데 일부를 주요 군사목표 부근에 가두는 '인간 방패' 작전으로 미국의 '사막의 방패'[6]작전을 상대했다.

이라크의 이 같은 행동은 전 세계를 분노하게 했다. 유엔 안보리는 이라크를 겨냥한 결의안 11개를 채택했는데, 특히 11월 29일에 통과된 유엔 결의안 678호는 이라크가 1991년 1월 15일 전에 철군하지 않을 시 유엔회원국들이 '모든 수단'을 동원할 것이라고 명시하고 있었다. 유엔이 군대를 움직일 수 있도록 법적 근거를 제공한 것이었다. 소련과 대다수 아랍 국가들까지도 출병을 지지하며 미국이 이끄는 국제연합군에 군사와 자금을 보냈다.

11월이 되자 미군은 걸프만에 45만 명 규모의 군대를 배치했다. 다른 국가의 군대까지 합치면 총병력은 69만 명에 달했다. 엄청난 규모의 대군이었다. 그뿐만 아니라 탱크 3,500대와 장갑차 3,000대, 전투기 5,000여 대, 전함 250여 척을 갖추었고 최신식 F-11 스텔스 전투기와 토마호크 미사일, 패트리엇 미사일 등 최첨단 무기까지 모두 동원되었다.

이렇게 전쟁 준비가 한창인 와중에도 평화적으로 문제를 해결하려는 국제 사회의 노력은 계속되었다. 그러나 1991년 1월 9일에 열린 미국과 이라크의 회담이 불편한 분위기 속에서 끝났고 1월 13일 유엔 사무총장 하비에르 페레스 데 케야르가 직접 바그다드를 방문해 설득하려 했지만 아무런 소득도 얻지 못했다. 그렇게 전쟁을 향해 달려가는 상황을 되돌릴 수 있는 것은 아무것도 없었다.

사막의 폭풍

1991년 1월 17일, 연합군은 바그다드 현지 시각으로 새벽 2시 40

---

6) 이라크의 쿠웨이트 점령에 따라 연합군이 쿠웨이트를 해방시키기 위해 붙였던 작전명은 '사막의 방패', 1991년 걸프전 당시의 작전명은 '사막의 폭풍'이었다.

걸프전 증후군

걸프전 이후, 미국, 영국의 적지 않은 수의 참전병들이 근육통과 육체 피로, 불면증, 기억 상실, 어지러움, 우울증, 체중 감소, 성 기능 감퇴 등의 증상을 겪었고 그중 일부는 사망하기도 했다. 이러한 증상들을 가리켜 '걸프전 증후군'이라고 하는데, 그 원인은 연합군이 전투 중 사용한 대량의 열화우라늄탄과 병사들에게 불법으로 주사한 스쿠알렌(Squalene)이 함유된 백신 등인 것으로 밝혀졌다.

분 이라크를 공격했다. 그로부터 30분 후, 부시 대통령이 쿠웨이트 구출을 위한 '사막의 폭풍' 작전의 시작을 공식 선언했다. 군인의 희생을 최대한 줄이기 위해 연합군은 작전을 두 단계로 나누었다. 처음에는 공군 폭격을 위주로 하다가 나중에는 육군을 중심으로 지상 작전을 펼치는 방법이었다.

전쟁이 시작되고 38일 동안 연합군 전투기는 11만 번을 이륙하여 폭탄 9만여 톤을 투하했다. 페르시아 만에 정박해있던 미군 군함은 토마호크 미사일 288발을 발사하여 이라크의 군사 목표물과 교통 설비에 무차별 폭격을 가했다. 첨단 무기를 앞세운 연합군의 압도적인 우세였다. 이라크는 전쟁이 시작되자마자 정찰기 2대와 거의 모든 지상 레이더를 잃은 데다가 소유하고 있는 구식 선투기로는 연합군의 최신 전투기를 당해낼 수 없었다. 연합군의 대포와 폭격 앞에 이라크의 탱크, 대포 및 120만 병력은 미처 써보지도 못했다. 결국 이라크 지휘 센터, 비행장, 미사일 기지와 후방 부급 기지, 방공 시스템, 통신망, 운송로 등 시설 대부분이 심각하게 파괴되었다.

이라크는 지대지 미사일 800여 개에 희망을 걸었다. 이라크군은 소련제 '스커드(Scud)' 미사일로 사우디아라비아와 이스라엘을 끊임없이 공격하며 아랍국가와 서방의 연맹을 끊어놓으려 했다. 그러자 미군은 이에 맞서 패트리엇 미사일을 발사했다. 걸프지역 상공에서 스커드 미사일과 패트리엇 미사일의 한바탕 대결이 펼쳐졌다. 이외에도 미국은 이라크의 공격으로 분노한 이스라엘을 진정시키며 이라크의 이간질 작전에 휘말리지 않았다.

한창 전쟁이 벌어지는 와중에도 소련 등의 국가는 쿠웨이트의 평화를 위한 노력을 계속했다. 그러나 미국은 이라크가 제시한 조건부 철군을 받아들이지 않았고, 이라크도 부시 대통령이 2월 22일에 보낸 23일 오후 5시 전에 쿠웨이트에서 철수하라는 내용의 최후 통첩에 코웃음 쳤다. 현지 시각으로 2월 24일 새벽 4시, 연합군은 작전명 '사막의 군도(Desert Saber)' 라는 지

▼ 걸프 전쟁은 제2차 세계대전 이후 중동 지역에서 벌어진 전쟁 가운데 가장 규모가 크고 최첨단 기술과 전술이 동원된 국지 전이었다. 이 전쟁으로 쿠웨이트와 이라크는 심각한 경제적 손실을 입기도 했다.

▲ 1990년대, '사막의 폭풍' 작전을 수행하고 있는 미군 F-16A, F-15C, F-15E 전투기

상 작전을 시작하고 병력을 넷으로 나눠 쿠웨이트에 있는 이라크군을 공격했다. 연합군의 강력한 무력 앞에서 이라크군은 연달아 패하며 전멸 위기에 처했다. 결국 적군과의 엄청난 실력 차를 절감한 이라크는 27일에 열린 유엔 안보리 회의에 조건 없이 쿠웨이트에서 물러나겠다는 뜻을 전했다. 그러나 이라크군은 철군하며 본국으로 돌아가는 길목에 있는 쿠웨이트 유전을 모두 불태워버렸고 메케한 연기와 코를 찌르는 냄새가 공중을 가득 메웠다. 물론 이라크는 이 일에 관해서도 적잖은 대가를 치러야 했다. 당시 서둘러 철수하던 이라크군과 이라크인들이 쿠웨이트에서 이라크로 향하는 고속도로에서 연합군 전투기의 폭격을 받는 사건이 벌어졌기 때문이다. 이 고속도로는 이 일로 '죽음의 도로'라는 이름을 얻었다. 27일 새벽 이라크군은 쿠웨이트에서 모두 철수했고 이라크 정부는 유엔이 채택한 모든 결의안을 받아들이겠다는 뜻을 밝혔다. 그리고 28일 부시 대통령이 종전을 선언하면서 걸프 전쟁은 막을 내렸다.

전쟁이 끝난 후 쿠웨이트는 주권을 회복했고 이라크는 오랫동안 국제 사회로부터 제재를 받으며 두 번 다시 재기하지 못했다. 반면 정의의 수호자 역할을 맡은 미국은 국가이미지를 높인데다 걸프지역의 주도권을 차지했으며 전후 복구 과정에서 막대한 이익을 거두는 등 전쟁의 가장 큰 수혜자가 되었다.

시대의 상징 남아프리카공화국의 아버지 넬슨 만델라

밀턴은 17세기 영국 역사에서 매우 중요한 인물이다. 그가 쓴 정치 논설은 영국 사회에서 정치 사조의 변화를 이끌었고, 그의 시는 영국인을 아름다운 문학의 향연으로 안내했다. 그는 훌륭한 정치가이자 시인이었으며, 문학과 정치로 영국인들을 일깨웠다.

말썽꾸러기 롤리흘라흘라

1918년 7월 18일, 만델라는 남아공 트란스케이의 코사(Xhosa)족 거주지인 움타타 지구의 템 부족 추장 가문에서 태어났다. 아기의 이름은 롤리흘라흘라(Rolihlahla), 즉 '말썽꾸러기'라는 뜻이었는데 이 아기가 바로 넬슨 만델라이다.

만델라는 아버지의 보살핌을 받으며 교회 부속학교에 들어갔지만 학교 공부보다는 어른들이 들려주는 코사족의 역사 이야기를 더 좋아했다. 원래 남아공에서 평화롭게 살던 코사족은 유럽인들이 아프리카에 들어오면서 많은 변화를 겪어야 했다. 유럽인들은 아프리카에 식민지를 세우고 코사족의 땅을 빼앗았다. 격렬히 저항해보기도 했지만 코사족의 활과 화살로는 유럽인의 총과 대포를 당해낼 수 없었다. 수차례의 격전 끝에 코사족은 트란스케이와 시스케이 지역으로 밀려나 노예로 전락했다. 만델라는 유럽인들이 자기 민족의 통치자이자 비난받을 침략자라는 사실을 깨닫고는 '나의 민족이 자유를 얻는 데 공헌하겠다'고 결심했다.

만델라가 아홉 살이 되던 해 아버지가 세상을 떠났다. 만델라는 아버지의 유언에 따라 템부족 대추장의 보살핌을 받았다. 대추장은 그를 매우 아껴 그의 교육을 위해 최선을 다했으며 만델라도 추장을 실망시키지 않고자 열심히 공부했다. 그리고 당시 흑인 학생을 잘 받아주지 않던 전일제 포트헤어 대학에 입학했다. 대학에서 공부하던 만델라는 갈수록 어려운 상황에 내몰리는 남아공 흑인들을 보고 흑인 해방 운동에 나서기로 마음먹고 전공을 법학과로 바꾸었다. 식사도 잊은 채 공부에 전념하던 그는 사회 운동에도 적극적으로 나서며 자신과 뜻을 함께하는 친구들도 사귀었다. 그로부터 2년 후, 만델라는 학교에 의해 학생 대표회의 일원으로 뽑혔지만 선출 과정이 투명하지 못했다는 이유로 거절했고 이 때문에 정학을 당했다. 정학 기간에 집으로 돌아온 만델라를 본 대추장은 그가 아내감을 골라 결혼하기를 바랐다. 하지만 큰 뜻을 이룬 다음 결혼하고 싶었던 그는 동료들과 함께 요하네스버그로 떠나버렸다.

만델라는 요하네스버그에서 금광의 경비원으로 일했다. 그는 이 같은 어려운 생활 속에서도 대학과정을 무사히 마치고 변호사가 되기 위해 필요한 학위를 취득한 후 변호사 사무실에서 일을 시작했고 비트바테르스란트 대학에 진학해 법률을 더욱 깊이 공부했다.

1944년은 만델라에게 매우 중요한 해였다. 그는 이 해에 아내를 만나 결혼을 했고 동료들과 함께 아프리카민족회의(African National Congress, ANC)에 들어가 본격적으로 정치활동을 시작했기 때문이다. ANC에 참여한 만델라를 비롯한 젊은이들은 ANC 청년동맹을 조직했다. 비폭력주의를 일관되게 유지해온 ANC와 달리 급진적 성향을 띤 청년동맹은 대중과 함께 더욱 적극적으로 투쟁하기 시작했다.

▼ 남아프리카공화국의 넬슨 만델라 대통령

자유를 향한 길은 멀고도 멀었다

정치 운동에 몸을 던진 만델라는 빠르게 두각을 나타내며 1948년에 청년 연맹 집행 위원에 당선되었다. 그러나 이 해에 인종 차별주의를 주장하던 남아공 국민당이 대선에서 승리하면서 흑인 분리 정책인 '아파르트헤이트'를 전면적으로 시행하기 시작했다. 흑인들은 정치와 경제 권리를 빼앗겼고 거주와 행동의 자유도 박탈당했다. 수많은 흑인의 불만이 갈수록 높아지자 청년 연맹은 '행동 강령'을 발표하고 '민족의 자주적인 결정'과 '모든 형식의 백인 통치를 반대'한다는 구호를 외치기 시작했다. 이처럼 흑인들이 적극적으로 저항하고 총파업 등 협력과 복종을 거부하는 방식으로 단체행동을 하자 남아공 정부도 큰 부담을 느끼게 되었다.

▲ **남아공 케이프타운 로벤 섬**

넬슨 만델라 대통령은 이 섬에 무려 27년간 갇혀 있다가 석방된 후 곧바로 흑인의 자유를 선언했다. 1997년 1월 1일, 로벤 섬은 박물관으로 바뀌어 대중에 공개되었고 1999년에는 유네스코가 선정한 세계문화유산에 지정되었다.

1950년 만델라는 청년 협회 의장으로 선출되어 새로운 아프리카를 위한 '전투'의 상징 인물이 되었다. 남아공 정부로서는 눈엣가시 같은 존재였다.

'불공평한 법 반대 운동'을 이끌던 만델라는 1952년 6월에 처음으로 체포되어 수감되었다. 1주일 만에 석방되기는 했지만 12월에 열린 아프리카민족회의에 참여하지는 못했다[7]. 정부가 만델라에게 6개월간 어떤 집회에도 참여할 수 없다는 금령을 내린데다가 그의 행동 범위마저 요하네스버그로 제한했기 때문에 그는 모든 활동을 몰래 해야 했다. 그러나 그의 흑인 분리 정책 반대 운동에 대한 열정만큼은 여전했기에 ANC 지도 활동에 적극적으로 나서며 남아공에서 열린 각종 저항 운동에 참여했고 수차례에 걸쳐 감옥에 갇혔다.

이 시기 만델라는 지나치게 일에 매달리다가 결국 아내와 이혼했다. 다행스럽게도 나중에 그를 끝까지 지켜준 두 번째 아내 위니를

---

7) 이 회의에서 만델라는 ANC 제1부의장에 당선되었다.

만나긴 했지만 흑인 분리 정책 반대 운동은 수렁에 빠졌고 ANC 내부도 분열되기 시작했다. 일부는 ANC에서 떨어져 나가 범아프리카회의(Pan Africanist Congress, PAC)를 결성했다. 1960년 3월 21일 남아공 정부는 세계를 충격에 빠뜨린 '샤프빌 학살 사건'을 저지르고 ANC와 범아프리카회의에 활동 금지령을 내렸다. 평화 시위도 이제는 불법이 되어버렸다. 이로써 비폭력주의 시위만으로는 아무것도 바꿀 수 없다는 것이 증명되었다. 남아공의 흑인들은 무장 투쟁에 돌입할 수밖에 없었다.

1961년, 만델라는 무장 조직인 '민족의 창'을 조직해 에티오피아에서 군사 훈련을 받고 아프리카 각국과 영국을 돌며 투쟁을 위한 지지를 받아냈다. 그러나 누군가가 이를 고발한 탓에 남아공 정부는 '민족의 창' 본부를 찾아내 핵심 구성원 대다수를 체포하고 수많은 문서를 압수했는데, 그 가운데 상당수가 만델라와 직접적으로 관련된 문서였다. 만델라를 감옥에 가둘 좋은 증거를 확보한 남아공 정부는 1963년 6월 12일 만델라에게 반역 시도 혐의를 들어 무기 징역을 선고하고 로벤 섬 수용소에 수감했다.

로벤 섬은 케이프타운에서 십여 킬로미터 떨어져 있는 작은 섬으로 파도가 거세게 일고 경비가 삼엄해 한 번 갇히면 절대 빠져나올 수 없는 정치범 수용소였다. 만델라는 이곳에서 무려 27년이라는 세월을 보냈다. 그는 수용소에서 작은 1인실 감옥에 갇혀 있

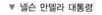
▼ 넬슨 만델라 대통령

었다. 침대도 탁자도 없는 방에는 몸을 뉘일 수 있는 거적 한 장만 덜렁 놓여 있었다. 추위를 막아줄 것이라고는 낡은 담요 3장과 이불 1장뿐이어서 한겨울에는 추위에 덜덜 떨어야 했다. 수용소가 생긴 초창기에는 '정치범'의 의지를 꺾어놓기 위해 수감자가 온종일 햇빛을 보지 못하도록 컴컴한 감옥에 가두었으나 나중에는 밖에 나오는 것을 허락했다. 그러나 밖에 나오면 돌 깨기 등 강도 높은 노동을 해야 했고, 그렇게 매일 온종일 힘든 일을 하면서 만델라의 건강은 나빠져만 갔다.

당시 국제 사회에서는 세계에서 '가장 유명한 죄수'였던 만델라를 석방하라는 요구가 끊이질 않았고 남아공 정부에는 거의 매

일같이 이에 관한 항의서가 날아들었다. 수용소 측은 이러한 압박에 견디다 못해 만델라에게 약간의 '특별 대우'를 해주었다. 이를테면 만델라는 다른 죄수들에게 허락되는 라디오를 청취하거나 신문을 구독하는 행위를 할 수 없었고 면회 온 아내와도 어떠한 신체 접촉을 할 수 없었다. 게다가 보통 교도관 1명이 죄수 한 그룹을 감시했다면 만델라는 교도관 3명에게 감시당했다. 몸과 마음이 모두 망가졌지만 만델라는 단 한 번도 비관하거나 실망하지 않았고 정의에 대한 믿음을 버리지 않은 채 끝까지 자신의 무죄를 주장했다. 이러한 굳은 신념이 27년간 그를 감옥에서 버티게 해주었다.

1990년 2월 11일 계속되는 국내외 압력에 못이긴 남아공 정부는 민델라를 무조건 석방하겠다고 선언했다. 그러나 수용소에 갇힐 당시 장년의 나이였던 만델라는 이미 칠순의 노인이 되어 있었다. 자유를 향한 길은 그렇게 멀고도 험했다.

노인은 강했다

이미 노년에 접어들었지만 인종 차별주의 반대와 새로운 남아공 건설에 대한 그의 의지는 여전히 활활 타오르고 있었다. 만델라는 수용소에서 나오자마자 곧장 ANC에 복귀했고 그해 3월 ANC 의장에 당선되었다. 그가 이끄는 ANC는 남아공 정부와 협상을 하며 흑인 분리 정책을 폐지할 것을 요구했다. 이처럼 만델라가 여러 방면으로 노력한 끝에 드디어 남아공에서 100년 이상 이어져 온 인종 차별 제도를 완전히 없애고 인종 평등에 관한 새로운 헌법을 제정하는 성과를 거두었다. 이러한 공로를 인정받아 1993년 노벨 평화상을 받았다. 그리고 1994년, 그는 새로운 헌법에 따라 남아공 최초로 실시된 평등 선거에서 최초의 흑인 대통령이 되었다.

대통령이 된 만델라는 모든 남아공 국민과 함께 국가 발전에 힘쓰며 모두의 사랑과 존경을 한 몸에 받았다. 또한 그토록 그를 탄압했던 백인들에게 어떠한 보복이나 불이익도 주지 않았다. 수많은 정치적 업적을 세운 그는 1997년 12월 스스로 ANC 의장직에서 물러났고 다음 대통령 선거에도 불참했다. 만델라는 1999년 6월에 퇴임하였고 현재 지역 분쟁 해결과 에이즈 퇴치 등 다양한 사업에 힘쓰며 바쁘게 활동하고 있다.

경제 공동체에서 국가 연합으로
유럽연합의 탄생 과정

벨기에의 수도 브뤼셀에 본부를 둔 유럽연합(Europe Union, EU)은 오늘날 가장 강도 높은 통합을 이룬 국제단체로 세계 경제와 정치 무대에서 중요한 영향력을 행사하고 있다. 유럽연합의 발전은 크게 벨기에, 네덜란드, 룩셈부르크가 결성한 베네룩스경제동맹과 유럽경제공동체, 유럽연합의 세 단계로 나뉜다. 1991년 12월 유럽공동체가 네덜란드 마스트리흐트에서 정상회담을 열고 유럽연합에 대한 마스트리흐트 조약을 체결했고, 1993년 11월 1일에 이 조약이 정식 발효되면서 유럽연합이 탄생했다.

연합을 외치다

20세기에 이르러 유럽 각국은 연합을 향한 실질적인 행동을 개시했다. 1900년 6월 프랑스 정치과학계의 자유학파가 파리에서 회의를 열고 유럽 연방의 가능성을 연구했다. 1909년에는 로마에서 제1회 유럽연방회의가 열렸고 1914년에는 경제 협력을 바탕으로 유럽 연방을 이루려는 민간 조직인 유럽통일연맹이 런던에서 성립했다. 그러나 제1차 세계대전이 발발하면서 유럽 연맹의 발전은 가로막혔고 통합에 대한 계획도 물거품이 되었다. 그러나 피로 물든 전쟁을 겪으면서 연맹에 대한 유럽인들의 갈망은 더욱 커졌다. 프랑스와 이탈리아에서 유럽연합을 결성하자는 목소리가 나오기 시작한 이래 전 유럽 대륙이 범유럽주의를 외치기 시작했다. 그리고 1943년까지 범유럽회의는 총 다섯 차례 개최되었다.

그 후 제2차 세계대전이 발발했고 또다시 전쟁을 겪은 유럽은 파괴와 쇠퇴의 길로 접어들었다. 세계 경제를 이끌던 과거의 모습은 더 이상 찾아볼 수 없었다. 특히 미국과 소련이라는 양대 초강대국이 부상하면서 국제 사회에서 유럽의 영향력은 크게 줄어들었다. 이런 상황 속에서 유럽연합을 만들자는 주장이 다시 제기되기 시작했다. 여기서 중요한 점은 과거의 연합 운동이 민간 조직을 중심으로 추진되었다면 이제는 주요 유럽 국가 지도자들이 연합을 고려하기 시작했다는 것이다. 1946년, 윈스턴

▼ 유로화 통화기호
알파벳 C에 가로줄 2개를 그은 유로화 기호는 그리스어 엡실론(ε)과 비슷하다.

▲ 벨기에 브뤼셀에 있는 유럽연합 본부

처칠이 스위스 취리히 대학교에서 '유럽의 비극'이라는 연설을 통해 유럽합중국을 세워야 한다고 주장하면서 연합 결성을 향한 움직임에 가속도가 붙게 되었다. 프랑스 샤를 드골 대통령도 유럽연합을 언급했는데, 그는 저서 《회고록》에서 '특히 경제 부분에서 서유럽 집단을 만들어야 한다. 이는 영국 해협과 지중해, 라인 강을 중심으로 이루어질 것이다'라고 서술했다. 독일 콘라트 아데나워 총리도 '유럽의 연합은 절대적으로 필요하다. 정치적으로 하나가 되지 않는다면 유럽 각국은 초강대국의 속국으로 전락하고 말 것이다'라고 주장했다. 바로 이 부분이 유럽연합의 필요성을 잘 나타내준다. 과거의 막강한 영향력을 잃고 쇠퇴한 영국과 프랑스, 독일 이 세 국가가 새로운 초강대국인 미국과 소련에 대항하기 위해 하나로 뭉치는 전략을 택했기 때문이다.

유럽공동체

세계대전 이후 가장 먼저 유럽연합을 구성하자고 주장한 사람은 처칠이었지만 실질적으로 행동한 것은 프랑스가 먼저였다. 프랑스는 유럽연합의 필요성을 인식하고 있었지만 긴 세월 동안 쌓인 독일과의 악감정이 걸림돌이 되었다. 독일을 빠뜨린 채 유럽연합을 구성할 수는 없지만 그렇다고 프랑스가 먼저 독일에 손을 내미는 것도 있을 수 없는 상황이었다. 그러던 중 때마침 제2차 세계대전에서 패한 독일이 과거의 잘못을 반성하는 태도를 취했다. 1949년 11월 3일, 아데나워 독일 총리가 연설에서 프랑스와의 관계를 회복하고 싶다는 뜻을 밝히자 프랑스 외무장관이었던 로베르 쉬망이 훗날 '유럽연합의 아버지'라 불리는 프랑스 경제학자 장 모네의 건의를 받아들여 유럽석탄철강공동체 구성을 제안했다. 이것을 '쉬망 플랜

(Schuman Plan)'이라고 부른다. 1950년 6월 21일 프랑스, 독일, 이탈리아, 네덜란드, 벨기에, 룩셈부르크의 6개국이 파리에서 회의를 하고 쉬망 플랜의 구체적인 실행을 의논한 다음 이듬해인 1951년 4월 18일에 관련 조약을 맺었다. 이렇게 탄생한 유럽석탄철강공동체가 유럽연합의 시작이었다.

1952년 말과 1953년 초, 네덜란드 외무장관이 6개국의 공동시장 건설을 두 차례에 걸쳐 건의하여 찬성을 얻어냈다. 1953년 6월에는 6개국 외무장관이 이탈리아 메시나에서 유럽경제공동체 건설에 대한 '메시나 결의안'을 채택했다. 1957년 3월에 6개국 외무장관이 로마에 다시 모여 '로마조약'을 맺었고 각국 국회의 승인을 받아 1958년 1월 1일에 정식 발효되었다. 이 조약으로 유럽경제공동체와 유럽원자력공동체가 동시에 설립되었다.

한편, 유럽연합의 핵심이었던 프랑스와 독일의 관계도 우여곡절 끝에 개선되었다. 1963년 '독일·프랑스 화해협력조약'을 체결하면서 유럽연합의 발전에도 가속도가 붙기 시작했다. 1965년 4월 8일에는 6개국이 브뤼셀에서 유럽공동체의 단일 이사회와 단일 위원회 설립에 대한 조약을 맺었고 유럽석탄철강공동체와 유럽경제공동체 그리고 유럽원자력공동체를 합병해 '유럽공동체'라고 이름 붙였다. 1967년 7월 1일 이 같은 내용이 담긴 브뤼셀 조약이 발효된 후에도 세 공동체는 유럽경제공동체를 중심으로 여전히 독립적으로 존재했다.

그렇다면 또 다른 유럽의 강국 영국은 유럽공동체와 아무런 관계를 맺지 않았을까? 영국은 유럽공동체에 반대하며 다른 국가들과 자유무역연맹을 세우려고 했으나 뜻대로 되지 않았다. 그래서 유럽공동체 가입을 신청했다. 하지만 1961년과 1967년 두 차례에 걸쳐 거절당했고 이후 1973년이 되어서야 아일랜드, 덴마크와 함께 회원국으로 받아들여졌다. 그 후 그리스, 스페인, 포르투갈이 잇따라 가입하면서 유럽공동체의 회원국은 12개 국가로 늘어났다.

유럽공동체는 내부 관세 동맹을 맺고 통일된 무역 정책과 농업 정책을 실행했다. 또 유럽 통화 체계를 세워 예산을 통일하고 정치적으로 협력하는 제도를 마련하는 등 유럽 국가들의 경제적, 정치적 이익을 대변하는 공동체로 발전했다. 1990년 유럽공동체 회원국의 국내 총생산은 처음으로 미국과 일본을 앞지르며 세계 무역 총액의

유럽연합의 주요 기구
- 유럽이사회-유럽연맹 정상회의로 최고의사결정기구
- 유럽연합각료이사회-유럽연맹 각국 장관이사회로 유럽의 정책 결정기구
- 유럽연합위원회-유럽연맹 상설 집행기구
- 유럽의회-유럽연맹의 입법, 감독, 자문기구
- 유럽사법재판소-유럽연맹의 중재기구
- 유럽회계감사원-유럽연맹의 재정과 회계를 책임지고 관리하는 부서

40퍼센트를 차지했다. 이로써 유럽공동체는 세계 최대이자 가장 높은 수준의 통합을 이룬 지역경제기구가 되었다.

유럽연합의 시대

회원국들끼리 더 밀접한 관계를 맺게 되자 경제에 편중된 유럽공동체 시스템에도 업그레이드가 필요했다. 1991년 12월 11일, 유럽공동체는 네덜란드 마스트리흐트에서 회의를 갖고 유럽경제통화연맹과 유럽정치연맹건설을 목표로 하는 '유럽연합조약', 즉 '마스트리흐트조약'을 체결했다. 1993년 11월 1일에 이 조약이 정식 발효하면서 유럽공동체는 유럽연합으로 이름을 바꾸었다. 유럽공동체가 단순한 경제협력기구에서 경제와 정치협력기구로 전환된 것을 상징하는 사건이었다. 아울러 1995년에 오스트리아, 스웨덴, 핀란드가 추

▼ 유로화

가로 가입하여 유럽연합 회원국은 15개 국가로 늘어났다.

영국과 그리스, 스웨덴, 덴마크를 제외한 11개 회원국이 1998년에 처음으로 유로화 사용에 동의했고 그리스도 2000년부터 유로화를 도입하기로 했으며 독일 프랑크푸르트에 있는 유럽중앙은행이 유로의 통화발행을 맡게 되었다. 유로가 정식으로 유통되기 시작한 2002년 1월 1일 0시 이후로 현재까지 유로화사용국은 17개 국가로 늘어나 세계에서 가장 중요한 결산 통화가 되었다.

2002년 11월 18일, 유럽연합 15개국의 외무장관회의는 키프로스, 헝가리, 체코, 에스토니아, 리투아니아, 라트비아, 몰타, 폴란드, 슬로바키아, 슬로베니아 등의 10개국을 새로 가입시켰다. 그리고 2003년 4월 16일 그리스 아테네에서 열린 정상회담에서 10개 국가가 추가로 가입하면서 다섯 번째로 확대되었다. 그 후 2007년 1월 다시 루마니아와 불가리아 두 나라를 받아들였다. 유럽연합은 이처럼 총 여섯 차례에 걸쳐 확대되어 오늘날 27개국으로 구성된 인구 수 4억 9천만 이상을 거느린 초대형 '국가'가 되었다.

유럽연합이 설립된 이후 각 회원국의 경제도 빠르게 발전했다. 1995년부터 2000년 사이의 경제성장률은 3퍼센트에 달했고 국민 총생산은 1997년 1만 9천 달러에서 1999년 2만 6백 달러로 늘었다. 오늘날 유럽연합의 국내총생산은 13조 달러 이상으로 미국에 이어 세계 2위의 경제체가 되었다.

유럽연합의 발전은 아직 끝나지 않았다. 인류 최초의 지역통합체인 유럽연합은 앞으로도 멈추지 않고 발전하여 유럽 각국은 물론 전 세계에 더욱 유익한 변화를 가져다줄 것이다.

투자의 신, 찬사와 비난 사이 조지 소로스

금융 투자로 세계적인 갑부가 된 조지 소로스(George Soros)는 찬사와 비난을 모두 받는 양면적 인물이다. 여든 살의 그는 이제 투자 일선에서 물러났지만 여전히 자선 사업가이자 철학가로서 세계에서 가장 영향력 있는 인물 가운데 한 명으로 평가받고 있다.

가난한 견습공

조지 소로스는 1930년 헝가리 부다페스트의 유복한 유대인 가정에서 태어났다. 원래 이름은 '쥬드 쇼수'였지만 나중에 영어식 이름인 '조지 소로스'로 개명했다. 자상하고 경제적으로 여유로운 부모 밑에서 행복한 어린 시절을 보낸 그는 1944년 나치 독일이 헝가리를 침략하면서 전혀 다른 삶을 살게 되었다. 유대인 수용소에 끌려가지 않으려 이곳저곳을 떠돌기 시작했으나 가짜 신분증과 은신처를 마련해둔 덕분에 큰 화는 피할 수 있었다. 소로스는 짧았지만 대단히 위험했던 이때의 경험에서 모험을 두려워하지 말 것과 절대 모든 것을 걸지는 말 것이라는 두 가지 교훈을 얻었고, 이것을 훗날 사업의 중요한 신조로 삼았다.

제2차 세계대전이 끝난 후인 1947년, 17세의 어린 나이였던 소로스는 살 길을 찾아 혈혈단신으로 헝가리를 떠나 스위스를 거쳐 영국으로 갔다. 아는 사람 하나 없는 런던에서 살아남기 위해 닥치는 대로 일을 했지만 시간이 얼마쯤 흐르자 평생 막일만 하며 살 수는 없다는 생각이 들었다. 성공하려면 공부를 해야 했고, 그것이 현재의 힘겨운 삶을 벗어날 수 있는 유일한 길이었다. 여기까지 생각한 소로스는 생활비를 벌면서 런던정치경제 대학교(LSE)에 들어갈 준비를 했다. 나중에 그는 이때를 가리켜 힘들었지만 일분일초도 낭비하지 않았던 시절이었다고 회상했다. 경제를 전공하고 훗날 금융업계에서 활동한 그가 가장 큰 영향을 받은 사람은 뜻밖에도 철학자 '칼 포퍼'였다. 칼 포퍼에게 철학을 배운 소로스는 단순한 경제적 개념이 아닌 철학적 시각으로 금융과 세상을 바라보았다. 이것이 그의 성공에 큰 힘이 되어 주었다.

1953년 런던정치경제 대학교를 졸업한 그는 런던의 한 금융 회사에서 잠시 일하며 좋은 성과를 올렸다. 이내 특유의 날카로운 감각으로 세계 경제의 중심이 곧 영국에서 미국으로 옮겨가게 될 것을 예측한 소로스는 망설임 없이 다니던 회사를 그만두고는 모아 놓은 돈 5천 달러를 갖고 미국으로 갔다. 뉴욕에 도착한 후 금융 회사의 말단 사원으로 취직하여 조금씩 자리를 잡으며 점차 주식 시장에서 두각을 나타냈다. 당시 소로스는 미국 최고의 금융 회사였던 JP모건과 드레퓌스 펀드가 독일의 보험사 알리안츠 생명의 주식을 대량으로 사들일 것으로 판단했는데, 그 예상이 정확히 맞아떨어져 주가가 크게 오르면서 유명세를 탔다. 나중에는 어느 외국계 증권사로 옮겨 전문적으로 금리 재정 거래[8]를 하며 회사에 큰 수익을 안겨주기도 했다. 그리고 바로 이 시기에 그의 파트너 짐 로저스를 만났다. 당시 월스트리트에서 명성이 자자했던 두 사람은 남의 회사에서 일하는 것에 만족하지 못하고 직접 자금 운용 회사를 차렸다.

소로스는 짧은 시간 동안 자신의 재능을 유감없이 발휘했는데, 특히 비경제적인 요소로 금융 시장의 동향을 예측하는 능력이 뛰어났다. 예를 들어 당시 수준 높은 교육을 받은 대학 졸업생 중 많은 수가 은행에 취직한다는 사실을 관찰한 후, 앞으로 몇 년 안에 은행의 실적이 크게 오를 것으로 생각하고 투자하여 큰 이익을 거두었다.

▼ 조지 소로스

또 한 번은 중동 전쟁 중 이스라엘이 자국 군대의 구식 무기를 한꺼번에 바꾸는 것을 보고는 미군도 비슷한 결정을 할 것으로 생각하고 록히트, 노스롭 등의 대형 군수업체에 투자했다. 역시나 결과는 생각대로였다. 이렇게 소로스의 펀드는 곧 황금알을 낳는 거위가 되어 엄청난 자금을 빨아들였다.

양자역학에 예측 불가능의 원리라는 것이 있다. 세상의 모든 사물은 예측 불가능성이 있다는

_____

8) 국제 간에 금리차가 있는 경우 저금리국에서 고금리국으로 자금 또는 환을 이동시켜 금리 차익을 얻으려는 거래

말이다. 소로스는 이 원리를 금융 시장에 적용시켰다. 금융 시장의 동향은 결코 정확히 예측할 수 없으며 역시 이러한 예측 불가능성 속에 커다란 투자 기회가 있다는 관점이었다. 1979년 소로스는 그가 세운 펀드 회사 이름을 양자역학(Quantum Mechanics)이라는 의미의 '퀀텀'으로 바꾸었다. 그 후 소로스의 퀀텀펀드는 세계에서 가장 높은 투자 이익을 달성하며 승승장구했고 초기 자본액 400만 달러가 1997년 말에는 60억 달러로 불어나는 기염을 토했다.

금융계의 전설

소로스의 펀드 회사는 공매도가 특기였다. 이를테면 주당 120달러인 주식 1만 주를 한꺼번에 팔아 회사 주가를 뚝 떨어뜨린 다음 다시 주당 20달러에 1만 주를 사들이는 식인데, 이런 방법으로 투자금의 다섯 배에 가까운 100만 달러를 벌어들였다. 게다가 퀀텀펀드의 자본금이 불어나면서 소로스가 움직이는 자본이 일부 작은 국가의 외환보유액을 훨씬 웃도는 상황이 벌어졌다. 또한 금융 시장에 대한 영향력이 커지면서 많은 자본이 퀀텀펀드를 따라 움직였고, 엄청난 자본이 한꺼번에 이동하며 해당 국가들의 경제에 큰 영향을 미치기도 했다. 힘이 커지면서 소로스의 공매도 규모도 커졌다. 유명한 영국 파운드화 사건은 물론 멕시코 페소화, 태국 바트화 등 특정 통화를 투자 대상으로 삼아 한 국가의 경제를 쥐락펴락하기도 했다.

1990년대 초, 유럽 각국의 중앙은행은 약세 통화를 사들이고 강세 통화를 파는 식으로 유럽 통화 환율을 안정시키고 있었다. 이러한 체제를 유지하려면 각국의 경제 수준이 비슷해야 했지만 당시 독일 경제는 다른 나라보다 한참 뒤쳐져 있었다. 소로스의 예리한 눈은 이것을 놓치지 않았다. 1992년 영국 파운드화 대비 독일 마르크화의 환율은 이미 위험한 지경에 처해 있었지만 독일 정부는 파운드화를 사들일 자금이 없었다. 소로스는 이때를 노려 파운드화를 모조리 내다 판 뒤 파운드화를 빌려서 마르크화를 사들였다. 나중에 파운드화가 폭락하면 싼값에 갚을 생각이었던 것이다. 한 달 동안 소로스는 총 70억 달러에 해당하는 파운드화를 매각하고 60억 달러어치의 마르크화를 사들였고, 그의 투자 소식을 들은 다른 투자가들도 앞다퉈 그의 뒤를 따랐다.

깜짝 놀란 잉글랜드 은행은 황급히 갖고 있던 마르크화를 팔고 파

운드화를 사들이며 금리까지 높였지만 결국 유럽통화체제(EMS)에서 탈퇴할 수밖에 없었다. 한 달 만에 파운드화의 가치는 20퍼센트나 떨어졌다. 반면 소로스는 15억 달러를 벌어들이며 투자 수익 신기록을 세웠다. 그러나 게임은 여전히 진행 중이었다. 통화 불안정이 유럽 주식과 채권 시장에 큰 파장을 일으킬 것으로 예상한 소로스가 혼란스러운 유럽 시장에 자금을 투입해 다시 한 번 이익을 챙긴 것이다. 이 일로 유럽 각국의 중앙은행은 무려 60억 달러에 가까운 손실을 입은 반면 1992년 8월 33억 달러였던 퀀텀펀드의 자산은 10월 자그마치 70억 달러로 늘어나는 기적을 낳았다.

소로스가 잉글랜드 은행을 거의 파산 직전으로 몰고 갔지만 탄탄한 경제 기반을 가진 유럽 전체 경제는 큰 영향을 받지 않았다. 그러나 멕시코 페소화와 태국 바트화에 손을 댄 것은 해당 국가의 경제에 엄청난 타격을 안겨주었다. 소로스는 1994년과 1997년 각각 멕시코와 태국 경제가 중단기 외채에 과도하게 의존하고 있고 경제 기반이 취약하지만 고정 환율 제도를 실시했던 두 나라의 화폐가 과대평가되어 있다고 생각했다. 소로스는 영국에서 했던 것처럼 엄청난 국제 유동 자금을 동원해 페소화와 바트화를 공략했고 견디다 못한 이들 화폐는 고정 환율제를 포기하고 변동 환율제를 채택했다. 환율은 순식간에 바닥을 쳤다. 여기에서 차익을 얻은 국제 유동 자금이 순식간에 빠져나가고 나자 이들이 가져간 거대 수익은 고스란히 멕시코와 태국 국민의 빚으로 남았다. 특히 바트화의 경우 동남아 국가와 한국에까지 파급 효과를 미쳤고 중국에도 적잖은 부담을 가져다주었는데, 이것이 바로 동남아 금융 위기이다. 소로스를 대표로 하는 국제 금융 투기꾼들의 행동은 국제 사회로부터 많은 비난을 받았고 금융 위기로 큰 피해를 입은 말레이시아는 소로스에게 지명 수배령을 내리기도 했다. 이렇듯 수많은 국가를 위험으로 몰아넣은 소로스는 '금융계의 악어'라고 불리기 시작했다.

악어의 눈물

금융계의 악어 소로스는 돈을 벌기도 좋아했지만 쓰는 것에도 결코 인색하지 않았다. 이는 그의 아버지로부터 받은 교육에서 비롯된 것으로 보이는데, 소로스는 돈이 너무 많으면 오히려 문제가 된다는 아버지의 말씀을 늘 마음속에 새겼다고 한다. 성인이 된 후 줄곧 아버지의 가르침을 실천하려 애썼던 그는 교육 발전, 빈곤 국가의 의료 환경 개선 등을 위한 사업을 시작했다. 빌 게이츠 부부가 자선 사업에 뛰어들기 전까지 소로스는 세계에서 공익사업에 가장 많은 돈을 기부하던 사람이었는데, 통계에 따르면 2010년까지 소로스가 자선 사업에 투입한 자본은 60억 달러가 넘는다고 한다. 그러나 어떤 사람들은 이러한 소로스의 선행이 먹잇감을 잡아먹기 전에 흘리는 악어의 눈물과 같다고 비웃기도 한다. 다른 이들의 돈을 빼앗아 부자가 된 소로스가 자선 사업가로 활동하는 것이 모순이라는 뜻이다.

세계를 바꿔놓다 9·11 사건

미국 동부 시각으로 2001년 9월 11일, 비행기 네 대가 납치되는 사건이 벌어졌다. 그 중 두 대는 쌍둥이 빌딩으로 유명한 뉴욕의 세계무역센터를 차례로 들이받아 건물 두 채를 통째로 무너뜨렸고 나머지 비행기 한 대는 미국방부 펜타곤에 충돌해 건물 한쪽을 심하게 훼손시켰다. 텔레비전을 통해 이 장면을 본 미국 시민들과 세계 각국의 사람들은 눈물을 흘리며 할 말을 잃었지만 또 어떤 사람들은 손뼉을 치며 기뻐하기도 했다. 아무도 예상치 못한 바로 이 순간, 세계는 변화하고 있었다.

전무후무한 비행기 테러

2001년 9월 11일, 뉴욕의 날씨는 쾌청했다. 세계에서 가장 번화한 이 도시의 사람들은 여느 때처럼 자신감 넘치는 얼굴로 바쁘게 걷고 있었다. 이날 세계를 바꿔놓을 엄청난 사건이 일어나리라고는 아무도 생각하지 못했다.

같은 날 아침, 비행기 네 대도 평소처럼 이륙했다. 아메리칸 항공 소속 AA11편은 보스턴에서 출발해 로스앤젤레스를 향해 날아올랐고 유나이티드 항공의 UA93편은 뉴저지 주에서 샌프란시스코로, 역시 유나이티드 항공의 UA175편이 보스턴에서 로스앤젤레스로, 그리고 아메리칸 항공의 AA77편이 워싱턴에서 로스앤젤레스로 각각 향했다. 그런데 이 비행기들 안에 테러리스트가 숨어 있었던 것이다!

테러리스트들은 비행기 이륙 20분 후부터 움직이기 시작했다. 8시 19분, AA11편 항공기의 승무원이 항공기가 납치된 것 같다고 항공사에 보고하자 아메리칸 항공은 즉시 긴급 대응 시스템을 작동시키고 미군 측에 협조를 구했다. 그러나 AA11편은 이미 방향을 바꿔 뉴욕으로 향하고 있었다. 미 공군은 F15 전투기 두 대를 긴급 투입해 AA11편 항공기를 막으려 했으나 AA11편 항공기는 전투기가 막 이륙한 8시 46분 10초 뉴욕 맨해튼 섬의 서남쪽 끝에 있는 세계무역센터 건물 중 북쪽 건물에 시속 800킬로미터의 속도로 충돌했다. 비행기가 110층짜리 건물의 94층과 98층 사이에 박히자마자 곧장 불길이 치솟았다. 비행기가 충돌한 부분의 위쪽 층에 있던 사람들은 고립되었다. 지켜보던 뉴욕 시민들이 단순한 비행기 사고로 생각하고 있던 9시 2분 54초, UA175편 항공기가 더 빠른 속도로 세계무역센터 남쪽 건물의 78층과 84층에 부딪혀 폭발했다. 비행기 잔해가 주변 여섯 블록까지 흩어져 떨어졌다. 한편 9시 37분 AA77편 항공기가 워싱턴 남서쪽에 있는 미 국방부 건물인 펜타곤에 충돌했다. 다행히 비행기가 정면 충돌한 부분은 갓 수리가 끝나 사용되지 않고 있었지만 그래도 100여 명이 사망했다. 그리고 10시 3분 11초, 계속 연락이 되지 않던 UA93편 항공기가 피츠버그 동남쪽에 추락했다. 생존자는 없었다. 나중에 체포된 테러 주동자의 증언에 의하면 이 비행기의 목표는 미국 국회의사당이었다고 한다.

8시 49분, CNN이 가장 먼저 비행기 충돌 사건을 생중계하기 시작한 이후 수많은 언론이 몰려들면서 세계무역센터 소식은 전파를 통해 전 세계로 전해졌다. 9시 59분 4초에 남쪽 건물이 갑자기 무너졌고 10시 28분 31초에는 북쪽 건물도 와르르 무너져 내렸다. 세계에서 다섯 번째, 미국에서 두 번째로 높았던 세계무역센터 건물이 눈 깜짝할 새에 연달아 무너져 2,819명이 희생되었다. 텔레비전 생중계로 이 장면을 지켜보던 전 세계 시청자 수억 명은 그제야 알게 되었다. 이것은 단순한 사고가 아닌 미국에 대한 대규모 테러 공격이라는 사실을.

이 네 사건은 테러를 목적으로 치밀한 계획에 따라 벌어졌다. 우선 납치범들은 미국 동부 연안에 있는 뉴욕과 워싱턴으로 향하는 항공기를 납치하지 않고, 거꾸로 동부에서 서부로 향하는 항공편을 노렸다. 갓 이륙한 비행기에는 연료가 많이 남아있기 때문에 폭탄을 터트린 것과 같은 효과를 거둘

▼ 미국 뉴욕의 세계무역센터 건물

수 있기 때문이었다. 연료를 최소 69톤 싣고 있던 AA11편 항공기는 세계무역센터 북쪽 건물을 통째로 무너뜨렸다. 그 밖에 항공기 네 대의 조종 방식이 같아 테러리스트들이 이 모델을 대상으로 비행기 조작 훈련을 받았다는 것을 알 수 있다.

테러리스트들은 타격 목표를 고르는 데에도 신중했다. 우선 미국의 수도이자 정치적 중심인 워싱턴에서 국회의사당은 국가의 중심이었고 펜타곤은 미군의 총 지휘 센터였다. 한편 미국 경제와 문화의 중심인 뉴욕에서 세계무역센터는 세계에서 가장 큰 사무용 건물이자 미국 금융, 무역의 중심 가운데 하나였다. 또한 '쌍둥이 빌딩'이라는 별명으로 잘 알려졌던 415.14미터 높이의 이 건물은 뉴욕을 상징하는 건축물이자 미국의 상징이기도 했다. 이러한 지점을 공격한 것은 미국에 가장 큰 피해를 입힐 수 있는 방법이었다. 항공기 네 대가 비슷한 시각에 이륙한 것도 테러리스트들이 한꺼번에 공격해 최대의 효과를 내려했다는 것을 말해준다.

미국의 반격

테러 사건 발생 후, 미국연방항공관리국은 신속하게 미국 영공 내의 모든 항공기 통행을 금지했다. 비행 중이던 항공기는 긴급 착륙했고 국제 편은 캐나다나 멕시코로 방향을 틀었다. 당시 플로리다의 한 학교에서 수업 참관 중이던 조지 부시 대통령은 안전을 위해 즉시 전용기에 올랐고, 미국에 위해를 가할 것으로 의심되는 비행 물체는 무조건 요격하도록 공군에 명령했다. 한편 지상에서는 백악관, 재정부, 국회의사당 등 미국의 주요 국가 기관에서 근무하는 사람들이 대피했다. 뉴욕의 유엔 본부에도 긴급 대피령이 내려졌으며 맨해튼에 있던 시민들도 주변 지역으로 흩어져 피신했다. 미군은 만일에 대비하기 위해 미국과 멕시코의 국경을 봉쇄했고 항공모함을 뉴욕 항으로 보냈다. 그 밖에도 대규모 군함이 동부 연안을 순찰하는 등 전 미국이 고도의 경계 태세에 돌입했다.

그렇게 정신없는 하루를 보내고 난 후인 6시 54분에 백악관으로 돌아온 부시 대통령은 저녁 8시 30분, 텔레비전 연설을 통해 테러와의 전쟁을 선포했다.

"오늘 우리의 동포, 우리의 삶, 그리고 소중한 자유가 테러리스트로부터 공격받았습니다. … 테러 공격은 우리의 빌딩을 부술 수 있

▲ 해마다 9월 11일이면 미국 각계 각층에서 9 · 11 사건의 희생자를 추모하기 위한 다양한 행사가 열린다.

지만 미국의 기반을 흔들지는 못합니다. 강철을 가루로 만들 수 있지만 국가를 지키려는 미국인들의 결심은 꺾을 수 없습니다. … 저는 이미 이번 사건을 일으킨 당사자를 찾아내 법의 심판을 받도록 명령했습니다. … 미국은 과거에 그랬듯이 지금도 우리의 적과 싸워 이길 것입니다." 사흘 후, 부시는 세계무역센터의 폐허 위에서 소방관들의 어깨를 두드리며 연설을 했다.

"이런 일을 벌인 자는 곧 우리의 목소리를 듣게 될 것입니다!"

모든 미국인이 이 같은 부시의 강경한 태도에 공감하면서 대통령의 지지율은 한때 무려 89.58퍼센트까지 치솟았다.

사람들은 9 · 11 사건이 60년 전의 진주만 사건과 비슷하다고 말한다. 둘 모두 미국에 대한 기습 공격이었지만 9 · 11 사건은 진주만 사건과 달리 미국 본토를 대상으로 한데다 부시는 루즈벨트 대통령과 달리 적이 누구인지, 개인인지 아니면 단체인지 혹은 국가인지 알지 못했다. 그럼에도 미국 정부는 재빨리 목표를 설정했다. 9월

13일, 콜린 파월 국무장관이 오사마 빈 라덴을 테러의 주범으로 지
목했다. 사우디아라비아의 부유한 가문 출신의 빈 라덴은 극단적인
이슬람원리주의자로 아프가니스탄에서 소련에 대항하기 위한 게릴
라전에 참가했었고 한때는 미국 중앙정보국(CIA)의 지도를 받은 인
물이었다. 그는 풍부한 경험과 막대한 재산을 바탕으로 '성전聖戰'을
위한 무장조직인 알 카에다를 세웠다. 빈 라덴은 미국을 대상으로
한 테러 작전을 여러 차례 구상했으며 9·11 사건이 벌어졌을 당시
에는 아프가니스탄에 숨어 탈레반 정권의 보호를 받고 있었다.

그러나 이상한 점이 한 가지 있었다. 빈 라덴의 보호자를 자청한
탈레반이 9월 11일 오후 12시 2분 성명을 통해 테러를 비난했고, 오
히려 이라크가 이번 테러를 가리켜 미국의 '반인류적 죄악에 대한
대가'라고 나섰기 때문이다. 그러나 당시 항공기에 테러리스트가
최소 19명이 있었고 그 중 대부분이 사우디아라비아 출신이며 빈 라
덴의 알 카에다와 긴밀한 관계를 맺고 있었다는 사실이 나중에 밝혀
지면서 오사마 빈 라덴이 배후라는 미국 정부의 결론에 힘을 실어
주었다.

빈 라덴을 심판하겠다고 결심한 미국은 9월 16일 탈레반 정권에
빈 라덴을 넘겨주지 않는다면 전쟁을 일으키겠다는 최후 통첩을 보
냈다. 이튿날, 파키스탄 대표단이 아프가니스탄에서 빈 라덴을 넘겨

달라는 요구를 했으나 빈손으로 돌아왔다. 탈레반은 아프가니스탄 영공을 봉쇄하고 침략자는 누구든 공격하겠다고 선포했다.

한편 테러에 대해서는 전 세계 거의 모든 국가가 미국의 편에 섰다. 각국 지도자들이 하나 둘 전화로 위로의 뜻을 전하며 미국의 반테러 활동을 지지한다고 밝혔다. 나토 소속의 동맹국들은 최초로 '한 국가에 대한 공격은 나토 전체에 대한 공격'이라는 북대서양조약 제5조를 언급하며 미국과 함께 반테러 전쟁을 위한 동맹을 맺는다고 선언했다. 유엔도 9월 28일 결의안 1373호를 채택하고 세계적인 반테러 활동의 방향을 제시했다. 미군은 9월 19일부터 아프가니스탄 주변으로 군대를 결집하기 시작했다. 반테러 전쟁의 시작이 코앞으로 다가왔다.

미국 동부 시각 2001년 10월 7일 오후 12시 30분(현지 시각으로 저녁 9시) 미국과 영국 연합국이 아프가니스탄을 공격하기 시작했다. 탈레반과 알 카에다 훈련 본부에 셀 수 없이 많은 폭탄과 미사일이 투하되었다. 그렇게 11월이 되자 탈레반은 아프가니스탄 수도 카불을 빠져나와 멀리 떨어진 부락 지역으로 후퇴했는데, 빈 라덴이 바로 이 근처의 어느 비밀 동굴에 숨어 있다는 주장이 제기되었다. 이때부터 미군과 영국군은 아프가니스탄에 숨어 있는 빈 라덴과 탈레반과 알 카에다의 잔당을 공격하기 시작했다. 8년 동안 빈 라덴에 걸린 보상금은 3천만 달러에서 5천만 달러로 늘어났지만 미국은 그를 잡지 못했고 빈 라덴은 계속 동영상 등으로 메시지를 전하며 미국을 약 올렸다. 그렇게 미국의 반테러 전쟁은 한동안 계속 될 것 같았다.

9·11 사건 이후 테러, 특히 민간인을 대상으로 한 테러 공격이 늘어나면서 사람들의 생활에도 불편을 끼쳤다. 비행기 탑승 시의 보안 수색도 훨씬 엄격해졌고 미국에 입국하는 모든 외국인은 손가락 지문 채취를 해야 했다. 사람들은 테러에 대한 공포가 없던 시절을 그리워하겠지만 평화를 되찾기 위한 길은 아직도 멀기만 하다.

테러리즘, 세계를 휩쓸다 오사마 빈 라덴

세계무역센터 쌍둥이 빌딩이 무너져내린 후, 테러리스트 빈 라덴은 순식간에 공공의 적으로 떠올랐다. 짙은 수염을 기른 그의 얼굴이 전 세계 신문과 텔레비전, 그리고 그가 제작한 동영상 속에서도 쉼 없이 나타났다. 미국정부가 5천만 달러라는 거액을 빈 라덴의 현상금으로 내걸었지만 그는 오랫동안 베일에 싸인 채 생사조차 확인되지 않았다. 그가 바로 희대의 테러리스트였던 빈 라덴이다.

CIA의 친구

빈 라덴도 태어나면서부터 테러리스트였던 것은 아니다.

그는 1957년 3월 10일 왕실과 친분이 두터웠던 사우디아라비아의 대부호 집안에서 태어났다. 빈 라덴의 아버지는 석유 수입으로 폭발적인 부를 얻고 있던 당시 건축업으로 큰돈을 벌었고, 빈 라덴은 52명의 형제 자매 가운데 17번째였다. 그의 어머니는 아들 하나만을 낳았을 뿐 남편과의 관계가 좋지 못했다. 시리아 출신이었던 그녀가 사우디아라비아 또는 이집트 출신의 다른 부인들로부터 대우를 받지 못했기 때문에 빈 라덴도 늘 외톨이로 지내며 내성적인 아이로 자랐다. 성인이 된 후 집안의 사업에 참여하게 된 그는 석유 무역과 건축업에서 많은 돈을 벌었다. 이 시기에 그는 많은 구미 지역 기업들과 사업 관계를 맺는 등 서방에 특별한 악감정을 갖고 있지 않았다. 그러나 이슬람교 성지인 메카와 메디나의 사원 복구를 맡은 이후로 신성한 성지에 감춰진 종교에 관심을 갖게 되었고, 이슬람교 자체에 깊이 빠져들게 되었다.

종교에 대한 열정을 불태우던 이 내성적인 청년은 소련군이 아프가니스탄을 침략하자 결국 폭발해버렸다. 1979년 전쟁이 시작되자 빈 라덴은 집을 떠나 아프가니스탄의 이슬람 성전 조직에 들어갔고 그곳에서 무기를 들고 소련군에 맞섰다. 아프가니스탄에서 뛰어난 성과를 올린 그는 직접 싸우기도 했지만 막대한 재산을 풀어 경제적인 지원도 아끼지 않았다. 아프가니스탄의 힘만으로는 강대한 소련을 상대할 수 없다는 것을 깨달은 그는 1980년대 저항 조직에 자금과 병사를 지원하기 위한 지원망을 구축했다. 사우디아라비아와 파키스탄, 이집트와 미국에까지 징병 센터를 두고 지원자 수만 명을 아프가니스탄과 파키스탄의 훈련소로 보내 간단한 훈련을 거쳐 전선에 배치했다. 이때 소련과 한창 대결 중이던 미국도 아프가니스탄의 투쟁에 지원을 아끼지 않았다. 중앙정보국(CIA)만 하더라도 매년 아프가니스탄 게릴라 부대의 무기와 훈련에 들어가는 경비로 무려 5억 달러를 썼다. 이런 상황에서 빈 라덴은 자연스럽게 미국과 손을 잡았고 적지 않은 동료들과 함께 CIA에서 훈련을 받으며 게릴라전의 전투 기술을 배웠다. 물론 이때 CIA의 교관들로부터 배운 음모 술수와 폭력적 수단은 훗날 테러 활동에 사용되었다. 미국의 무기는 끊임없이 아프가니스탄으로 운반되었고 게릴라 부대는 '스팅어(Stinger)' 미사일 등 최첨단 부기까지 얻었다.

1986년, 빈 라덴은 게릴라 부대를 이끌고 잘랄라바드를 공격했다. 이 전투에서 승리하면서 그는 이슬람세계, 특히 성전에 참가한 무슬림들 사이에서 엄청난 명성을 얻었다. 순식간에 집안의 자랑이 된 빈 라덴은 미국의 동맹으로서 미국인들로부터 '영웅'의 칭호를 얻기도 했다! 그러나 극단적 사상을 가진 동료들과 교류하면서 그는 이슬람원리주의에 더욱 깊이 심취했고, 1988년 말 군사 집단 '알 카에다'를 조직하고 이슬람원리주의를 위해 싸울 것을 맹세했으나 이 작은 집단이 이렇다 할 역할을 채 하기도 전에 전쟁이 끝나버렸다.

테러리즘의 대부, 빈 라덴의 탄생

소련이 1989년 철군한 뒤에도 아프가니스탄은 여전히 전쟁의 포화에 휩싸여 있었다. 여러 파벌 사이에서 내전이 시작된 것이다. 거기에 참여할 생각이 없었던 빈 라덴은 사우디아라비아로 돌아가 다시 건축업에 종사하며 생활했다.

억만장자였지만 종교에 대한 열의로 가득 차있던 그는 곧 미국과 사우디 정부에 불만을 품게 되었다. 걸프 전쟁이 한창이던 1990년, 빈 라덴은 나날이 강해지는 이라크를 상대하기 위해 아프가니스탄에서 게릴라 부대를 모아 이라크의 대군에 맞서겠다고 나섰다. 그러나 그의 지원을 거절한 사우디 정부는 미국에 도움을 구했고 이것이 빈 라덴을 화나게 했다. 미군이 도착했고 성지 메카와 메디나는 미국인들이 장악했다. 극단적인 이슬람원리주의자로서 받아들일 수 없는 일이었다. 그래서 빈 라덴은 '알 카에다'의 새로운 목표를 세웠다. 바로 사우디아라비아와 같은 친미 정부를 무너뜨리고 이슬람 세계의 질서를 바로잡아 '이슬람 세계를 침략하고 갉아먹는' 모든 서방 세력을 몰아내자는 것이었다. 또한 목표를 달성하기 위해 수단과 방법을 가리지 않겠다며 사람들에게 사우디아라비아 정부를 무너뜨릴 것을 호소했다. 사우디아라비아로서는 대단히 위험한 인물이 아닐 수 없었

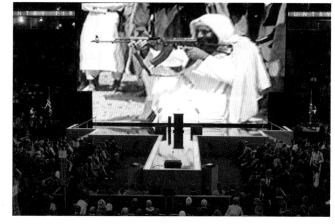

▲ 2008년 9월 4일, 미국 미네소타 주의 세인트폴에서 열린 공화당 전국대표회의. 화면에 총을 쏘는 빈 라덴의 모습이 보인다. 공화당 대표회의는 9 · 11 사건 기념일을 앞두고 반테러를 주제로 토론했다.

다. 빈 라덴은 당연히 추방되었고 그렇게 외국을 떠돌다 수단에 도착했다.

빈 라덴은 수단에서 아프가니스탄 퇴역 군인과 기타 이슬람 극단주의자들을 모아 테러 활동을 시작한 것으로 알려졌다. 또한 1992년 12월 소말리아에 주둔한 미군을 겨냥한 예멘 숙소 폭발 사건과 1993년 2월 미국 세계무역센터 폭발 사건, 1993년 6월 요르단 왕 압둘라 암살 기도 사건 등 일련의 테러 사건과 관련이 있는 것으로 여겨진다. 그러나 알 카에다 내부에 침투해 취재한 영국인 기자는 빈 라덴과 이슬람 성전 조직이 긴밀한 관계를 맺고 있는 것은 사실이지만 빈 라덴은 수단 정부와 좋은 관계를 맺어 많은 돈을 버는 데에만 신경을 썼을 뿐 그가 이끄는 알 카에다는 테러 공격을 계획하지 않았다고 주장했다. 미국이 모든 죄를 그에게 덮어씌우려 한다는 것이었다. 한편 1994년, 사우디아라비아 정부가 빈 라덴의 국적을 박탈하고 사우디아라비아 내의 모든 재산을 동결했다. 미국의 압력을 견디지 못한 수단 정부도 1995년에 빈 라덴에게 출국할 것을 요구했다. 그는 결국 1996년 5월 다시 아프가니스탄으로 돌아가 막 정권을 잡은 탈레반의 보호를 받게 되었다.

아프가니스탄으로 온 빈 라덴은 물 만난 고기처럼 거액의 재산과 넘치는 인기를 바탕으로 알 카에다를 중심으로 한 테러망을 구축했다. 소련에 대항하기 위해 만들었던 훈련소는 테러리스트를 양성하는 훈련 기지로 바뀌어 격투, 폭발, 암살 등의 테러 기술을 가르쳤다. 여기에서 교육받은 테러리스트들은 북아프리카, 체첸공화국, 중

아시아와 발칸 등지에서 무슬림을 보호하기 위해 싸웠다. 이슬람 극단주의자들의 핵심이 된 빈 라덴과 알 카에다로 테러리스트들이 모여들었고 세계 각지의 지지자들도 다양한 경로로 자금과 정보를 제공했다. 빈 라덴은 이 시기를 놓치지 않고 모든 세력을 한데 모아 테러 활동의 범위를 넓혔다. 1998년 2월, 빈 라덴은 아랍 국가 테러 조직의 우두머리들을 모아 알 카에다 본부에서 모임을 갖고 유대인과 십자군에 대한 성전을 위한 국제 이슬람 전선을 세웠다. 이 새로운 조직은 반미를 첫 번째 임무로 내세웠다. 빈 라덴은 미국인이야말로 테러리스트라며 모든 무슬림들이 미국을 상대로 '지하드(성전)'를 시작해야 한다고 주장했다. 군인은 물론 민간인, 노인과 어린아이까지 미국인 모누가 적이라는 것이었다!

의지로 가득 찬 빈 라덴은 1998년 5월 인터뷰를 통해 미국인들이 벌을 받게 될 때가 멀지 않았다고 말했다. 그해 8월 7일 탄자니아와 케냐의 미국 대사관에서 거의 동시에 자동차 폭탄 테러 공격이 일어나 250여 명이 사망하고 5천여 명이 다치는 사건이 벌어졌다. 피해자 대부분이 민간인이었다. 미국은 이에 대한 보복으로 즉시 수단과 아프가니스탄의 의심 지역에 순항 미사일을 발사하고 탈레반에 빈 라덴을 넘겨줄 것을 요구했으나 거절당했다. 탈레반은 자체적인 재판을 열고 빈 라덴이 대사관 사건과 아무런 관계가 없다는 판결을

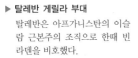

▶ **탈레반 게릴라 부대**
탈레반은 아프가니스탄의 이슬람 근본주의 조직으로 한때 빈 라덴을 비호했다.

내렸다.

　한편 빈 라덴의 테러 공격은 멈추지 않았다. 1998년 11월 이집트의 농맹국에서 외국인 관광객 58명을 살해했고 2000년 10월 예멘에 정박해 있던 미 해군 이지스 구축함을 공격해 미군 병사 17명을 죽였다. 미국은 빈 라덴을 가장 위험한 A급 테러리스트로 정하고 체포하려 애썼지만 아프가니스탄에 숨어 있는 그는 매일같이 총과 대포로 무장한 전사들의 철통 같은 경호를 받으며 위성통신과 인터넷으로 여전히 테러 제국을 다스리고 있었다.

▲ 유럽에서 빈 라덴을 돕던 아부 카타다. 2008년 11월 8일에 영국 당국에 체포되었다.

　2001년 9월 11일, 미국 본토에 가해진 대규모 테러 공격으로 뉴욕의 세계무역센터 건물과 국방부 청사인 펜타곤하우스에 항공기가 충돌하는 사건이 벌어져 세계무역센터 건물이 통째로 무너지고 펜타곤도 일부가 훼손되었다. 납치된 항공기 네 대 가운데 한 대는 추락했다. 이 테러로 3천 명이 넘는 사람들이 희생되었다. 탈레반은 사건 발생 당일 테러 공격을 비난하는 성명을 발표하고 빈 라덴도 이와 관련이 없다는 듯 행동했지만 미국은 그를 테러의 주범으로 지목했다. 비행기 납치범 19명 가운데 대부분이 사우디아라비아 출신인데다 알 카에다와도 밀접한 관계가 있었기 때문이다. 미국은 보복을 위해 아프가니스탄을 공격해 탈레반 정권을 몰아냈지만 깊은 숲 속에 숨어 있는 빈 라덴은 쉽게 찾아내지 못했다. 그렇게 10년이 흘러 8년간 재임한 조지 부시 대통령이 물러나고 버락 오바마 대통령이 취임했다. 그러나 산 속 깊이 숨어 있는 빈 라덴 수색작전은 계속되었다. 그러던 2011년 5월 1일, 오바마 대통령은 빈 라덴을 사살하는 데 성공했다고 공식 발표했다. 그의 은신처는 파키스탄 수도 이슬라바마드에서 100킬로미터 북쪽에 있는 아보타바드로, 아프가니스탄 수도 카불에서 350킬로미터 떨어진 곳이었다. 미국의 상징을 무너뜨린 희대의 테러리스트 오사마 빈 라덴은 이렇게 미군의 총에 의해 역사 속으로 사라졌다.

The New World Pattern

History of the World

제 3 장

과학 기술의 눈부신 발전

우주 탐사의 길이 열리다 인공위성 발사

1957년 10월 4일, 소련 바이코누르 기지에서 R-7 로켓이 불꽃을 내뿜으며 하늘로 솟아올랐다. 인류 역사 최초의 인공위성 '스푸트니크 1호'의 성공적인 발사로 우주 시대의 막이 열렸다.

스푸트니크 1호의 탄생

오래전부터 인류는 아름다운 은하계를 끊임없이 상상하며 그곳에 가보려는 시도를 멈추지 않았다. 서방에서는 하늘에 닿아보려고 바벨탑을 쌓았고 고대 중국의 관리 만호萬戶도 하늘을 날기 위해 여러 차례 도전했다. 이러한 인류의 오랜 노력은 과학기술이 빠르게 발전한 20세기 초 획기적인 발전을 거두게 되었다. 1903년 러시아 과학자 콘스탄틴 치올코프스키가 세계 최초로 로켓에 대한 논문 〈반작용 모터를 이용한 우주 공간 탐험〉을 발표했다. 논문에서 그는 액체를 추진제로 이용하는 로켓을 구상했는데, 이것이 나중에 로켓과 액체 연료식 미사일 제조의 이론적 근거가 되었다. 독일 과학자 헤르만 오베르트도 1923년 저서 《행성 공간으로의 로켓(Die Rakete zu den Planetenräumen)》을 출판하고 이를 나치 독일의 V2 로켓 제조에 응용했다.

이렇게 이론 기초를 갖추자 지구의 중력권을 벗어나 우주로 나가는 것은 시간문제일 것 같았다. 그러나 우주 역사의 진정한 첫발을 내디딘 것은 최초의 인공위성 '스푸트니크 1호'였다. 지구의 주위를 도는 위성은 오직 달뿐이다. 인공위성이라는 개념은 치올코프스키가 저서 《지구와 우주에 관한 환상》에서 제시한 것으로, 그는 '사람이 만든 인공위성은 달과 비슷하나 지구 대기층 밖의 비교적 가까운 지점에 있을 것'이라고 설명했다.

치올코프스키가 구상한 인공위성은 그의 후손에 의해 실현되었다.

하늘을 날다

제2차 세계대전 이후 소련은 나치 독일이 제작한 V2 미사일의 기술과 관련 과학자들을 확보하고 대륙 간 탄도 미사일과 발사 기술을 개발할 기반을 마련했다. 전쟁으로 국내 경제에 심각한 타격을 입은 소련이었지만 군사 방면에 대한 연구만큼은 지원을 아끼지 않았고 곧 로켓 발사 분야에서 커다란 진전을 거둘 수 있었다.

1953년 11월, 소련은 제네바에서 열린 세계평화회의에서 인공위성 제작이 가능하며 거기에 관심이 있다고 밝혔다. 그러나 당시에는 소련 국내를 포함한 모든 사람이 인공위성의 의미를 제대로 알지 못했기 때문에 별다른 반응을 이끌어내지 못했다. 1955년 소련과학원의 지도팀이 과학자 수백 명에게 편지를 보내 인공위성의 응용에 대한 의견을 구했을 때에도 일부는 인공위성 제작에 적극적으로 찬성하고 나섰지만 어디에서부터 어떻게 시작할 것인지 전혀 알지 못하는 형편이었고, 일부는 '이런 말도 안 되는 프로젝트에는 관심이 없다'면서 비웃음을 감추지 않았다. 더욱 중요한 것은 이 시기의 국제적 상황이 인공위성 개발을 가로막았다는 것이다. 냉전이 한창이던 당시의 소련은 미국을 위협하기 위해 로켓을 군사적으로 이용할 방법을 찾으며 핵탄두를 실어 미국 본토를 공격할 수 있는 대륙 간 탄도 미사일 개발에 열을 올리고 있었기 때문이다. 로켓의 무기화에만 골몰하던 당시 인공위성 개발은 찬밥 신세였다.

하지만 탑재 미사일 연구 개발이 순조롭게 진행되면서 인공위성을 쏘아 올릴 가능성도 자연스레 커졌다. 소련 우주과학의 아버지인 세르게이 코롤료프는 이 기회를 놓치지 않고 인공위성 개발에 박차를 가했다. 우주 시대의 중요성을 누구보다 잘 알고 있었던 코롤료프는 1957년 8월 21일 세계 최초 대륙 간 탄도탄 'R-7'을 태평양으로 발사하는 실험에 성공했다. 미국이 핵무기를 투하할 것에 대비해 만든 R-7은 탑재한 핵탄두의 무게가 잘못 계산되는 바람에 동력이 극대화되었다. 추진력이 4.9×10^6 뉴턴에 달했고 미사일 분리가 모두 끝난 후의 적재량은 무려 5.5톤이었다.

엄청난 동력을 지닌 R-7은 원래 군사적 목적으로 개발되었지만 동시에 인공위성을 우주로 발사할 수 있는 완벽한 도구였다. 이 사실을 발견한 코롤료프는 R-7을 인공위성 발사에 이용해보자고 소련 정부에 건의했다. 이러한 코롤료프의 구상을 '한심한 공상'이라고 생각한

▼ 타이로스 위성
미국이 발사한 타이로스 위성은 세계 최초의 기상 위성으로 1960년부터 1965년까지 타이로스 기상 위성 총 10개가 궤도에 올랐다. 이들 위성은 미국에 풍부한 기상 정보를 제공했으나 1966년 이후로 사용할 수 없게 되었다.

▲ 1969년 소련 정부가 발행한 기념 우표

소련 군부는 동그란 쇳덩어리가 아무짝에도 쓸 모없을 것이라고 고개를 저었지만 다행히 소련 정부가 1957년 1월 그의 요구를 받아들였다.

그러나 코롤료프에게 주어진 시간은 길지 않았다. 당시 소련의 인공위성 프로젝트는 이미 어느 정도 진전을 거두었지만 위성을 완성할만한 수준에는 미치지 못했기 때문이다. 코롤료프가 이끌던 실험 설계국에서는 발사 기한을 맞추기 위해 간략한 위성 설계안을 내놓았고 불과 3개월 만에 위성을 제작했다. 이것이 바로 '스푸트니크 1호'였다. 촉박한 시간에 쫓기며 탄생한 이 위성은 지름 58센티미터인 원 모양으로 알루미늄 합금으로 제작되었다. 안에는 무선 송신기 두 개와 기타 장치들이 들어 있었고 바깥쪽에는 안테나 네 개가 달려 있었으며 중량이 83.6킬로그램으로 오늘날의 위성과 비교하면 그야말로 '콩알만한' 크기였다.

위성을 제조하는 한편 코롤료프는 위성 탑재에 적합하도록 R-7로켓을 개조했다. R-7은 핵심 로켓 한 개와 보조 로켓 네 개로 구성되었다. 발사 후 핵심 로켓과 보조 로켓들이 동시에 점화되었다가 예정된 속도에 도달하면 보조 로켓은 분리되고 핵심 로켓이 위성을 궤도에 오를 때까지 동력을 제공했다. 운항 방향을 조절하기 위해 12개의 움직이는 소형 추진기도 달았는데, 이 모든 과정이 발사 직전에서야 끝났다. 원래 발사 예정일은 1957년 10월 6일이었지만 미국이 발사 소식을 알고 있을 것이라 생각한 코롤료프는 결국 계획을 변경하여 10월 4일 발사했다.

1957년 10월 4일, 스푸트니크 1호를 실은 로켓이 카자흐스탄의 초원 한복판에 있는 바이코누르 기지 상공으로 발사되었다. 위성과 로켓은 예정대로 분리되었고 안전하게 우주 궤도에 올라 무선 전파 송신 활동을 시작했다. 예상대로라면 스푸트니크 1호와 지면의 거리는 멀게는 964.1킬로미터, 가까울 때는 228.5킬로미터를 유지해야 했고 궤도는 지구 적도와 65도를 이루며 96.2분마다 지구를 한 바퀴 돌아야 했다. 날씨가 좋으면 육안으로도 위성을 관찰할 수 있었다. 전 세계의 무선 통신 애호가들이 위성이 보내는 신호를 수신하기도 했다.

특별한 승객, 라이카

스푸트니크 1호의 발사가 성공한 데에 전 세계가 주목하자 소련 정부도 위성 프로젝트를 중시하기 시작했다. 흐루쇼프는 두 번째 발사를 서두르라고 지시하기도 했다. 그리고 1957년 11월 3일 '스푸트니크 2호'가 성공적으로 발사되었다. 500킬로그램이 넘는 거대한 이 위성은 그 규모면에서도 1호를 뛰어넘었지만 특별한 손님을 태우고 우주로 향했다. 바로 개 라이카였다. 라이카는 우주에 진입한 후 우주선 내의 온도가 오르면서 사망했지만 자신의 희생을 대가로 생명체가 우주에서 생존할 수 있다는 사실을 증명했다. 유인 우주선 발사에 앞서 인류의 우주 여행 가능성을 열어준 것이다.

위성이 발사된 다음 날, 소련의 국영 통신사였던 타스가 인공위성 발사에 성공했다는 소식을 전하자 세계의 눈이 우주에서 빛나는 '작은 공'에 집중되었다. 이 획기적인 뉴스는 모두를 흥분의 도가니에 빠뜨렸다. 한편 소련의 라이벌이었던 미국은 가만히 앉아있을 수 없었다. 미국의 아이젠하워 대통령은 핵무기 대국인 소련이 미국을 앞선 우주 기술을 갖추고 지구에서 수백 킬로미터 떨어진 곳에서 '발언권을 독점'했다며 불안해 했다. 급히 회의를 소집하고 과학계 지도자들과 대책을 의논한 다음 미국항공우주국(NASA)을 세웠다. 미국과 소련의 우주 경쟁이 본격적으로 시작된 것이었다.

스푸트니크 1호는 우주에서 92일 동안 지구를 1,400번 공전하며 6천만 킬로미터를 활동한 뒤 1958년 1월 4일 지구로 추락했다.

세계에 미친 영향

스푸트니크 1호는 지구 대기층에서 소멸했지만 위성 발사는 분명 인류의 우주 탐사 시대를 연 획기적인 사건이었다. 미국과 프랑스, 중국 등의 국가가 잇따라 자체적인 인공위성 제작에 나섰고 우주 비행선과 첨단 위성, 우주 정거장, 우주 망원경 등 우주 장비가 속속 개발되었다. 우주와 지구에 대한 사람들의 인식도 전에 없이 높아졌다.

이 위대한 순간을 기념하기 위해 소련은 모스크바의 레닌 산에 기념비를 만들어 비석 끝에 스푸트니크 1호 복제품을 설치했다. 1999년 열린 제3회 유엔 우주 회의에서 참가국은 스푸트니크 1호가 발사된 10월 4일부터 10일까지를 '세계 우주 주간'으로 지정하자는데 만장일치로 동의했고, 이 방안은 제54회 유엔 총회에서 비준되었다.

▼ 세르게이 파블로비치 코롤료프의 조각상

달을 향한 꿈 아폴로 호의 달 착륙

1969년 7월 20일 16시 17분, 달 탐사선 '아폴로 11호'가 달 표면에 안전하게 착륙했다. 그리고 22시 56분 미국 우주 비행사 암스트롱이 달 탐사선의 아래로 빠져나와 달 표면에 인류의 첫 번째 발자국을 남겼다.

달 방문의 꿈

밤하늘의 별을 바라볼 때면 늘 아득한 은하에서 가장 밝게 빛나는 달에 시선을 빼앗긴다. 지구의 유일한 위성인 달은 아주 오랜 옛날부터 사람들의 관심과 사랑을 받아왔다. 우리의 전래 동화에도 달에 사는 선녀와 방아 찧는 옥토끼 이야기가 빠지지 않고, 중국 명나라 시대의 우주 애호가였던 만호는 화약을 이용해 원시 로켓 47개를 만들어 자신의 몸에 감고 달을 향해 날아오르려다가 목숨을 잃기도 했다. 이처럼 달로 가려는 인류의 노력은 끊임없이 이어졌고 로켓 기술과 우주 산업이 발달하기 시작한 20세기에 이르자 이러한 꿈의 실현 가능성은 더욱 커졌다.

▼ 우주복을 입은 우주 비행사

달에 갔던 이야기

달 착륙에 대해 이야기할 때 빠뜨릴 수 없는 것이 바로 미국과 소련의 우주 경쟁이다. 제2차 세계대전 이후 지구상의 초강대국으로 남은 두 나라는 우주 공간을 먼저 차지하려고 치열한 경쟁을 벌였다. 1957년 10월 4일 소련이 인류 최초의 인공위성 발사에 성공하면서 앞서가기 시작했고 1961년 4월 12일에는 유리 가가린이 '보스토크 1호'를 타고 비행한 후 안전하게 귀환하면서 또 한 번 미국의 콧대를 눌러 놓았다. 잇따라 소련에 우선권을 빼앗겨 체면을 구긴 미국은 모든 노력을 기울인 끝에 결국 지구와 가장 가까운 행성인 달에 먼저 올랐다. 우주를 놓고 벌인 대결에서 최후의 승자가 된 셈이었다.

미국은 줄곧 유인 우주선 개발을 우주 산업 계획의 핵심으로 삼고 있었지만 본격적인 연구는 역시 가가린이 우주 비행에 성공한 후부터 이루어졌다. 1961년 4월 12일 가가린의 소식이 진해졌을 때 케네디 대통령은 한참 단잠에 빠져 있었는데, 비서관으로부터 소식을 전해 듣고는 소스라치게 놀랐다고 한다. 소련이 먼저 우주 비행사를 배출한 것은 우주 항공 기술에서 미국이 소련에 한참 뒤져 있다는 것을 의미하는데다가 소련과의 과학 기술 경쟁에서도 졌다는 뜻이기 때문이다. 미국으로서는 굉장히 자존심 상하는 일이었다. 그래서 케네디는 어떤 대가를 치르더라도 소련을 따라잡으리라 마음먹고 미국의 과학 기술과 군사 기술을 발전시키기 위해 총력을 기울였다. 각 부문의 지도자들과 과학자들을 소집해 대책을 의논한 케네디는 긴장 속에서 토론을 벌인 끝에 '미국은 최초로 달에 방문한 나라가 될 것'이라고 선언한 후, 5월 25일 국회에서 긴급 보고서를 발표하고 10년 안에 미국인을 달에 보내겠다고 했다. 그는 '나는 이 나라가 1960년대가 지나가기 전에 달에 인간을 착륙시킨 뒤 지구로 무사히 귀환시키는 목표를 달성해야 함을 믿는다. … 이것은 미국의 명예가 달린 일이다!'라고 말했다. 미국우주항공국은 아폴

▼ 유리 알렉세예비치 가가린

로 달 착륙 계획을 세워 국회의 비준을 받았다. 세상을 떠들썩하게 만든 달 착륙 계획의 시작이었다.

그러나 굉장히 복잡하고 다양한 과제가 미국을 기다리고 있었다. 가장 먼저 부딪힌 문제는 달 착륙 방법이었다. 당시 미국 과학자들은 여러 가지 방안을 제시했지만 연구해보니 하나같이 이런저런 문제를 안고 있었다. 이때 한 엔지니어가 강력한 동력을 갖춘 달 탐사선을 사령선으로 삼아 달 주변을 돌게 하고 자체 동력을 가진 착륙선을 이용해 달에 접근하는 방법을 제시했다. 착륙 임무를 마친 착륙선은 자체 동력으로 사령선으로 돌아왔다가 지구로 귀환한다는 계획이었다. 나사의 과학자들은 충분한 분석을 거쳐 이 방법이 실현 가능하다는 결론을 내렸다. 이제 다음 과제는 로켓 문제였다. 발사와 우주 비행

을 마치고 다시 지구로 귀환하는 기나긴 여정을 거쳐야 할 뿐만 아
니라 우주 비행사 몇 명과 많은 장비까지 실어야 하는 탑재 로켓에
는 상상을 초월하는 수준의 동력이 필요했다. 다행히 독일의 V2 미
사일을 제작했던 '로켓의 아버지' 폰 브라운 박사를 확보한 덕분에
'새턴 5호' 로켓을 만들었다. 500만 개가 넘는 부품으로 구성된 이
거대한 로켓은 지상 장치의 부품까지 무려 900만 개가 넘었고 연구

▼ 우주 비행사 닐 암스트롱이 달
　에서 걷고 있다.

개발에 참여한 기업은 8천여 곳에 달했다. 로켓 자체 길이는 85미터 이고 지름은 10미터였는데 머리 부분에 탑재된 아폴로 우주 비행선의 길이까지 합하면 총 길이는 36층짜리 건물 높이에 해당하는 110미터에 달했고 무게는 3,200톤에 육박했다.

이와 동시에 나사는 달 착륙 프로젝트를 위해 전 세계 곳곳에 우주 왕복선 정거장을 만들었고 만일에 대비해 우주 비행사 훈련 센터에 '달 착륙 모의 훈련 장치'를 설치해 달 환경에 적응하기 위한 모든 훈련도 마쳤다. 이와 함께 달 착륙과 관련된 각종 정보를 수집하기 위해 일련의 관련 계획을 실시했는데, 달 표면의 정보를 수집하기 위한 탐사 계획과 달에 착륙할 지점을 고르는 달 궤도선과 달 착륙 우주인의 훈련을 맡을 비행선 계획 등이 포함되어 있었다. 마지막 단계에서는 막대한 비용에도 아랑곳하지 않고 아폴로 호의 시험 비행을 실시하여 달에 착륙한 후의 모든 과정을 연습했다.

모든 준비는 끝났다. 1969년 7월 16일, 8년에 걸쳐 완성된 아폴로 달 착륙 계획이 드디어 발사되었다. 가장 흥분되는 순간이었다. 인류 최초의 달 착륙 비행선은 플로리다 주에 있는 케네디 우주 센터에서 발사되었다. 《80일간의 세계 일주》로 유명한 19세기 말 프랑스 작가 쥘 베른이 예상했던 것과 같았다. 미국 동부 표준 시각으로 오전 9시 30분, 새턴 5호가 굉음과 함께 하늘로 솟구치며 닐 암스트롱, 마이클 콜린스, 버즈 올드린의 세 우주 비행사를 태운 아폴로 11호가 우주로 향했다. 100시간에 가까운 비행 끝에 비행선은 달에 가까이 접근했다. 암스트롱과 올드린은 착륙선 '이글' 호를 타고 사령선 '콜롬비아' 호에서 떨어져 나와 달 표면에 착륙했다. 한편 또 다른 우주 비행사 콜린스는 사령선에 머무르며 달 궤도를 따라 비행했다. 암스트롱은 사다리를 타고 이글 호 밖으로 나와 달 위를 걸었다. 그 순간, 그는 "한 인간에게는 작은 발걸음이지만, 인류에게는 거대한 도약이다"라는 유명한 말을 남겼다. 암스트롱과 올드린 두 우주 비행사가 달 위에서 태양전지를 펼치고 삽과 특수 가위를 이용해 달 표면의 암석과 토양의 샘플을 채취했다. 그리고 달 착륙을 기념하기 위해 달 표면에 미국 국기를 꽂고 금속으로 제작한 기념판을 남겨두었다. 기념판에는 '1969년 7월, 자전하는 행성 지구의 사람이 처음으로 달에 왔다. 우리는 모든 인류를 대표하여 평화를 위해 온 것이다'라는 말이 새겨져 있었다. 달에서 21시간 37분 동안 머무른 두

아폴로

고대 그리스 신화에 등장하는 신 열두 명 중 하나인 아폴로는 빛의 신이자 인류의 수호신이다. 신화에 의하면 아폴로는 달의 여신 아르테미스와 쌍둥이 남매라고 하는데, 미국이 달 착륙 계획명을 아폴로로 정한 것은 이 때문이다.

우주인은 착륙선을 타고 달 궤도에 있는 사령선으로 돌아갔다. 달 착륙선 이글 호는 사령선과 접촉한 후 우주 공간으로 버려졌고 사령선은 다시 지구를 향해 날아갔다. 7월 24일 우주 비행선 아폴로 11호는 태평양의 하와이 남서쪽 바다에 떨어졌고 부근에서 대기하고 있던 군함이 우주 비행사 세 명을 안전하게 구조했다.

이렇게 미국은 세계 최초로 달 착륙에 성공한 나라가 되었고 이어서 여섯 차례에 걸쳐 달에 방문했다. 그 중 아폴로 13호가 사고로 발사에 실패한 것을 제외하고는 계획에 참여한 모든 우주 비행사들이 총 302시간 20분간 달에 머무르며 각종 과학 실험을 진행했고 특수 차량에 올라 달 위를 '질주'하는 특별한 쾌감을 경험하기도 했다.

여러 차례에 걸친 달 여행을 통해 인류는 달에 대한 많은 정보를 얻었다. 지구로 가져온 달 암석과 토양 샘플은 381킬로그램에 달하는데 그 중 생성 연도가 46억 년에 달하는 수정은 태양계의 형성을 연구하는 데 새로운 자료로 사용되었다. 아폴로 프로젝트가 거둔 성과는 이뿐만이 아니다. 미국이 220억에서 250억 달러를 투자한 우주 비행선 아폴로 호의 제작에는 부품 700여만 개와 연구 성과 5만 가지가 투입되었으며 100개 이상의 대학과 기업 및 연구소 2만 여곳에서 기술자 45만 명이 참여했다. 아폴로 계획은 미국 경제와 우주 산업의 발전을 크게 이끌었을 뿐만 아니라 미국의 과학 기술 발전 수준을 크게 끌어올렸다.

우주를 향한 도전, 그리고 좌절 챌린저 호

1986년 1월 28일, 미국 '챌린저 호'가 발사 후 73초 만에 엄청난 폭발음과 함께 갑자기 폭발했다. 12억 달러를 들인 우주 비행선은 순식간에 잿더미가 되었고 우주선에 탑승한 우주 비행사 7명도 모두 사망했다. 특히 최초로 일반인 여교사 매컬리프를 우주선에 탑승시켜 큰 화제가 되었던 우주선 발사였기 때문에 미국의 거의 모든 학교 학생들이 텔레비전 생중계를 지켜보고 있었고, 그래서 더욱 큰 상처로 남은 사건이었다.

챌린저 호

1957년 소련이 인류 최초의 인공위성을 발사한 후, 우주를 사이에 둔 미국과 소련의 대결이 점점 더 치열해졌다. 연거푸 발사에 성공하며 승승장구하던 소련이 1961년에는 먼저 유인 우주선까지 발사하자 계속되는 소련의 승리에 마음 졸이던 미국은 1969년 달 탐사에 성공하면서 한시름 덜게 되었다. 그러나 미국의 진정한 승리를 거둔 것은 여러 번 반복해서 사용 가능한 우주 왕복선을 제작한 후부터였다. 이론적으로 우주 왕복선 한 대는 100번 사용할 수 있는데, 크게 궤도선과 보조 추진 로켓, 외부 연료 탱크의 3가지 부분으로 이루어지는 우주 비행선의 핵심은 궤도선이다. 우주 왕복선이 발사될 때에는 보조 추진 로켓의 도움을 받아 하늘로 곧게 발사되지만, 지구 대기층으로 다시 되돌아온 후에는 궤도선이 있어야 비행기처럼 미끄러지듯 착륙할 수 있다.

1972년 우주 왕복선 연구 개발을 시작한 미국은 9년 동안 120억 달러를 들여 1981년 챌린저 호를 완성했다. 발사는 늦어졌지만 챌린저 호는 '컬럼비아 호'의 발사를 성공으로 이끌었다. 원래 실험용으로 제작된 챌린저 호가 미리 탐사를 마친 덕에 컬럼비아 호가 정식으로 발사될 수 있었기 때문이다. 나사는 챌린저 호를 최대한 활용하기 위해 우주 왕복선으로 개조하여 1983년 첫 비행을 실시했다. 챌린저 호는 사고가 나기 전까지 모두 9차례 우주 여행에 성공하며 훌륭히 임무를 완수했다.

사고 현장

1986년 1월 28일, 미국 플로리다 브레바드메리트 섬의 케네디우주센터 상공은 구름 한 점 없이 맑았다. 여러 차례 연기되었던 챌린저 호의 발사가 드디어 시작되었다. 거대한 기체가 발사대에 똑바로 세워지자 각계각층에서 온 귀빈들과 기술자들은 긴장되는 얼굴로 발사를 기다렸다. 모든 것이 완벽했지만 단 하나, 날씨가 문제였다. 높은 상공에서 강풍이 불어 발사가 수차례 연기되었는데 특히 영하 4도 이하의 기온은 미국 우주 비행선 발사에서 한 번도 경험해보지 못한 상황이었다. 발사대에는 기다란 고드름이 달렸고 우주선 표면에도 얼음이 얼어서 관계자들은 얼음 제거에만 두 시간여를 소모해야 했다.

그렇게 몇 시간 후 우주 비행사 7명이 대기실 밖으로 나가 탑승 준비를 했다. 이때 여성 비행사 주디스 레스닉이 '오늘은 발사가 연기되지 않았으면 좋겠다'고 말하자 스코비 선장도 고개를 끄덕였다. 이틀 전에도 우주선에서 5시간 대기하다가 결국 발사가 취소되었던 것을 생각하자 조금 걱정이 되었다. 다행히 미국 동부 표준 시각으로 오전 11시 15분 발사 카운트다운 명령을 받은 스코비는 흥분된 목소리로 말했다. "알겠습니다. 정말 다행이네요!" 카운트다운은 순조롭게 진행되었고 액화 수소가 연료 탱크에 주입되자 모든 준비는 끝이 났다. 챌린저 호는 땅을 울릴 정도로 거대한 소음을 내기 시작했다. "자 이제 올라간다, 친구들!" 스코비 선장이 동료들에게 말했다. 카운트다운은 11시 38분에 끝

▼ 1986년. 미국 케네디우주센터에서 사고를 일으킨 챌린저 호의 잔해. 사진은 오른쪽 로켓 추진기의 앞부분이다.

났다. "3, 2, 1, 발사!" 로켓이 점화되자 엄청난 굉음이 케네디우주
센터를 가득 울렸고 챌린저 호는 천천히 하늘로 올라가기 시작했다.
80톤이 넘는 거대한 물체가 위로 솟구치면서 기다란 불꽃을 파란 하
늘에 뿌리는 모습은 그야말로 장관이었다. 관제 센터에서는 탄성이
쏟아졌고 관중들도 일제히 고개를 들어 한 장면이라도 놓칠세라 로
켓 발사에 집중하고 있었다.

11시 38분 9초, 챌린저 호가 비행 각도를 조정했다. 모든 것이 정
상이었다.

11시 38분 35초, 추진기가 대기권 높이 올랐을 때 기체 외부가 과
열되는 것을 막기 위해 전체 추진력의 65퍼센트까지 속도를 줄였다.
역시 정상적인 과정이었다.

11시 39분 6초, 지상 관제 센터가 가속 명령을 내렸다. 11시 39분
12초, 챌린저 호가 전속력으로 솟구치기 시작했다. 우주선의 속도는
음속의 3배 이상인 시속 3,163킬로미터였고 고도는 16킬로미터였
다. 이때 챌린저 호의 외부 연료 탱크 오른쪽 아랫부분에서 갑자기
주황색 불꽃이 나타나더니 챌린저 호 궤도 비행 장치의 중앙에서도
큰 불꽃이 솟구쳤다. 챌린저 호의 이상을 발견한 관제 센터는 등골
이 서늘해졌다. "우주선에 문제가 생겼다!" 그러나 이런 사정을 알
리 없는 관중들은 여전히 멋진 발사 장면에 환호하며 박수를 치고
있었다. 그러나 잠시 후 11시 39분 15초, 발사된 지 75초 만에 챌린
저 호의 연료 탱크가 공중에서 폭발을 일으켜 기체는 산산조각이 났
다. 우주선과의 연락이 끊어져 관제 센터로 전해지던 모든 데이터가
사라졌다. 관제 센터에는 정적만이 감돌았다.

순식간에 화염에 휩싸인 챌린저 호의 잔재는 무려 한 시간 동안
별똥별처럼 바다 위로 떨어졌다. 통제를 잃은 로켓 추진기가 사람들
이 살고 있는 지역을 향해 떨어지자 안전을 담당하는 군관이 서둘러
추진기를 공중에서 폭파시켰다.

챌린저 호는 이렇게 공중에서 완전히 소멸되고 말았다.

사고 원인

현장에서 발사를 지켜본 사람들과 텔레비전 생중계를 지켜보던
관중들은 모두 경악했다. 그야말로 믿을 수 없는 광경이었고 특히
교사 매컬리프와의 우주 통신을 기다리고 있던 아이들은 울음을 터

컬럼비아 호

1981년 4월 12일 첫 비행에 성공
한 컬럼비아 호는 미국에서 가장
오래된 우주 왕복선이다. 2003년
1월 16일 28번째 비행을 했고
2003년 2월 1일 비행을 마치고
지구로 돌아와 착륙을 십여 분 앞
두고 사고를 일으켜 탑승했던 미
국 우주 비행사 6명과 이스라엘
우주 비행사 1명이 사망했다.
1986년의 챌린저 호 사고 이후
미국에서 두 번째로 발생한 우주
왕복선 사고였다.

뜨렸다. 불꽃이 솟구치는 우주선을 직접 본 사람들은 아무도 우주
비행사들의 생존을 기대하지 않았다. 미국 전역은 슬픔에 빠졌고 다
른 나라들도 잇따라 위로의 뜻을 전해왔다. 소련은 자국 과학자가
발견한 금성 화산구 두 개에 여교사 매컬리프와 또 다른 여성 우주
비행사 레스닉의 이름을 붙여 애도했다. 소식을 접한 레이건 대통령
은 예정되어 있던 국정 보고 연설을 미루고 당일 오후 국민을 위한
연설을 했다. 곧바로 조사 위원회를 구성해 사고 원인을 밝힐 것을
명령하기도 했다.

우주 비행선의 잔재와 구조를 자세히 분석한 조사위원회는 발사
당일의 낮은 기온이 원인이었다는 사실을 밝혀냈다. 보조 추진 로켓
이 고무 패킹인 오링(O-ring)이 추운 날씨 때문에 얼어붙어 탄력이
떨어지면서 제 역할을 하지 못한 것이다. 연료가 연소될 때 발생하
는 온도와 연기가 밖으로 새어나온 것이 사고를 일으켰다. 게다가
더욱 안타까운 것은 사전에 사고를 충분히 방지할 수 있었다는 사실
이었다. 발사 6개월 전 우주선 설계와 연료 탱크 제조를 맡았던 모

▼ 챌린저 호에 탑승했던 우주 비
  행사들

튼 치오콜(Morton Thiokol) 사의 베테랑 기술자가 오링이 낮은 기온에서 결함을 일으킬 수 있다는 문제를 회사에 제기했다. 회사는 이 내용을 나사에 보고하고 발사를 취소해줄 것을 요청했으나 자꾸만 발사가 연기되면 상당한 책임을 져야 했던 회사 고위 간부가 정확한 상황을 알지 못한 채 발사를 허락해버린 것이다. 곤란한 것은 나사 측도 마찬가지였다. 챌린저 호를 예정대로 발사하지 못할 경우 우주 왕복선의 안정성과 신뢰성에 타격을 받을 것이고, 그렇게 되면 로켓을 이용한 위성 발사와 여러 가지 실험을 진행하지 못해 기업의 참여를 얻어낼 수 없었다. 이런 외부 상황을 먼저 생각한 나사의 간부들이 우주 왕복선의 안전 문제에는 상대적으로 소홀했던 것이 참극을 불렀다.

챌린저 호 사고는 미국 우주 산업에 큰 타격을 입혔다. 예정되어 있던 모든 발사가 취소되었고 관련 산업도 모두 생산을 멈췄으며 과학 연구와 실험도 큰 영향을 받았다. 특히 미국의 우주 계획이 거의 물거품으로 돌아갈 위기에 몰렸다. 그러나 다행스럽게도 인류의 우주 연구는 챌린저 호의 커다란 좌절을 딛고 일어섰다. 1988년 9월 28일 디스커버리 호가 발사에 성공하면서 32개월간 중단되었던 우주 계획이 다시 궤도에 오를 수 있었다.

아름다운 일본의 나 가와바타 야스나리

가와바타 야스나리는 매력적인 줄거리와 다양한 인물이 등장하는 작품으로 유명한 작가이다. 대화와 풍경은 최대한 간략하게 묘사하되 섬세한 일본 문학 특유의 특징을 잘 살린 그의 작품은 풍부한 서정성으로 아름다운 여운을 남긴다.

작가로 성장하다

가와바타 야스나리는 1899년 6월 14일 일본 오사카 북부에서 태어났다. 도쿄 의대 출신이 의사였던 아버지 밑에서 안락한 삶을 누릴 수 있었던 그는 두 살이 채 되기 전 뜻밖의 불운을 맞았다. 폐결핵을 앓던 아버지가 그에게 '스스로를 지켜라保身'라는 유훈만을 남긴 채 세상을 떠난 것이다. 일 년 후에는 어머니마저 같은 병으로 사망했다. 잇따른 불행은 야스나리의 마음에 깊은 상처를 남겼고 그는 평생 질병과 죽음에 대한 공포를 떨치지 못했다. 또한 부모님, 특히 어머니에 대한 사무치는 그리움도 나중에 그의 작품 세계에 직접적인 영향을 미치게 된다.

고아가 된 야스나리는 시골에 사는 조부모의 손에 맡겨졌다. 그는 늙고 괴팍한 성격을 지닌 조부모의 어두컴컴한 집에서 외로운 어린 시절을 보내며 예리한 관찰력과 예민한 성격을 가진 내성적인 아이로 자랐다. 학교에 입학한 후 친구들과 어울리면서 상황은 조금씩 나아졌지만 또 다른 불행이 그를 기다리고 있었다. 오랫동안 그를 보살펴준 할머니가 세상을 떠나고 얼마 지나지 않아 하나뿐인 누나마저 14살의 나이에 요절해버린 것이었다. 감당하기 어려운 슬픔이었다. 그렇게 어둠 속에서 오랫동안 헤어나오지 못하던 그는 절망을 견뎌낼 방법으로 문학을 선택했다. 일본 헤이안 시대 작품에 흥미를 갖게 된 그는 《겐지 이야기》, 《마쿠라노소시》 등의 작품이 공통적으로 이야기하는 '슬픔'이라는 주제와 자신의 감정 사이에 강한 동질감을 느꼈다. 이때의 경험은 문학에 대한 열정을 자극했다. 그리고 16세가 되던 해 유일한 가족이던 할아버지까지 잃고 나자 결국 혈육이라고는 단 한 명도 남지 않은 천애 고아가 되었고, 이 극단적인 슬픔을 글로 풀어내기 시작했다.

야스나리는 자신의 작품을 투고하기 시작했지만 처음에는 그의 작품을 싣는 문예지가 없었다. 그러다 1915년 여름 〈문장세계〉가 그가 쓴 하이쿠[9] 몇 수를 실었다. 이듬해인 1916년 그의 작품이 현지 신문과 오사카의 잡지에 실렸고 〈문장세계〉에도 계속 작품을 쓰며 '재능 있는 작가' 투표에서 11위에 오르기도 했다. 문학의 길을 걷기로 결심한 소년에게는 매우 중요한 한 해였다. 1917년에 중학교를 졸업한 그는 도쿄의 제1고등학교에 합격했다. 시골 출신의 소년은 도쿄에서 진정한 일본 문단과 접하고 당시 유행하던 러시아 문학도 맛보면서 점차 시야를 넓혔다. 1919년, 제1고등학교의 동창회지에 《천대千代》를 발표하고 1920년에는 도쿄 대학 영문학과에 입학했다가 국문과로 전공을 바꾼다. 대학에 들어간 그는 창작에 대한 열정을 본격적으로 불태우기 시작했는데, 동기들과 함께 문학 혁신 운동에 뛰어들어 〈신사조新思潮〉라는 문예지를 여섯 차례나 발간하기도 했다. 잡지 발간 과정에서 야스나리는 훗날 오랜 세월 동안 그에게 많은 도움을 준 유명 작가 기쿠치 간을 알게 되었다. 이 시기 〈신사조〉에 가장 많은 작품을 싣는 작가 중 하나였던 야스나리의 작품 세계는 첫 번째 전성기를 맞게 되는데, 《초혼제일경招魂祭一景》, 《남쪽의 불》, 《모닥불》, 《비상非常》, 《바다의 화제火祭》 등의 작품으로 기쿠치 간, 구메 마사오 등의 선배 작가들로부터 인정받았다. 그 후 1923년 야스나리는 처음으로 일본 문학계에서 가장 권위 있는 〈문예연감文藝年鑑〉에 이름을 올렸고 1924년 대학을 졸업한 후에는 동료 작가들과 함께 동인지 〈문예시대〉를 만들어 편집을

▼ 세계적으로 유명한 일본의 신감각파 작가 가와바타 야스나리

9) 일본 전통의 짧은 시조

맡으며 신감각파 운동을 이끌었다.

1926년, 여전히 슬픔 속에서 살던 야스나리는 자신의 경험을 소재로 삼아 첫 번째 대표작 《이즈의 무희》를 발표해 큰 호평을 받았다. 고아 출신의 대학예과생이 이즈로 여행을 하던 중 떠돌이 예술단을 만나 열네 살의 무희와 사랑에 빠지는 이야기를 그린 이 작품은 순수한 청춘의 사랑을 아름답게 그려내어 많은 사랑을 받았다. 역시 같은 해에 그의 작품 중 유일한 극본인 《미친 한 페이지》가 영화로 제작되어 큰 성공을 거두면서 야스나리는 일본 전역에 유명세를 떨치게 되었다.

이때부터 야스나리는 작가로서 성숙기에 접어들었다. 많은 문학 작품을 썼을 뿐만 아니라 잡지에 문예 시평도 기고했고 일부 작품은 신문에 연재하기도 하면서 사회적으로 큰 반향을 일으켰다. 1934년 8월부터 〈현대일본〉에 연재를 시작한 《물 위의 정사情死》는 극본으로 각색되어 연재가 끝난 10월 이미 영화로 개봉되기도 했다. 가와바타 야스나리는 1934년부터 대표작 《설국》을 집필하기 시작했다. 그러던 1936년 전쟁에 반대하며 문예

▲ 일본 시즈오카 현 이즈 반도에 있는 '이즈의 무희' 동상

시평과 같은 글을 쓰지 않았고 실제로도 반전 활동에 참여했다. 하지만 작품 활동은 멈추지 않았다. 제2차 세계대전이 벌어지고 있는 와중에도 그는 《아름다운 여행》, 《어머니의 첫사랑》, 《고원故園》, 《아버지의 이름》 등의 작품을 발표하여 호평을 받았다. 이 와중에도 꾸준히 《설국》을 집필하던 그는 1946년 드디어 13년에 걸친 작업을 끝냈다. 가와바타 야스나리의 문학이 집대성된 걸작이었다. 1949년, 50세가 된 그가 새로 연재하기 시작한 또 다른 대표작 《천 마리의 학》은 완결 후 1952년 8월 가부키 연극으로 각색되었고 12월에는 영화로도 제작되었다. 게다가 1954년에는 1948년부터 출판되기 시작한 《가와바타 야스나리 전집》 16권이 완성되었다. 이와 같은 왕성한 창작력은 일본 문학계에서는 매우 드문 일이었다.[10]

1956년 야스나리의 대표작 《설국》과 《천 마리의 학》이 미국과 독

10) 신조출판사가 1981년 출판한 개정판 《가와바타 야스나리 전집》은 무려 37권에 달했다.

일 등에 번역 출간된 것을 시작으로 점점 더 많은 서방의 독자들이 그의 작품을 접하게 되었다. 그는 1957년 유럽에서 열린 국제펜클럽 위원회의에 참석하고 유라시아 각국을 돌며 각국의 여러 작가와 만남을 가졌다. 그해 9월에는 제29회 국제펜클럽 도쿄회의를 주최했고 국제펜클럽 회의에 여러 차례 참여했다. 번역된 작품으로 서방 독자들의 사랑을 받고 국제펜클럽 활동으로 국제 문단에서 중요한 영향력을 발휘한 가와바타 야스나리는 이후 동양인 최초로 노벨 문학상을 수여할 기반을 마련했다.

1961년, 62세였던 야스나리는 그의 마지막 작품이자 또 다른 대표작 《고도古都》를 발표하며 놀라운 에너지와 창작력을 또 한 번 과시했다. 1968년 10월 17일 《설국》, 《천 마리의 학》, 《고도》이 세 작품으로 일본인으로서는 최초로 노벨 문학상을 받았다. 수상 자리에서 야스나리는 '아름다운 일본의 나'라는 연설로 일본 고전 문화의 아름다움을 전 세계에 널리 알렸다. 이는 또한 일본 전통의 계승이라는 가와바타 야스나리 작품 활동의 가장 큰 특징을 잘 보여주는 대목이었다.

비극적인 죽음

1972년 4월 16일, 일흔세 살의 야스나리는 작업실로 사용하던 아파트에서 가스를 마시고 스스로 목숨을 끊었다. 그의 자살 소식에 전 세계가 놀랐다. 노벨 문학상을 받은 지 4년 만인데다가 유서 한 장 남기지 않았기에 그의 죽음은 많은 의문을 남겼다. 평소 자살 행위에 호의적이지 않았던 야스나리였지만 1970년 자신의 제자이자 유명 작가였던 미시마 유키오가 할복 자살한 것에는 크게 동요했다. 당시 수많은 동료작가가 현장에 몰려들었지만 야스나리에게만 출입이 허락되었는데, 참혹하게 죽은 미시마 유키오를 본 그는 다른 제자에게 '죽어야 할 사람은 나였다'고 말했다고 한다. 이보다 앞선 1962년 그는 '유서를 남기지 않고 자살하는 것이 가장 좋다. 말을 남기지 않고 죽는 것이 가장 많은 말을 남기는 것이기 때문이다'는 말을 하기도 했다. 그는 이때부터 자살을 결심한 것일까? 오늘날까지도 그의 죽음을 둘러싼 많은 의혹이 남아있지만, 하나같이 허무한 추측뿐이다.

영화 〈이즈의 무희〉

《이즈의 무희》가 발표된 지 얼마 지나지 않은 1933년에 처음으로 완성된 이 영화는 이후 여러 번 각색되어 야스나리가 사망하기 전 무려 작품 다섯 개로 개봉되었다. 나중에 일본의 유명 배우 야마구치 모모에와 미우라 토모카즈가 주연을 맡은 〈이즈의 무희〉가 1974년에 개봉하여 좋은 반응을 얻었는데, 동일원작을 바탕으로 한 영화 가운에 수작으로 평가되고 있다.

괴팍한 천재 화가 살바도르 달리

"나와 미치광이의 유일한 차이점은 나는 미치지 않았다는 것이다."남들이 자신을 '편집광', '미치광이' 등으로 부르는 것에 전혀 신경 쓰지 않던 그는 콧수염을 창끝처럼 뾰족하게 세우길 즐겼다. 살바도르 달리(Salvador Dali)는 자유롭게 예술의 세계를 누비며 생전에 예술가로서 엄청난 명성을 얻었다.

조숙했던 어린 시절

실바도르 달리는 1904년 5월 11일에 스페인 카탈로니아 북부의 작은 마을 피게라스에서 태어났다. 그의 형이 태어난 지 3년 만에 죽은 바람에 그의 부모는 모든 사랑을 달리에게 쏟았는데, 이것이 달리를 오만하고 자아도취적인 아이로 만들었다. 그가 자서전에 기록한 '나와 형은 물방울 두 개처럼 닮아있었는데, 똑같이 천재의 면모를 갖춘데다가 남들이 불안해할 정도로 조숙했다'는 부분에서도 잘 드러난다.

"나는 천재일까? 여섯 살 때 나는 요리사가 되고 싶었고 일곱 살 때는 나폴레옹을 꿈꿨다. 그때부터 끊임없이 영웅적인 기상을 키웠다. 위대한 사물들에 대한 광적인 사랑처럼 말이다." 달리의 자서전은 이렇게 그의 편집적 성향을 유감없이 드러내며 시작되었다. 아주 어렸을 때부터 대단한 미술적 재능을 보였던 그는 열 살 때 〈병에 걸린 아이〉라는 작품을 그렸고 열두 살 때 이미 자신이 인상파 화가라며 오만하게 굴었으며 열네 살 때는 고향에서 열린 전시회에 참가했다.

미술의 대가로 성장하다

달리는 1921년에 마드리드 국립 미술 학교에 입학했다. 물론 타고난 화가답게 뛰어난 성적을 거두었지만 행동은 날이 갈수록 괴팍해졌다. 이를테면 캔버스를 멀찌감치 놓고 물감을 집어던진 다음 다 마르면 작품이 완성되었다며 자신의 이름을 써넣는 식이었다. 한 번은 시험을 치르던 도중에 감독관인 세 명보다 자신이 시험 문제의 답안을 더 잘 알고 있다며 답안 제출을 거부하기도 했다. 그 자신도

'끊임없이, 또 체계적으로 청개구리가 되고 싶어 온갖 괴상한 행동을 일삼았고 그 덕분에 마드리드 예술계에서 금세 유명해졌다'며 자신의 괴팍한 성향을 인정할 정도였다. 그런데 주목할 점은 그가 청개구리 노릇에만 집중한 것이 아니라 온종일 미술관에 틀어박혀 대가들의 유명한 작품 속의 전통적인 구도와 기법을 공부했다는 것이다. 이는 훗날 달리의 예술 세계에 커다란 자양분이 되었다. 피카소 등의 화가로부터 많은 영감을 얻기도 했다. 한편 반항적인 행동으로 교내 급진파 학생들로부터 대장으로 떠받들어지자 신이 난 달리는 더욱 심하게 반항했고, 결국 1년간 강제 휴학 처분을 받았다가 1926년 복학한 지 얼마 지나지 않아 스페인 국왕이 직접 참여한 자리에서 퇴학당하고 말았다. 그러나 이미

▲ 살바도르 달리

예술적 영감으로 충만해 있던 달리는 학교에 가지 않고도 자신만의 세계에서 천재적 재능을 자유롭게 발휘하기 시작했다.

그는 1925년부터 개인전을 열기 시작하면서 '가장 기대되는 신인'으로 불리며 큰 명성을 얻었다. 1926년 학교에서 퇴학당한 후에는 예술가들의 천국인 프랑스 파리로 가서 피카소를 만났는데, 달리의 작품은 피카소에게도 깊은 인상을 남겼다. 이 시기 프랑스에서는 시인 앙드레 브르통이 이끄는 초현실주의 운동이 한창 벌어지고 있었다. 잠재의식과 무의식, 상상력을 강조하고 난해성과 우연성, 비이성, 상징과 공상 등에 특히 강한 애착을 보이는 초현실주의는 그야말로 달리의 취향과 딱 맞아떨어졌다. 앙드레 브르통, 폴 엘뤼아르 등의 초현실주의자들과 함께 영화 〈안달루시아의 개〉를 촬영하던 달리는 이 시기에 아내 갈라를 만났고, 재능 넘치는 젊은 화가와 초현실주의자들에게 여신으로 불리던 매력적인 여인은 곧 달리와

뜨거운 사랑에 빠졌다. 1929년, 초현실주의자의 지도자 앙드레 브르통이 파리에서 열린 달리의 첫 번째 전시회에 나타나 새로운 스타의 탄생을 선언했다. 그리고 같은 해 달리는 갈라를 아내로 맞아들였다. 사랑에 빠져 있던 만큼 창작에 대한 욕구도 넘치던 그는 화실에 틀어박혀 수많은 작품을 그려냈다. 달리의 작품도 성숙기에 접어들었는데 이때 프로이트의 심리학 이론에 큰 영향을 받아 '편집광적 비판적 방법(Paranoiac-critical method)'을 고안해냈다. 망상증 환자처럼 진정한 환상을 만들어내되 이성을 빌어 잠재의식 속의 세계를 장악하고 그것을 통해 초현실주의에 접근하는 방법이었다.

　1931년, 달리는 아마도 그의 인생에서 가장 중요한 작품일 〈기억의 지속〉을 발표했다. 그림 속의 시계들은 각각 오래된 나뭇가지와 나무 상자, 어미의 뱃속에 웅크린 괴상한 동물의 몸 위에 각각 걸쳐져 있다. 고체처럼 단단해야 할 시계는 액체처럼 축 늘어져 있고 무

▼ 〈기억의 지속〉
1931년 작. 캔버스에 유화.
24cm×33cm. 뉴욕 현대 미술관 소장.
달리의 초기 초현실주의 작품의 전형으로 프로이트가 제시한 꿈과 환각을 표현했다.

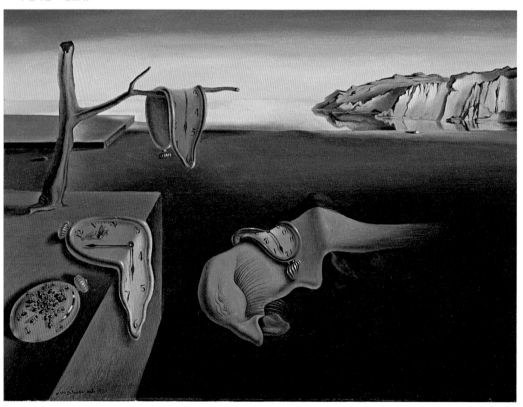

생물인 시계는 생명을 상징하는 태아 위에, 마른 나뭇가지가 반들반들한 상자 위에 올려져 있다. 여러 가지 모순으로 가득 찬 이 작품은 특히 〈기억의 지속〉이라는 제목이 압권인데, 순간적이고 변화하고 상대적인 '기억'과 늘 변함없이 절대적이라는 의미를 가진 '지속'이 함께 놓여 있다. 달리는 이렇게 서로 어울리지 않는 사물들을 통해 부분적인 진실과 거짓된 전체를 절묘하게 뒤섞어 논리와는 거리가 먼 초현실주의 세계를 그려냈다. 이 외에도 스페인 내전을 예언한 〈내전의 예감〉과 〈괴물의 발명〉, 〈불타는 기린〉 등의 작품을 발표하기도 했다.

성공한 천재 화가

스페인 내전과 제2차 세계대전을 피해 이탈리아와 프랑스 등지를 떠돌아다니던 달리는 1940년 미국에 도착했다. 미국에서 엄청난 성공을 거둔 그는 작품을 팔아 많은 돈을 벌기도 했을 뿐 아니라 〈잠에서 깨기 직전 석류 주변을 날아다니는 한 마리 꿀벌에 의해 야기된 꿈〉, 아내 갈라를 모델로 한 〈원자의 레다(레다 아토미카)〉 등의 작품을 발표했다. 아내에 대한 사랑이 남달랐던 달리는 그는 '갈라를 그리고 있노라면 나 자신이 거룩해 진다'며 그녀를 모델로 한 작품을 여럿 그렸는데, 그중에서도 〈원자의 레다〉는 특별한 작품이었다. 처음 등장한 핵무기의 놀라운 위력과 위협이 알려진 1949에 그려진 이 작품에서 화가는 평화에 대한 바람을 표현해냈다. 달리는 특유의 화법 대신 갈라를 고대 그리스 신화 속의 레다[11]로 그려넣어 자애로운 여인의 아름다움을 잘 나타냈다. 이 그림을 특히 좋아했던 달리가 죽을 때까지 이 그림을 곁에 두었기 때문에 그림은 그가 죽은 뒤에 비로소 미술관에 전시되었다고 한다.

달리는 회화뿐만 아니라 당시 예술계의 여러 분야에 영향을 미쳤다. 영화를 촬영하고 발레 작품의 극본도 썼으며 배경, 의상과 소품 등의 제작을 맡기도 했다. 문학 작품에 삽화를 그리기도 했는데, 그가 특히 좋아했던 《돈키호테》에 삽화 여러 장을 그려넣었고 1967년에는 마오쩌둥 시집에 들어갈 동판화 8점을 제작하기도 했다. 이 밖에도 그는 조각, 의상 디자인, 제품 포장[12], 보석공예품 등도 제작했

11) 제우스와의 사이에서 딸 헬레나를 낳아 트로이 전쟁을 일으킨다.
12) 유명한 막대 사탕 '츄파춥스'의 포장지도 달리의 작품이다.

고 자서전을 비롯한 《천재의 일기》와 여러 화보집도 출판하는 등 다양한 활동을 펼쳤다.

달리는 1946년 스페인으로 돌아갔지만 세계 곳곳에서 각종 전시회를 열며 회화와 조각 작품 등을 선보였다. 물론 돈도 많이 벌었다. 그렇게 성공을 거둔 그는 살바도르 달리 박물관을 짓기 시작했다. 이 시기의 달리는 이미 세계적으로 가장 유명하고 영향력 있는 화가가 되어 있었다. 미국 플로리다 주의 세인트피터즈버그에 제1호 달리 박물관이 1971년 문을 열었고 1974년에는 그의 고향 피게라스에 두 번째 박물관이 설립되었다. 달리는 거기에 만족하지 않고 새로운 예술을 추구했는데, 나이가 든 후에는 영화제작에 관심을 갖고 수많은 작품을 촬영했다. 또한 과거 자신의 작품을 되돌아보며 새로운 예술 방향을 끊임없이 실험했고 미켈란젤로의 작품에서 많은 영감을 얻어 〈미켈란젤로의 노예〉와 같은 새로운 주제로 작품을 발표했다.

피카소 이후 가장 위대한 스페인 화가로 추앙받던 살바도르 달리는 스페인 정부와 국민의 존경과 사랑을 한 몸에 받았다. 1964년 살아있는 예술가에 대한 최고의 예우인 '이사벨 여왕 십자 훈장'을 받았고 1983년 4월 15일에는 스페인 국왕과 왕비가 직접 마드리드 스페인 현대 미술관에서 달리 작품 전시관의 개관 테이프를 절단했다. 1984년 피게라스에 살바도르 달리 재단도 세워졌다.

1982년 갈라가 죽자 달리는 모든 활동을 접고 집 안에 머물렀다. 죽기 전 몇 년 동안은 병에 시달리며 오랫동안 고통스러운 세월을 보냈다. 1988년 11월 달리의 병세가 악화되자 스페인 국왕이 직접 병문안을 왔고 그는 국왕에게 자신의 시집을 전달하기도 했다. 그로부터 3개월 후인 1989년 1월 23일 갑작스런 심장마비로 달리는 세상을 떠났다. 위대한 화가를 영원히 기리고 싶은 사람들의 뜻에 따라 달리의 유해는 방부 처리되어 고향 피게라스의 살바도르 달리 박물관에 보관되었다.

천재 화가 달리는 이제 이 세상에 없지만 그가 남긴 작품들은 아직도 빛을 잃지 않고 세계인을 감동시키고 있다.

컴퓨터 황제 마이크로소프트 창립자 빌 게이츠

세상에서 가장 위대한 프로그래머라면 역시 빌 게이츠일 것이다. 그는 또한 컴퓨터 프로그래머 가운데 가장 성공한 기업가이기도 하다. 그가 맨손으로 세운 마이크로소프트 사 덕분에 실험실에서만 사용되던 컴퓨터가 각 사무실과 가정으로 보급되어 이제 누구나 사용하는 생활필수품 가운데 하나가 되었다. 몇몇 전문가들만 사용할 수 있던 과거의 복잡하고 어려운 컴퓨터를 생각한다면 빌 게이츠의 업적은 세상을 바꿔놓았다고 할 수 있다.

컴퓨터 프로그래머 빌 게이츠

윌리엄 헨리 게이츠 3세(William Henry Gates Ⅲ)는 1955년 10월 28일 미국 시애틀에서 변호사인 아버지와 교사인 어머니 사이에서 태어났다. 윌리엄이라는 이름은 미국에서 흔히 빌이라는 애칭으로 불린다.

게이츠는 어려서부터 머리가 굉장히 좋았다. 학교에서는 늘 일등을 놓치지 않았는데 특히 수학은 항상 만점을 받았다. 또한 기억력이 남달라서 종이 세 장에 빼곡하게 적힌 내용을 순식간에 외워버렸다고 한다. 게이츠를 가르쳤던 선생님은 당시를 회상하며 그가 나중에 어떤 직업을 갖든지 남들보다 뛰어날 것으로 생각했다고 말했다. 게이츠 자신도 자신 있는 말투로 '커서 반드시 백만장자가 될 것'이라고 말했다고 하는데, 어린 그는 아무래도 자신의 능력을 과소평가했던 것 같다. 어른이 된 게이츠는 백만장자가 아닌 억만장자, 그것도 세계 최고의 부자가 되었으니 말이다.

게이츠는 새로운 사물에 대한 호기심이 많았는데 특히 당시 막 출현하기 시작한 컴퓨터에 많은 관심을 보였다. 1968년 게이츠가 다니던 중학교에서는 당시로써는 굉장히 파격적이게도 컴퓨터를 수업에 도입했다. 비록 단순한 계산기에 불과한 초기 컴퓨터였지만 게이츠와 그의 절친한 친구 폴 앨런은 큰 관심을 보였다. 수업시간을 제외하고는 모든 시간을 컴퓨터실에서 보냈고 심지어는 체육 시간에 몰래 빠져나와 컴퓨터 프로그램을 작성할 정도였다. 그러나 학교 측은 곧 컴퓨터 계산기 사용에 지불해야 하는 엄청난 비용을 감당하지 못하게 되었다. 그때 어린 나이임에도 대단한 프로그래밍 실력을 지닌 게이츠와 앨런이 컴퓨터를 사용하는 대가로 컴퓨터 회사에 프로그램의 버그를 잡는 일을 해주기로 했다. 두 사람이 버그를 잡아내는 속도가 혀를 내두를 정도라는 입소문이 나면서 두 사람은 종종 프로그램을 만드는 일도 맡게 되었고, 이 과정에서 전문 프로그래머들과 교류하며 실력도 많이 늘었다. 빌 게이츠와 폴 앨런은 나중에 회사까지 만들어 컴퓨터로 교통 데이터를 처리한 보고서를 관련 부서에 제공하는 방법으로 적지 않은 돈을 벌기도 했다.

1973년 고등학교를 졸업한 게이츠는 부모님의 뜻에 따라 하버드 대학에 들어가 법학을 공부하기 시작했다. 그러나 컴퓨터가 적성에 맞았던 그는 아버지의 뒤를 이어 변호사가 될 생각이 전혀 없었다. 한편 앨런도 하버드 대학이 있는 보스턴에서 일하고 있었기 때문에 두 사람은 자주 만나 프로그램과 컴퓨터 업계의 새로운 동향과 회사 설립에 대한 이야기를 나누었다.

그리고 드디어 기회가 찾아왔다. 1974년 12월, 앨런이 소형 컴퓨터[13]인 앨테어(Altair)가 곧 출시된다는 소식을 우연히 들은 것이다. 세계 최초의 보급형 소형 컴퓨터를 본 게이츠와 앨런은 큰 기회를 감지했다. 소형 컴퓨터 시대가 곧 열리게 될 것에 비해 컴퓨터의 '영혼'인 소프트웨어의 개발은 상대적으로 미숙했기 때문에 그들과 같은 프로그래머가 큰 성공을 거둘 기회였던 것이다. 두 사람은 다트머스 대학에서 학습용으로 개발된 배우기 쉬운 컴퓨터 프로그래밍 언어 베이식에서 영감을 얻었고, 며칠 밤을 새워가며 새로운 베이식(BASIC) 버전을 개발했다. 그리고 이 프로그램이 앨테어 제조사인 마이크로 인스트루먼테이션 앤드 텔레메트리 시스템스(Micro Instrumentation and Telemetry Systems: MITS) 사의 핵심 프로그램 언어로 채택되었다.

마이크로소프트제국

MITS 사에서 유리한 위치를 확보하기 위해 게이츠와 앨런은 함께 마이크로소프트(Microsoft) 사를 설립했다. 설립 초기에는 판매량이 상당했지만 이내 크게 하락하기 시작했다. 컴퓨터를 잘 다루게 된 일부 애호가들이 게이츠가 만든 프로그램을 함부로 복제했기 때문

---

13) 마이크로 컴퓨터. 당시에는 개인용 컴퓨터라는 개념이 없었다.

▲ 빌 게이츠

이다. 이것이 아마도 최초의 소프트웨어 '불법복제판' 이었을 것이다. 이에 대해 게이츠는 1976년 초, '컴퓨터 애호가들에게 보내는 공개편지' 를 통해 어렵게 만든 프로그램을 함부로 복제하는 것은 절도 행위라고 지적하여 큰 파문을 일으켰다. 컴퓨터 운영에 필요한 소프트웨어의 가격이 너무 비쌌기 때문에 스스로 복제하거나 다른 사람들과 함께 사용하는 것도 괜찮다고 생각한 것이 일반적이었기 때문이다. 그러나 게이츠는 컴퓨터 산업이 발전하면서 향후 컴퓨터를 기반으로 한 서비스와 소프트웨어도 크게 늘어날 것이라며, 만약 모두가 소프트웨어를 복제한다면 아무도 많은 돈과 시간, 에너지를 투자해 더욱 다양하고 편리한 소프트웨어 개발에 나서지 않을 테니 컴퓨터 산업도 발전할 수 없을 것이라고 주장했다.

소형 컴퓨터가 보급되면서 게이츠도 사업적 재능을 발휘하기 시작했다. 그는 제너럴일렉트릭스, 씨티은행 등의 대기업을 고객으로 만들었는데, 당시 대학생이던 게이츠와 역시 MITS 사에서 근무하던 앨런은 하루가 다르게 늘어나는 업무량을 감당하지 못하고 프로그래머

▲ 홍콩에서 강연 중인 빌 게이츠

를 고용하기 시작했다. 결국 1976년 11월 앨런은 회사를 그만두었고 게이츠도 가족들의 반대를 무릅쓰고 12월 하버드 대학을 자퇴했다. 자신들의 회사인 마이크로소프트 사의 업무에 매진하기 위해서였다.

사장이자 수석 프로그래머였던 게이츠는 수많은 소프트웨어 개발의 핵심을 맡아 하루도 쉬지 않고 일했다. 며칠씩 사무실 밖으로 나가지 못한 때도 많았고, 피곤하면 바닥에서 잠을 잤다. 청년들로 이루어진 마이크로소프트 사의 직원 모두가 열심히 일한 결과 회사의 소프트웨어는 점점 시장 점유율을 높여갔다.

1970년대 말과 1980년대 초 소형 컴퓨터가 폭발적으로 공급되면서 수많은 회사에서 내놓은 새로운 기종과 운영체제도 쏟아져 나왔지만 심각한 문제가 있었다. 통일된 기준이 없어 각기 다른 운영체제가 서로 호환이 되지 않았던 것이다. 당시 CP/M 운영 체제가 비교적 널리 사용됐기 때문에 마이크로소프트 사도 CP/M에 맞춘 소프트웨어를 개발했고 1979년에는 연간 판매액이 250만 달러에 달했다. 그러나 더 큰 기회가 그들을 기다리고 있었다.

1980년에 컴퓨터 업계의 선두 기업이었던 IBM이 소형 컴퓨터 시장에 뛰어들기로 결정한 후, 마이크로소프트 사를 소프트웨어 공급 업체로 선정했다. 그런데 CP/M의 개발자와 특허 사용 협의가 되어 있지 않았던 IBM이 마이크로소프트 사에 새로운 운영체제를 개발해줄 것을 요구했다. 일정은 촉박했지만 빌 게이츠는 이 기회를 놓치지 않고 계약을 체결했다. 개발 일정을 앞당기고자 그들은 용도를 밝히지 않고 시애틀 컴퓨터 회사로부터 저렴한 가격으로 QDOS 운영 체제[14]를 사들이고 이것을 기초로 새로운 운영체제인 마이크로소프트 DOS(MS-DOS)를 개발해냈다.

1981년, IBM은 MS-DOS를 탑재한 개인용 컴퓨터(PC)를 출시해 엄청난 성공을 거두었다. 판매를 시작한 지 1년도 채 되지 않아 한 달에 3만 대씩 팔려나가는 기록을 세웠다. IBM 컴퓨터의 성공에 힘입어 MS-DOS도 시장에서 인정받자 다른 컴퓨터 회사들도 하나둘씩 MS-DOS를 사용하기 시작했고 CP/M은 뒤로 밀려나 거의 사라지게 되었다. 1986년 6월 당시 마이크로소프트 사의 연간 판매액 6,090만 달러 가운데 절반이 운영체제 판매 수입이었다. 1980년대 말 MS-DOS의 판매량이 3천만을 돌파하면서 소프트웨어 업계의 1위 상품으로 우뚝 섰다. 그러나 게이츠가 이끄는 마이크로소프트 사는 여기에 만족하지 않고 더욱 완전하고 처리 속도도 빠른 운영체제를 개발해냈는데, 이것이 바로 후에 출시된 윈도우즈이다. 이처럼 방대한 소프트웨어 시리즈는 1985년에 윈도우즈 1.0이 출시된 이후로 윈도우즈 2.0, 윈도우즈 3.0, 윈도우즈 NT3.1, 윈도우즈 95, 윈도우즈 NT4.0, 윈도우즈 98, 윈도우즈 2000, 윈도우즈 Me, 윈도우즈 XP, 윈도우즈 비스타와 윈도우즈 7으로 업그레이드하며 이어졌다. 오늘날 윈도우즈 시리즈는 세계적으로 가장 많이 사용되는 운영 체제로 시장 대부분을 점유하고 있으며 마이크로소프트 사와 빌 게이츠에게 엄청난 수입을 안겨주었다. 이 밖에도 마이크로소프트 사의 사무용 프로그램도 날개 돋친 듯 팔려나갔는데, 마이크로소프트 오피스(Microsoft Office)는 거의 모든 사무용 컴퓨터에 기본 프로그램으로 설치되고 있다.

오늘날 마이크로소프트 사는 운영체제와 서버 시스템, 서버 소프트웨어, 비즈니스 소프트웨어, 휴대전화, 게임기, 디지털 음악 재생, 인터넷 검색 등 모든 영역을 섭렵한 소프트웨어 개발 업체로 전 세계에 직원 5만 명 이상을 둔, 연간 영업 수익 600억 달러 이상의 초대형 기업으로 발전했다. 마이크로소프트 사의 설립자인 빌 게이츠도 억만장자의 대열에 올랐으며, 1994년에는 39세의 나이로 세계 최고 부자가 되어 향후 몇 년 동안 1위를 유지했다. 2008년 잠시 주춤했으나 2009년 다시 1위를 회복한 그는 2009년 9월 기준 자산규모가

---

14) 이 문제로 나중에 빌 게이츠는 사기꾼이라는 오명을 뒤집어쓰고 소송에 휘말리기도 했다.

무려 400억 달러에 달했다. 그리고 현재 2012년에는 2위로 밀려났지만 자산규모는 610억 달러에 달한다.

물러날 때를 아는 리더

2008년 6월 27일, 게이츠는 마이크로소프트사에서 정식으로 퇴직했다. 자신이 직접 세운 회사에 대한 애착은 여전했지만 그 열정을 자신과 아내의 이름을 딴 빌 앤 멜린다 게이츠 재단의 운영에 쏟았다. 그는 일찍부터 수백억 달러에 달하는 재산을 자녀들에게 물려주지 않고 기부할 것이라고 밝혀왔는데, 이 기부계획은 빌 게이츠가 퇴직한 이후 본격적으로 실행에 옮겨졌다. 게이츠 부부는 매년 재단을 통해 교육, 의료, 빈곤층 지원 등의 자선사업을 펼치며 매년 10억 달러 이상의 재산을 사회에 환원하고 있다.

컴퓨터로 연결된 세상 국제 네트워크의 발달

컴퓨터의 출현은 세계를 바꿔 놓았다. 하지만 사람들의 생활을 통째로 뒤바꾼 것은 컴퓨터를 기반으로 형성된 국제 네트워크였다. 광케이블과 전화, 인터넷으로 전 세계의 모든 컴퓨터를 연결한 거대한 네트워크는 대량의 정보를 기반으로 각종 서비스를 제공하고 있으며, 이제는 수많은 사람에게 생활필수품이 되었다.

네트워크의 탄생과 발전

1946년 미국에서 탄생한 최초의 컴퓨터는 군사용으로만 사용되었다. 진공관을 사용한 탓에 워낙 덩치가 커서 컴퓨터 한 대의 무게가 무려 30톤에 달한데다 170제곱미터 이상의 공간을 차지했으며 소모 전력은 100킬로와트 규모였다. 나중에 트랜지스터를 사용하기 시작하면서 부피는 크게 줄었지만 여전히 일반인들은 감히 접할 수 없을 만큼 구조가 복잡하고 가격도 비쌌다. 원래 개발용도가 군사용이었던 만큼 컴퓨터는 당시 군사 부문의 필요에 따라 업그레이드되었는데, 국제 네트워크도 이와 함께 발전했다.

1960년대 말 당시 미군은 이미 업무의 상당 부분을 전산 처리하고 있었다. 냉전이 한창이던 당시의 상황 속에서 늘 전쟁을 우려한 미군은 만약 컴퓨터가 공격을 받을 경우 저장해둔 데이터를 통째로 잃을 수 있다는 생각이 들었고, 컴퓨터 여러 대를 연결해 서로 데이터를 교환하고 또 빠른 속도로 전송할 수 있도록 하는 네트워크를 고안해냈다. 달걀을 한 바구니에 담지 않고 여러 곳에 나누듯 위험을 줄이려는 것이었다. 미 국방부의 고등연구계획국(Advanced Research Project Agency, ARPA)이 소형 군사용 네트워크를 개발해 아파넷(ARPANET)이라고 이름 붙였다. 미국 남서부의 4개 대학의 컴퓨터 네 대를 연결한 아파넷은 컴퓨터 네트워크 실험을 거친 후 1969년 12월 개통되었다.

이후 많은 대학교와 기업들이 참여하면서 아파넷을 기반으로 한 새로운 지역 네트워크 수십 개가 형성되었다. 그러나 당시에는 해당 네트워크에 연결되어 있는 컴퓨터만 자료를 공유할 수 있었을 뿐 네트워크와 네트워크 사이를 자유롭게 오갈 수는 없었다. 이러한 한계를

▲ 일본 정부의 인터넷 사이트에
   나타난 해커의 메시지

극복하기 위해 ARPA는 컴퓨터 전문가와 기업인들과 함께 의논하여 서로 다른 네트워크를 연결하는 새로운 기술을 통해 보다 자유로운 네트워크를 만들고자 했다. 이렇게 탄생한 경계 없는[15] 네트워크는 인터워크(INTERNETWORK), 즉 인터넷이라는 이름을 얻었다.

컴퓨터 하드웨어가 빠르게 발전하면서 컴퓨터의 크기가 작아지고 가격도 저렴해졌다. 점점 더 많은 기업과 개인이 컴퓨터를 사용하자 국제 인터넷망을 구축할 수 있는 환경이 조성되었고 인터넷에 대한 수요도 늘어났다. 동시에 컴퓨터의 성능도 좋아져 소프트웨어의 중요성이 커지게 되었다. 1974년, 인디넷에서 컴퓨터들이 서로 정보를 주고받는 데 쓰이는 통신 규약인 TCP/IP가 출현했는데 이것이 나중에 국제 인터넷망을 구축하는데 핵심기술이 된다. APRA는 1982년에 TCP/IP를 받아들였고 이듬해에는 군용 네트워크를 아파넷에서 완전히 분리했다. 1986년에는 미국 국가과학재단(NSF)이 미국 내에서 가장 큰 과학 교육 서비스용 슈퍼 컴퓨터 다섯 대를 연결해 NSFNET을 만들었다. 1988년부터 NSFNET이 아파넷을 대신해 인터넷의 중심이 되었고 수많은 대학교와 연구기관, 대기업과 정부부처의 컴퓨터가 모두 NSFNET에 연결되었다.

NSFNET의 사용자는 주로 공공기관과 대기업이었다. 하지만 1981년 IBM사가 세계 최초의 일반 컴퓨터를 내놓은 이후로 개인용 컴퓨터(PC) 사용자가 매년 폭발적으로 증가하자 더 이상 NSFNET이 감당할 수 없는 수준에 이르렀다. 그러나 NSFNET의 성공을 통해 앞으로 개인도 인터넷을 사용할 수 있으며 여기에 엄청난 상업적 기회가 있음이 증명되면서 수많은 기업이 이 잠재적 시장에 뛰어들기 시작했다. 1992년 미국의 IBM, MI, MERIT의 세 기업이 연합하여 비영리 단체인 ANS(Advanced Network & Services, Inc.)를 설립하고 ANSNET을 구축하여 인터넷의 상업화를 추진했는데, 돈이 된다는

---

15) 내부 전산망을 사용하면서 다른 네트워크에 접속할 수 있는 새로운 컴퓨터

매력 덕분에 엄청난 성공을 거두었다. 1995년에 이르러 인터넷은 이미 전 세계 90여 개국으로 뻗어나갔고 정보 처리 시스템에서 중심적 역할을 하는 호스트 컴퓨터는 세계적으로 400만 대를 돌파했다. 진정한 인터넷 시대가 열린 것이었다.

인터넷 없이 살 수 없는 세계

오늘날 전 세계 인터넷 사용자는 10억 명을 넘어섰다. 전 세계 여섯 명 중 한 명은 인터넷을 사용한다는 것이다. 그렇다면 이렇게 많은 사람이 인터넷에서 무엇을 할까?

첫 번째는 인터넷이 발명된 원래 목적이기도 한 데이터 공유이다. 데이터 공유는 이미 현실화되었으며 특히 전송 속도가 획기적으로 빨라졌다. 둘째, 마이크로칩 기술이 발전하면서 컴퓨터의 저장 능력과 처리 능력이 크게 높아졌고 컴퓨터 한 대가 저장할 수 있는 데이터양도 늘어났다. 전 세계의 컴퓨터 수십억 대가 가진 데이터는 중복되는 부분을 제외하더라도 놀라운 양이다. 인터넷을 가리켜 정보의 바다라고 부르는 이유가 여기에 있다.

▼ 해커가 침입하는 경로

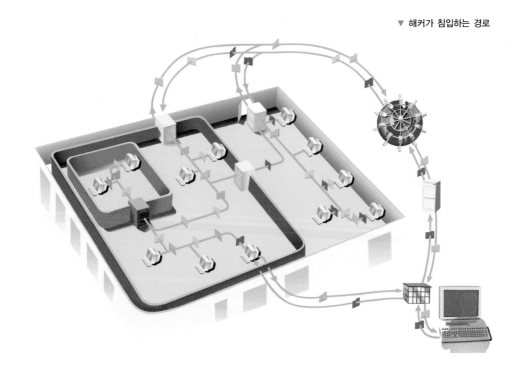

컴퓨터 한 대와 인터넷 선만 있으면 사람들은 모니터 앞에 앉아 컴퓨터 마우스를 조작하고 키보드를 두드리는 것만으로 여러 웹사이트 접속해 각종 새로운 정보를 얻을 수 있다. 또 이메일과 실시간 메신저 프로그램을 이용해 다른 사람들과 교류할 수도 있다. 과학자들은 국내는 물론 세계 각지의 다른 과학자들에게 공동 연구 과제를 전송하여 함께 연구를 진행할 수도 있는데, 과거에는 슈퍼 컴퓨터를 사용해야 가능했던 일이다. 정치인과 기업가들은 인터넷을 이용해 매우 빠르고 편리하게 문서와 음성 파일, 동영상 등을 주고받을 수 있어 종이 서류를 쓰지 않고도 컴퓨터 한 대만으로 모든 것을 관리할 수 있다. 쇼핑을 좋아하는 사람들에게도 인터넷은 많은 편리를 가져다주었다. 인터넷을 통해 금융 서비스를 받을 수 있을 뿐 아니라 제품을 구입하고 난 후의 결제도 편리하게 할 수 있기 때문이다. 덕분에 힘들게 여기저기 돌아다니지 않고도 방 안에 앉아 편안하게 쇼핑을 즐길 수 있다. 한편 학생들에게 인터넷은 지식의 보고이다. 정보의 양만 많은 것이 아니라 각종 검색 엔진을 갖추고 있어서 각자가 필요한 지식을 빠르게 찾을 수 있고 문서와 그림, 음악, 동영상 등까지 골고루 얻을 수 있다.

이렇게 사람들은 인터넷에서 웹 서핑을 즐기고 필요한 거의 모든 정보를 얻으며 편리한 생활을 즐기고 있다.

▶ 주식 거래 웹페이지

해커의 제국

모든 일은 동전의 양면처럼 장점과 단점을 함께 갖고 있으며 인터넷도 예외는 아니다.

먼저 인터넷에 과도하게 의존하게 되면 나중에는 인터넷 없이 아무것도 할 수 없게 되는 문제가 생긴다. 예를 들어 위에서 설명한 디지털 사무실은 매우 편리하고 종이를 절약할 수 있어 환경 친화적인 것은 사실이지만 만약 인터넷에 문제가 생길 경우 곧장 모든 업무가 마비되어버리는 문제점이 있다. 인터넷에 의존하면 할수록 전산망에 오류가 발생했을 때 치러야 할 대가도 커진다. 이를테면 컴퓨터와 인터넷에 완전히 의존하는 세계 주식 시장의 전산 시스템이 붕괴할 경우 주식 거래는 물론 세계 경제 전체에 상상할 수 없는 피해를 입히는 식이다.

둘째, 인터넷은 풍부한 정보를 제공하지만 그 풍부한 정보 속에서 헤매는 일이 발생한다. 사람들 대부분은 웹 서핑을 할 때 상당한 시간을 낭비한 경험이 있을 것이다. 인터넷에서 다양한 정보를 접하다 보면 쉽게 한눈을 팔게 된다. 최근에는 미신, 폭력물, 음란물 등의 바람직하지 않은 정보가 점점 늘어나고 있어 네티즌, 특히 어린이와 청소년의 올바른 성장에 나쁜 영향을 미친다.

또한 위에서 말한 인터넷의 여러 가지 장점으로 사람들이 인터넷에 더욱 의존하면서 컴퓨터 앞에서 보내는 시간이 늘어나는 것도 문제다. 이 때문에 가족이나 친구들과 어울리는 시간이 줄어들어 서로에게 무관심해지는데다가 인터넷 중독증이 늘어나 또 다른 사회 문제를 낳기 때문이다.

마지막으로 가장 중요한 것은 인터넷은 결코 완벽한 발명품이 아니라는 사실이다. 특히 소프트웨어가 다양해질수록 인터넷의 보안 사각 지대도 점점 늘어나 해킹 대상이 되고 있다. 단순히 재미 때문이거나 혹은 자신의 실력을 뽐내고 싶어서, 심지어 해서는 안 될 범죄를 저지르기 위해 해킹에 뛰어드는 해커들이 날로 늘어나고 있다. 인터넷으로 퍼지는 각종 컴퓨터 바이러스와 스팸메일이 나날이 늘어가면서 매일 같이 수많은 컴퓨터가 해킹 당해 수억 달러에 달하는 손실을 입고 있다. 오늘날 해커는 이미 인터넷 사용자들 모두의 공공의 적이 되었다.

빅뱅에서 블랙홀까지 스티븐 호킹 박사

누구나 머리를 절레절레 흔들 정도로 복잡하고 어려운 것이 물리학이다. 그런데 여기 연예인만큼이나 많은 인기를 누리는 물리학자가 있다. 그의 저서를 완전히 이해하기란 쉽지 않지만 많은 사람이 그의 책을 산다. 바로 우주의 기원과 시간, 공간, 블랙홀 등을 연구하는 물리학자, 스티븐 호킹 (Stephen Hawking) 박사이다.

호두껍데기 속의 우주

1942년 1월 8일 영국 옥스퍼드에서 태어난 스티븐 호킹은 아인슈타인 이후로 가장 위대한 물리학자 가운데 한 명으로 꼽힌다. 그는 1962년 케임브리지 대학교 대학원에 들어갔으나 이듬해인 1963년 '루게릭 병' 진단을 받았다. 운동신경과 근육이 굳어지는 이 희귀병은 완치가 불가능한 불치병으로, 의사는 그가 앞으로 2년밖에 살지 못할 것이라며 시한부 판명을 내렸다. 그러나 호킹은 예상을 보기 좋게 뒤엎고 꿋꿋하게 살아남아 케임브리지 대학에서 박사 학위를 받고 모교에서 연구 활동을 계속 했으며 결혼을 하고 아이까지 얻었다. 하지만 병이 진행되면서 1970년부터 어쩔 수 없이 휠체어 신세를 져야 했다. 온몸의 근육이 줄어들었고 팔다리는 나뭇가지처럼 바짝 말라버렸다. 하지만 더 큰 문제는 언어 능력을 잃어버린 것이었다. 그는 복잡한 컴퓨터 시스템과 고성능 음성 합성기를 결합한 장비로 의사를 전달했다. 몸을 움직일 수도 말을 할 수도 없었지만 뇌는 누구보다도 빠르게 움직였다.

호킹은 일반 상대성 이론과 우주론을 연구했다. 박사 학위를 준비하던 시절 영국의 이론물리학자인 로저 펜로즈가 유명한 이론을 발표했는데, 물리학의 시작인 공간과 시간이 같은 지점에서 시작되어 같은 지점에서 끝난다는 이론이었다. 호킹은 이 이론을 우주학 분야에 응용할 수 있겠다고 생각했다. 1970년대 초, 호킹과 펜로즈는 공동 논문을 통해 만약 일반 상대성 이론이 성립한다면 빅뱅이 일어나기 전에도 틀림없이 특정한 시작점이 존재했을 것이고, 이러한 관점에서 보면 그동안 영원하다고 여겨진 시간도 시작점이 있었을 것이며 우주 또한 특정 지점에서 시작되었을 것이니 이것이 우주 기원론 가운데 빅뱅 이론의 근거가 된다고 주장했다. 일반적인 환경에서 은하들이 한 점으로 압축된다는 것을 수학적으로 증명한 이 논문은 학계에 적지 않은 반향을 일으켰다.

호킹은 이 같은 이른바 '호킹-펜로즈' 이론을 근거로 블랙홀을 연구하기 시작했고, 1974년 양자역학과 일반 상대성 이론을 결합하여 과학 잡지 〈네이처〉에 블랙홀이 에너지를 발산한다는 내용의 논문을 발표했다. 온도를 가진 이 에너지가 복사열을 방출하여 블랙홀을 증발시킨다는 이론이었다. 이 논문은 전 세계 물리학자들의 관심을 집중시켰다. 호킹의 새로운 발견은 다년간 이론물리학계가 거둔 가장 큰 진전이었으며, 이 논문은 '물리학사상 가장 심도 있는 논문 가운데 하나' 라는 평가를 얻었다. 학계는 그의 이름을 따서 블랙홀의 에너지를 '호킹 복사' 라고 이름 붙였다. 1983년 호킹 박사는 또 한 명의 과학자와 함께 '우주의 무한성' 을 주장하며 당시 우주에 대한 학계의 상식을 뒤엎기도 했다.

그는 물리학 분야에서 거둔 뛰어난 업적을 인정받았다. 1974년 역사상 최연소 영국 왕립학회 회원이 되었고 1975년부터 1976년 사이에는 영국 왕립천문학회 에딩턴 메달, 로마 바오로 6세 피우스 3세 메달, 영국 왕립학회 휴즈 메달 등 과학자로서 영예로운 상들을 휩쓸었다. 1978년 물리학계에서 최고의 권위를 가진 알베르트 아인슈타인 상을 수여했고 1979년 뉴턴, 디랙에 이어 케임브리지 대학 루카시언 석좌교수가 되는 영광을 누렸다.

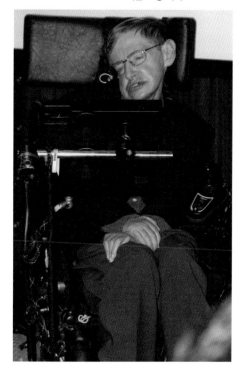

▼ 스티븐 호킹 박사

그러나 호킹 박사의 이름을 전 세계에 알리게 된 것은 그의 일반과학 저서 《시간의 역사》였다.

대중적인 스타가 되다

학술적인 성공은 호킹 박사에게 큰 영예를 안겨 주었다. 특히 그가 집중적으로 연구한 블랙홀 이론은 많은 사람의 관심을 끌었지만 이러한 연구 성과가 많은 돈을 벌어다 준 것은 아니었다. 큰 병을 앓고 있어 보험 가입도 번번이 거절당했던 호킹 박사는 가족들에게 생명보험금조차 남겨줄 수 없는 형

편이었다. 자녀들의 교육비를 벌어야 했던 그는 출판사의 요청을 받아들여 자신의 연구 성과를 알기 쉽게 설명한 일반과학서를 집필했다. 가장 먼저 케임브리지 대학 출판사가 그에게 당시로써는 적지 않은 금액인 1만 파운드의 선금을 제시했지만 곧 미국의 벤탐 델 출판사가 25만 달러라는 거금을 제시하면서 계약이 체결되었다.

《시간의 역사, 빅뱅에서 블랙홀까지》라는 제목의 이 일반과학서에서 호킹 박사는 '사람들이 내 책 속에 방정식이 너무 많아 책 판매량이 절반으로 줄었다고 하기에 방정식을 쓰지 않기로 했다. 그러나 책의 끝 부분에 식 하나를 넣었는데, 바로 아인슈타인의 유명한 방정식인 $E=mc^2$이다. 이 식 때문에 나의 잠재적 독자들이 겁먹고 도망가지 않길 바란다'고 재미있게 설명하기도 했다. 이 책에서 그는 블랙홀과 우주의 기원 및 운명, 시간 여행 등 어려운 과학 문제를 일반인들이 이해할 수 있도록 쉽게 설명했다. 1988년에 처음 출간된 이래 지금까지 베스트셀러 자리를 지키고 있는 《시간의 역사》는 누적판매량 2,500만 권을 돌파했고 지금도 꾸준히 팔려나가고 있다.

불치병과 싸우면서도 과학에 대한 열정을 잃지 않은 호킹 박사는 사회 활동에도 큰 관심을 보였는데, 연구 활동 외에도 자주 대중을 위한 과학 강의를 열었고 자신의 이론을 보급하면서 더 큰 명성과 영향력을 얻게 되었다.

영원한 로큰롤의 제왕 엘비스 프레슬리

구소련 정보기관이었던 KGB에는 미국과 유럽으로 파견되는 스파이 교육 과정 필수 이수 과목 가운데 재미난 것이 있었다. 바로 미국의 로큰롤 스타 엘비스 프레슬리의 대표곡을 줄줄이 꿰고 있는지를 테스트하는 과목이었는데, 만약 엘비스 프레슬리에 대해 아는 것이 하나도 없다면 스파이라는 것이 금세 들통나기 때문이었다고 한다. 그가 서구 문화에서 매우 중요한 아이콘이었다는 사실을 엿볼 수 있는 일화이다. 물론 엘비스 프레슬리는 오늘날까지도 전 세계의 우상으로 자리하고 있다.

남부 출신의 소년

엘비스 프레슬리는 1935년 1월 8일 미국 미시시피 주의 작은 마을에서 태어났다. 태어나자마자 사망한 쌍둥이 형 때문에 엘비스의 어머니는 하나 남은 아들에게 모든 사랑을 쏟았고 덕분에 엘비스는 넉넉하지 못한 집안 형편에도 부족함 없이 자랐다.

독실한 기독교도인 그의 부모는 일요일마다 엘비스를 데리고 예배에 참석했다. 그는 그곳에서 처음으로 접한 찬송가를 통해 음악에 흥미를 느껴 교회 찬양단 활동에 참여하고 흑인 음악도 듣기 시작했다. 리듬감을 타고난 데다가 배우는 것을 좋아했던 엘비스는 흑인 음악을 여럿 배우고 음악과 발성에 관련된 지식도 습득했다. 찬송가가 어린 엘비스에게 음악적 영감을 불어넣어 주었고 교회 신도들의 흥겨운 춤은 훗날 큰 논란을 낳기도 했던 엘비스 특유의 춤 동작을 탄생시켰다.

엘비스는 어렸을 때부터 놀라운 음악적 재능을 보였다. 열 살 때 미시시피 주 노래 대회에 나가서 유명한 아프리카계 미국인의 민요인 '늙은 양치기'를 불러 2등 상과 상금 5달러를 받기도 했다. 태어나 처음으로 선 무대에서 좋은 성과를 거둔 엘비스는 뛸 듯이 기뻐했고 음악에 대한 열정도 더욱 커졌다. 이때부터 그는 온종일 기타를 치며 노래를 불렀다고 한다. 그러던 1948년 엘비스는 가족과 함께 테네시 주의 멤피스로 이사를 갔다. 유명 음악가 비비 킹의 도시로 알려진 멤피스는 엘비스가 음악적으로 발전하는 데 좋은 환경을 갖추고 있었다. 이곳에서 엘비스는 미국 남부 컨트리 음악과 블루스

▶ 미국의 '제왕' 엘비스 프레슬리
의 밀랍 인형이 마릴린 먼로의
인형 옆에 서 있다.

를 섭렵했다. 보고 들었던 모든 음악적 요소가 시간이 지나면서 그의
몸에 서서히 녹아들었다. 그만의 독특한 음악이 탄생할 날도 가까워
지고 있었다.

1953년 7월 18일, 트럭 운전 일을 마친 엘비스는 음반회사인 선
(Sun) 레코드에 찾아갔다. 당시 멤피스 음악계를 주도하던 선 레코
드의 스튜디오에서는 4달러만 내면 누구나 자작 음반을 만들 수 있
었는데, 그의 감성적인 창법과 음색에 깊은 인상을 받은 레코드 사
관계자들이 그를 사장 샘 필립스에게 추천했다. 당시 흑인 음악을
대중에게 소개하고 싶어 하던 필립스에게 흑인 음악을 잘 아는 재능
있는 백인 청년 엘비스는 더할 나위 없이 알맞은 신인이었다.

엘비스는 선 레코드 사와 계약을 맺고 첫 번째 음반을 냈다. 수록
곡이라곤 두 곡뿐인 싱글 앨범이었지만 예상을 뒤엎고 높은 판매고
를 올렸다. 그의 노래가 라디오에서 방송되자 청취자들은 백인 컨트
리 음악과 강렬한 흑인 블루스의 리듬을 동시에 느낄 수 있는 엘비
스의 음악에 큰 감흥을 받았다. 스피커를 통해 흘러나오는 엘비스의
깊은 음색도 모두를 끌어당겼다. 이렇게 데뷔한 엘비스는 앨범 십여
장을 내고 미국 전역을 돌며 순회공연을 펼쳤다. 결과는 대성공이었
다. 당시만 해도 인종 차별주의가 여전했던 미국에서 흑인 음악과
백인 음악은 뚜렷하게 나뉘어 있었는데, 훤칠한 키에 잘생긴 백인
가수가 흑인 음악을, 그것도 아주 잘 부르자 많은 흑인이 그의 팬이

되었다. 남부 출신인 엘비스 프레슬리가 고양이처럼 날렵하게 무대를 휩쓸며 노래를 하는 모습을 본 어느 기자는 그에게 '남부 고양이(The Hillbilly Cat)'라는 별명을 붙여주기도 했다.

로큰롤의 제왕

1955년 말, 엘비스 프레슬리는 선 레코드 사와 계약이 끝나자 전국적인 판매망을 갖춘 대형 레코드 사인 RCA와 새로 계약했다. 그리고 엘비스는 이때부터 그의 인생을 좌우했다고 할 수 있는 인물인 매니저 톰 파커를 만났다. 톰 파커는 엘비스를 텔레비전 프로그램에 출연시켰고 큰 규모의 공연에 자주 내보내며 순식간에 전국적인 스타로 만들었다. 엘비스가 RCA 사에서 발표한 음반과 싱글은 놀라운 판매고를 기록했는데 특히 초기 작품들이 큰 성공을 거두었다. 1956년 발행한 첫 번째 싱글 〈하트브레이크 호텔〉은 발매되자마자 차트 1위에 올랐고 첫 번째 정식 앨범인 〈엘비스 프레슬리〉는 빌보드 차트에서 10주 동안 1위에 올랐다. 뒤이어 두 번째 앨범 〈엘비스〉가 나왔으며 싱글 〈러브미텐더〉는 미국 음반 차트 4개를 석권했다. 1956년 9월에는 하루에 싱글 7곡을 발표하여 그해 12월까지 곡 모두가 매주 차트 상위권에 머무르는 기록을 세우기도 했다.

엘비스는 음반뿐만 아니라 영화에도 출연했고 수많은 영화 삽입곡을 불렀다. 1960년에 군 제대 이후 처음으로 출연한 영화 〈지아이 블루스〉의 오리지널 사운드 트랙(OST) 앨범은 발매와 동시에 차트 1위에 올라 111주간 순위 안에 머물렀다. 파격적인 로큰롤 가수로 유명해진 엘비스 프레슬리는 앨범 77장과 싱글 101곡을 발표했고 그의 곡 가운데 149곡이 빌보드차트 100위권에 진입했으며 40곡이 10위권에 올랐다. 전 세계 음반 판매량은 10억 장을 넘어서서 로큰롤 역사상 가장 큰 영향력을 가진 가수로 인정받으며 '제왕(The King)'이라는 이름을 얻었다.

엘비스 프레슬리가 출현하기 전에도 로큰롤 음악은 있었지만 미국 대중음악의 진정한 로큰롤 시대는 엘비스의 인기와 더불어 열렸다. 그는 먼저 과거의 서정적인 사랑 노래에서 벗어나 빠른 리듬과 신나는 춤을 앞세웠다. 흥겨운 리듬과 열정적인 노래는 당시 반항기를 거치고 있던 젊은 층을 사로잡았고 엘비스는 그들의 우상이자 반항아들의 상징이 되었다.

또한 엘비스의 파격적인 무대 매너도 그의 인기에 빼놓을 수 없는 요소였다. 구레나룻을 길게 기른 엘비스 프레슬리가 빨간색 외투와 검은색 바지, 흰색 구두를 신거나 아니면 온통 하얀 의상을 맞춰 입고서 반짝이는 금속조각이나 인조보석으로 치장하고 오르면 관객들은 그에게서 눈을 떼지 못했다. 특히 엉덩이를 흔들며 두 발을 리듬감 있게 움직이는 춤 동작은 당시 비교적 보수적이던 미국 사회에 커다란 센세이션을 불러 일으켰다. 종교 지도자들은 그가 젊은이들에게 좋지 않은 영향을 준다며 혀를 찼고 부모들은 아이가 엘비스를 따라할까 걱정했다. 그의 공연을 중계하는 방송사 카메라는 그의 상반신만 촬영해 내보낼 정도였다. 그러나 이러한 논란은 오히려 그를 반항아의 상징으로 만들어 청소년들 사이에서 폭발적인 인기를 얻게 하는 결과를 냈다. 그의 공연 스타일과 무대 매너는 현대 로큰롤의 기초가 되었다. 그는 대중 모두가 즐길 수 있는 새로운 예술을 만들어 오랫동안 대중 문화에 큰 영향을 미쳤다. 또 나른 로큰롤의 영웅인 존 레넌이 "엘비스 프레슬리 이전의 우리는 아무것도 없었다!"라고 말할 정도였다.

슈퍼스타, 팬들의 곁을 떠나다

엘비스 프레슬리는 엄청난 성공을 거두었지만 1970년 이후로는 그의 인기도 조금씩 떨어지기 시작했다. 그의 노래는 더 이상 예전처럼 사랑받지 못했고 열량이 높은 음식을 즐겨 먹던 엘비스는 체중까지 갑자기 불어났다. 더 큰 문제는 그가 가장 큰 인기를 누리고 있을 때 비극이 시작되었다는 것이다. 매니저였던 톰 파커가 짜놓은 스케줄에 따라 숨 돌릴 틈도 없이 순회공연을 다녔던 엘비스는 총 1,600회 이상의 공연을 가졌는데, 이틀 반마다 한번 꼴로 무대에 오른 셈이었다. 여기에서 비롯된 피로와 스트레스로 힘들었던 그는 약물에 의존해 버렸을 뿐만 아니라 스트레스를 해소하기 위해 독한 술을 자주 마셨다. 그 결과, 기억력이 남다른 그가 1977년 마지막 공연에서 자신의 대표곡인 〈러브미텐더〉의 가사를 기억하지 못하는 사태까지 벌어졌다.

엘비스 프레슬리는 1977년 8월 16일 자신의 집 욕실에서 사망한 채 발견되었는데, 부검 결과 약물이 무려 14종류나 발견되었다. 한 시대를 휩쓸었던 슈퍼스타는 이렇게 팬들의 곁을 떠났지만 그의

▲ 미국 로큰롤 스타 엘비스 프레
슬리(1935~1977)의 공연 장면

그는 노래를 부르며 쉬지 않고
몸을 흔들었다.

음악과 열정은 여전히 사람들의 기억 속에 살아 있다. '엘비스는
죽었지만 로큰롤은 죽지 않았다. 엘비스여 영원하라!' 는 존 레넌의
말처럼.

꿈의 공장 할리우드

우리에게 할리우드는 블록버스터 영화와 아름다운 여배우들, 그리고 스크린에서 펼쳐지는 갖가지 다양한 이야기들이 탄생하는 곳이다. 오늘날 국제 대중문화 시장에서 미국의 할리우드는 자타가 공인하는 세계 영화업계의 심장이다. 그러나 이곳도 처음에는 그저 평범한 미국 서부의 작은 시골마을이었다는 사실을 사람들은 알고 있을까?

할리우드 발전의 역사

시간은 1886년으로 거슬러 올라간다. 부동산 업자였던 윌콕스(Wilcox) 부부가 미국 캘리포니아 주 로스앤젤레스 근교에 600제곱미터의 땅을 사들였다. 과거에 윌콕스 부인은 여행 중에 할리우드(Hollywood)라는 지역을 지나면서 참 예쁜 이름이라고 생각했다. 미국에서 크리스마스 장식에 많이 사용되는 상록수 나무 할리(Holly)와 같은 이름이었기 때문이다. 그래서 캘리포니아로 돌아온 부부는 자신의 농장 이름을 '할리우드'라고 바꾸고 스코틀랜드에서 들여온 할리나무까지 빽빽이 심어놓았다. 비록 나무는 적합하지 않은 환경 때문에 잘 자라지 못했지만 이때부터 이 지역은 할리우드라는 이름을 갖게 되었다.

▼ 영화 〈포레스트 검프〉는 할리우드가 탄생시킨 걸작 중 하나이다. 주인공 포레스트 검프와 배우 톰 행크스는 이 영화를 통해 전 세계적으로 이름을 알렸다.

할리우드와 영화와의 인연은 20세기 초부터 시작되었다. 당시 영화감독이었던 데이비드 그리피스가 촬영팀을 이끌고 로스앤젤레스에 도착했다. 새로운 야외 촬영 장소를 찾던 그는 북쪽으로 향했고 그곳에서 작은 마을, 즉 할리우드를 발견하게 되었다. 그리피스 감독은 할리우드의 환경이 촬영에 적합하다는 것을 발견했다. 우선 1년 내내 햇살이 화창하게 내리쬐는 날씨 때문이었다. 물론 에디슨이 발명한 전구가 있었지만 영화 촬영은 일상보다 훨씬 밝은 빛을 필요로 하기에 당시로써는 우수한 자연환경이 여전히 중요한 촬영 조건이었다. 두 번째로 드넓은 캘리포니아 주가 다양한 풍경을 간직하고 있어 야외 촬영지를 선정하기가 쉬웠으며, 할리우드 지역의 기후 또한 환상적이라 그야말로 영화제작에 가장 적합한 땅이었다. 소문을 들은 수많은 영화업계 인사들이 하나 둘 할리우드로 몰려들면서 작은 시골마을은 영화 제작지로 유명세를 타기 시작했다.

처음에는 촬영팀이 할리우드에서 영화 촬영만 하는데 그쳤지만 곧 영화사들이 본격적으로 입주하기 시작했다. 여기서 흥미로운 사실은 발명왕 에디슨도 할리우드의 발전에 간접적인 영향을 미쳤다는 것이다. 20세기 초, 영화설비 특허를 많이 갖고 있

▲ 태평양 동쪽의 산타모니카만 연안에 닿아 있고 안쪽으로는 삼림이 우거진데다가 1년 내내 따뜻한 기후를 가진 할리우드는 영화 제작사 600여 개가 밀집한 세계 영화 산업의 중심지이다.

던 에디슨은 이 같은 강점을 이용하여 트러스트(Trust)를 결성해 미국 동부 연안의 영화 산업을 장악하고 있었는데, 그의 영향권에서 벗어나고 싶었던 수많은 영화 제작인들이 멀리 떨어진 서부 연안으로 눈을 돌렸던 것이다. 이때 마침 로스앤젤레스 교외의 할리우드에 대한 소문이 퍼지면서 미국 영화 산업이 이곳으로 대거 이동했다. 워낙 거리가 멀어서 에디슨의 특허 감찰원이 온다는 소식이 들리면 멕시코로 넘어가 숨는 식으로 단속을 피할 수 있었다. 이렇게 발전하기 시작한 할리우드는 훗날 에디슨의 트러스트가 위법판결을 받고 문을 닫아 동부 연안의 영화 산업이 침체되면서부터 본격적인 미국 영화업계의 중심지가 되었다.

오늘날 할리우드에는 미국은 물론 전 세계 주요 영화 제작사와 관련 기업들이 몰려 있다. 20세기 폭스를 비롯해 MGM 영화사, 파라마운트 영화사, 컬럼비아, 워너 브러더스 등 쟁쟁한 이름들이 할리

우드와 깊은 관계를 맺었다. 이들 회사는 할리우드의 아름다운 자연 덕택에 그들의 많은 영화가 성공할 수 있었다고 말한다. 하지만 진정한 일등공신은 누가 뭐래도 영화를 만든 시나리오 작가와 감독, 그리고 별처럼 빛나는 배우들이다.

별들의 전쟁

영화라는 영상 예술 장르는 태생적으로 위대한 감독과 배우를 필요로 하고, 감독과 배우는 영화를 통해 자신의 매력을 뽐낼 수 있으니 할리우드는 이들의 성지라고 할 수 있다.

할리우드가 막 발전하기 시작했을 시절의 영화는 소리 없이 화면만 돌아가는 무성 영화 시대였다. 이 시기의 가장 유명한 영화배우였던 찰리 채플린도 할리우드에서 성공을 거두었다. 그는 이곳에서 〈방랑자〉, 〈가로등〉, 〈모던타임즈〉 등의 명작을 만들었고 유성 영화시대가 열린 후에는 당시 제2차 세계대전을 일으키며 전 세계를 휩쓸던 히틀러를 풍자한 〈독재자〉, 전범을 비난하는 〈살인광 시대〉 등

▼ 아역배우 셜리 템플은 순진무구한 미소와 맑은 두 눈, 사랑스러운 보조개로 보는 이의 마음까지 순수하게 만든다.

을 촬영했다. 또한 세계 영화사상 가장 성공한 아역배우인 셜리 템플도 이 시기에 등장했다. 셜리 템플은 1930년대 귀엽고 깜찍한 연기를 펼치며 팬들의 사랑을 받았고 1935년 7세의 나이로 오스카상을 받았다. 1942년에는 워너 브러더스 사가 훗날 '할리우드가 만든 가장 위대한 영화'라고 평가받은 〈카사블랑카〉를 개봉했다. 마이클 커티즈 감독이 메가폰을 잡은 이 영화는 험프리 보가트, 잉그리그 버그만, 폴 헌레이드, 피터 로어 등의 당시의 인기배우들이 총출동했다. 훌륭한 시나리오와 주연배우들의 뛰어난 연기로 〈카사블랑카〉는 큰 성공을 거두었고 지금까지도 불후의 명작으로 손꼽히고 있다. 빼어난 미모를 가진 아름다운 여배우 비비안 리도 이때 등장했다. 할리우드 대작인 〈바람과 함께 사라지다〉에 주연으로 출연해 세상을 놀라게 한 그녀는 나중에 로맨스 영화의 고전 〈애수〉에서 훌륭한 연기를 선보이기도 했다.

제2차 세계대전이 끝나고 서방 세계에서의 초강대국 입지를 굳힌 미국이 황금기를 맞으면서 할리우드도 급속히 발전하기 시작했다. 할리우드에서 제작되는 영화의 수가 무섭게 늘어났고 영화표 판매와 관련 수입도 대폭 늘었다. 한 가지 빼놓을 수 없는 사실은 미국 문화가 세계 곳곳으로 수출되기 시작한 이 시기에 할리우드 영화가 매우 중요한 역할을 했다는 점이다. 그리하여 할리우드는 국제적인 영향력을 갖게 되었고 할리우드에서 제작된 영화가 세계 각지의 극장에서 상영되었다. 미국 영화제에 불과한 오스카상도 전 세계 영화팬들의 관심을 한 몸에 받았고 영화 평론에도 큰 영향을 미쳤다. 그뿐만 아니라 할리우드에서 성공한 배우들도 전 세계적으로 이름을 알렸다.

▼ 마릴린 먼로

이렇게 황금기를 누리던 할리우드에 혜성처럼 나타난 여배우가 있었으니, 바로 마릴린 먼로였다. 불우한 가정 출신의 먼로는 여배우가 되겠다는 꿈을 안고 할리우드에 입성했다. 배우가 되고자 수년간 애썼지만 그녀에게 돌아온 것은 단역이나 모델 자리뿐이었다. 그러나 오랫동안의 무명배우 생활을 이겨내고 기회를 잡은 먼로는 단숨에 인기 여배우가 되었고 영화, 텔레비전, 잡지, 신문은 물론 예술가 살바도르 달리의 창작 소재가 되기도 했다. 가난한 소녀로 할리우드에서 성공을 일군 마릴린 먼로는 아메리칸 드림의 상징이 되었다. 앞에서 이야기했던 찰리 채플린도 처음에는 단역을 찾아 떠돌던 무명배우였지만 할리우드를 통해 무성 영화의 황제가 되었다. 이러한 '하루아침에 톱스타 되기'는 전 세계 영화계를 통틀어 아마도 할리우드에서만 가능한 일일 것이다.

영화는 그 자체로 꿈을 만드는 예술이다. 할리우드는 수많은 관객이 스크린을 통해 한 번도 경험해볼 수 없었던 꿈을 이루어줄 뿐 아니라 배우가 되려는 많은 이들의 꿈도 현실로 만들었다. '꿈의 공장'이라는 별명은 바로 여기에서 생겨났다. 점점 더 많은 사람이 스타가 되기 위해 집을 떠나 할리우드로 몰려들었고 그중에는 청소년도 적지 않았다. 1960년대부터 매년 셀 수 없이 많은 청소년이 스타

의 꿈을 안고 할리우드에 왔지만 나이가 어리고 관련 지식도 부족한 이들이 성공한 경우는 손에 꼽을 정도라고 한다. 영화 〈람보〉로 유명한 실베스터 스탤론이 그 중 한 명이다.

1970년대와 1980년대 이후로 할리우드 영화는 대형 블록버스터 영화가 주를 이루며 〈대부〉, 〈양들의 침묵〉, 〈스타워즈〉, 〈포레스트 검프〉, 〈타이타닉〉, 〈라이언 일병 구하기〉, 〈매트릭스〉 등의 수많은 명작을 선보였다. 정교한 제작 기법과 훌륭한 시나리오, 컴퓨터 기술에 대한 투자를 아끼지 않은 할리우드 영화는 훌륭한 감독과 배우들을 앞세워 세계를 공략했다. 감동적인 사랑이야기부터 흥분되는 액션 영화까지 다양한 영화를 제작하는 꿈의 공장 할리우드는 오늘날 선 세계 관객들의 사랑을 듬뿍 받고 있다.

세계사 ⑩

역사가 기억하는 새로운 패러다임

발행일 / 1판1쇄 2013년 7월 20일

편저자 / 궈팡

옮긴이 / 이정은

발행인 / 이병덕

발행처 / 도서출판 꾸벅

등록날짜 / 2001년 11월 20일

등록번호 / 제 8-349호

주소 / 경기도 고양시 일산동구 장항동 775-1 삼성마이다스 415호

전화 / 031) 908-9152

팩스 / 031) 908-9153

http://www.jungilbooks.co.kr

isbn / 978-89-90636-62-1

잘못된 책은 구입하신 서점이나 본사에서 교환해 드립니다.